南宋理学一代宗师
杨時思想研究

杨渭生　著

王国平　主编

南宋及南宋都城临安研究系列丛书

专题研究

Centre for Research on Southern Song Dynasty

保护南宋皇城遗址　申报世界文化遗产
——关于实施南宋皇城大遗址综合保护工程的思考(代序)

王国平

　　杭州是国务院首批命名的国家历史文化名城、中国七大古都之一,有8000年文明史、5000年建城史。在8000年的文明演进中,形成了跨湖桥时期、良渚时期、吴越时期、南宋时期四大发展高峰,其中南宋时期是古代杭州城市发展史上的顶峰时期。南宋定都临安,杭州从州府升格为都城,城市地位发生了根本性变化。南宋时期的杭州,不但是全国政治、经济、科教、文化中心,而且是世界第一大都市。其后800年的历史演进中,由于种种原因,南宋古都遭到了严重破坏,皇城废圮荒芜,地表建筑荡然无存,遗址深埋地下,留下了无法弥补的历史缺憾。实施南宋皇城大遗址综合保护工程,保护南宋历史文化遗产,延续城市历史文脉,申报世界文化遗产,既是历史赋予我们的神圣使命,也是杭州人民的热切期盼。

一、南宋皇城大遗址的重大价值

　　南宋皇城遗址坐落在杭州凤凰山东麓。据《西湖游览志》记载:"凤凰山,两翅轩翥,左薄湖浒,右掠江滨,形若飞凤,一郡王气,皆藉此山。"①意思是凤凰山左接西湖,右掠钱塘江,形如凤凰翱翔,是杭州的一块"风水宝地"。

---

① 《西湖游览志》卷七《南山胜迹》,上海古籍出版社1958年出版。

隋开皇十一年(591),隋文帝杨坚改钱唐郡治为杭州州治,大臣杨素选定凤凰山为州治所在地。五代吴越王钱镠在隋、唐州治基础上扩建王宫,内修"子城"(宫城),外筑"罗城"(都城),凤凰山成为富丽堂皇的"地上天宫"。吴越国"纳土归宋"后,凤凰山麓复为州治。南宋建炎三年(1129),宋室南渡抵达杭州,升杭州为临安府,以州治为行宫。绍兴八年(1138)南宋王朝正式定都临安后,历经南宋诸帝的扩建和改建,皇城规模宏大,建构精美。据《武林旧事》卷四《故都宫殿》所列宫内殿堂名称,南宋皇城共有大殿30、堂33、阁13、斋4、楼7、台6、亭90。四面各开一大门,南称丽正门,北名和宁门,东为东华门,西是西华门。整个皇城充分利用山势精心规划布局,将主要宫殿置于较高的南部,显得气势恢弘。皇城内殿、堂、楼、阁、台、轩、观、亭等建筑鳞次栉比,金碧辉煌。德祐二年(1276),元丞相伯颜率军攻占临安城,大内宫殿惨遭空前浩劫。至元十四年(1277),大内宫殿被火延烧。至元二十一年(1284),江淮总摄、元僧杨琏真伽奏请朝廷将残留宫殿改建为5座寺院,改垂拱殿为报国寺,改芙蓉阁为兴元寺,改和宁门为般若寺,改延和殿为仙林寺,改福宁殿为尊胜寺。至正十九年(1359),张士诚重修杭州城垣,"截凤山于外","络市河于内"①,以和宁为南门,南宋皇城遗址被拒之于城门之外。明万历年间,皇城大殿基本坍毁,整个皇城渐成废墟,主要宫殿遗址深埋地下。

关于南宋皇城的范围,陈随应《南渡行宫记》等文献中有"皇城九里"的简略记载。明徐一夔《宋行宫考》提到南宋皇城的范围是:"南自圣果入路,北则入城环至德侔牌,东沿河,西至山岗,自地至山,随其上下,以为宫殿也。"《咸淳临安志》也有清同治六年补刊的南宋皇城图。但古今地名的变迁,使今人仅凭文献记载已难以准确界定南宋皇城的四至范围。经过二十多年的考古勘探,初步确定南宋皇城(大内)遗址的范围为:东起馒头山东麓,西至凤凰山,南至宋城路一带,北至万松岭南,占地面积约50万平方米。2001年,以南宋皇城遗址为核心的南宋临安城遗址被国务院确定为全国重

---

① 郎瑛:《七修类稿》卷四《天地类》,上海书店出版社2001年出版。

点文物保护单位,2006 年又被国家列入"十一五"100 处重要大遗址名录。因此,我们实施的南宋皇城大遗址综合保护工程范围不仅包括南宋皇城遗址,还包括皇城周边部分南宋临安城遗址,范围为:南至钱塘江,北至庆春路,东至中河(及德寿宫遗址),西至虎跑路—南山路—解放路—延安路一线,规划面积约 14.16 平方公里。

南宋皇城大遗址是中华灿烂文明的实证,是杭州城市文化景观的核心,是杭州城市可持续发展的资本和动力,蕴涵着极高的文物价值、历史价值、艺术价值、科学价值。

1. 历史价值。南宋皇城遗址文化积淀深厚,具有丰富的历史文化遗存和极高的历史研究价值。南宋皇城所在的凤凰山麓叠压了隋、唐、吴越、宋、元等朝代的文化积淀,承载着杭州悠久的历史、灿烂的文化。南宋皇城地下及周边,遗址十分丰富。考古探明,有皇城东南西北城墙遗址、南宋太庙遗址、老虎洞宋元窑址、南宋恭圣仁烈皇后宅遗址、德寿宫遗址、三省六部遗址、中山中路南宋御街遗址、南宋临安府府衙遗址、严官巷南宋御街遗址、南宋钱塘门遗址、朝天门遗址、郊坛下南宋官窑遗址、南宋临安城东城墙遗址、五府遗址、白马寺遗址、船坞遗址、梵天寺遗址、圣果寺遗址等重要遗址。其中,南宋太庙遗址、南宋恭圣仁烈皇后宅遗址、南宋临安府府衙遗址、老虎洞宋元窑遗址、严官巷南宋御街遗址等五处南宋遗址先后被评为"全国十大考古新发现"。同时,这个区域还有大量与南宋有关的自然人文景观,包括雷峰塔、净慈寺、万松书院、吴山、玉皇山、凤凰山、将台山、八卦田等等。这些弥足珍贵的遗址和景观,将为研究南宋历史、还原一个真实的南宋,提供宝贵的实物资料。南宋临安城"南宫北市"①的都城布局别具一格,在中国古代城市发展史上占有极其重要的地位。宋以前中国的都城布局,或以皇城占据主要面积,如汉代长安、北魏洛阳;或皇宫在北,市集在南,如唐代长安;或因旧城扩建而将宫城置于城市中间,如北宋汴梁。而

---

① 一般中国古代都城,按照《周礼·考工记》的形制,均为宫城居中偏北,市居南侧,而南宋临安城则为"南宫北市"的特殊格局。

南宋皇城的宫殿布局和临安城都城布局独树一帜,呈"南宫北市"格局,即以皇城为中心,太庙、三省六部等中央官署集中于城市南部,市集集中于城市北部,在钱塘江和西湖之间形成了腰鼓状的城市形态,为城市发展留出了足够空间。"南宫北市"的都城布局,使城市与西湖有足够长度的交接面,将西湖的景观留给了城市。孙应拓有诗赞曰:"牙城旧治扩篱藩,留得西湖翠浪翻。"

2. 艺术价值。南宋皇城代表了当时最高的建筑设计和园林建设水平,具有极高的艺术价值。南宋历代帝王推崇自然湖山之美,醉心于优美的园林景观,把南宋皇城营建成中国最美丽的山水花园式皇城。皇城选址在山水之间,从建筑体量上来看不算最大,但其华美、精巧的程度却非其他朝代的皇宫大内可比。皇城的宫殿布局,基本上承袭了《周礼》的"前朝后寝"的传统格式。朝区是整个皇城的重心,置于最重要的方位上,其他各殿按照各自功能,根据传统的礼仪制度并结合地形,因地制宜地配置在主殿的周围,形成一个有机整体。丽正门是皇宫的正大门,"其门有三,皆金钉朱户,画栋雕甍,覆以铜瓦,镌镂龙凤飞骧之状,巍峨壮丽,光耀溢目。"①大庆殿是国家举行各种大庆典礼的大殿,"正殿正对大门,漆式相同,金柱承之,天花板亦饰以金,墙壁则绘前王事迹"。东宫"入门,垂杨夹道,间芙蓉,环朱栏"。出东宫,经锦胭廊,直通廊外即达后苑。"梅花千树,曰梅岗亭,曰冰花亭。枕小西湖,曰水月境界,曰澄碧。牡丹曰伊洛传芳。芍药曰冠芳……以日本国松木为翠寒堂,不施丹腹,白如象齿,环以古松,碧琳堂近之。一山崔巍,作观堂,为上焚香祝天之所。"②后苑内人工开凿的"小西湖",柳堤环抱,六桥横枕,层峦奇岫,"亭榭之胜,御舟之华,则非外间(西湖)可拟。"③其他各门各殿、亭台楼阁,百态千容,精巧奇绝,湖光山色,交相辉映。正如南宋著名诗人杨万里所赞:"春草池塘太液旁,水精宫殿牡丹香。"

3. 科学价值。皇城是古代社会中工程量最为浩大的建筑,是当时生

---

① 吴自牧:《梦粱录》卷八《大内》,浙江人民出版社 1980 年出版。
② 周密、朱廷焕:《增补武林旧事》卷四,台湾商务印书馆 1983 年出版。
③ 周密:《武林旧事》卷四《故都宫殿》,学苑出版社 2001 年出版。

产力水平的综合体现。南宋皇城遗址反映了南宋经济、科技发展水平,具有极高的科学价值。南宋皇城是中国古代利用地形组织建筑群的优秀例证。皇城选址在凤凰山麓,因山就势,气势浑成。从考古发掘和文献记录来看,南宋皇城中的大量建筑分布在凤凰山麓的台地及馒头山的山坡上,巧妙而充分地利用地形,安排宫殿、苑囿及官署区。皇城北城墙与西城墙以人工夯筑与自然山体相结合的方式建造,起到了很好的防御作用。南宋皇城遗址是研究中国古代城市规划建设的重要实物资料。皇城以土木为主要建筑材料,规模宏大、形制多样、用材高档、营造考究,是中国中古时期宫殿和园林建设的扛鼎之作。严官巷南宋御街遗址、三省六部遗迹、南宋临安府府衙遗址等,为研究南宋临安城城市规划格局、开放式街巷布局、中国南方城市路河相融城市风貌以及研究宋代建筑史,提供了重要的史料。

二、南宋皇城大遗址综合保护的重要意义

南宋皇城大遗址是南宋历史文化的象征,是杭州历史文化遗产的"制高点",是杭州这座历史文化名城最重要的标志。实施南宋皇城大遗址综合保护工程,是一项具有重要历史意义和现实意义的战略抉择。

1. 实施南宋皇城大遗址综合保护工程,是延续中华文明的必然要求。中国是世界四大文明古国之一,中华文明源远流长、一脉相承、生生不息、辉煌灿烂。据史学界研究,两宋国土虽不及汉唐明清辽阔,却以在封建社会中无可比拟的繁荣和社会发展程度,跻身于中国古代最辉煌的历史时期之列。南宋时期无论是文化教育的普及、文学艺术的繁荣、学术思想的活跃、科学技术的进步,还是社会生活的丰富多彩,都达到了登峰造极的程度,在当时世界上处于领先地位。海上"丝绸之路"取代了陆上"丝绸之路",成为中外经济文化交流的主要通道,被专家称为"世界最伟大海洋贸易史上的第一个时期"。举世瞩目的南宋商船"南海一号"的发现,堪称世界航海史上的一大奇迹。南宋时期,美洲和澳洲尚未被外部世界发现,非洲处于自生自灭的状态,欧洲现有的主要国家尚未完全形成,其中英国处于法国统治之下,东

罗马内部四分五裂,北欧各地海盗肆虐,基辅大公国(俄罗斯)刚刚形成。①
南宋后期(即 13 世纪中叶),都城临安的人口达 150 万—160 万人②。此时,
欧洲最大、最繁华的城市威尼斯只有 10 万人口,作为世界最著名的大都会
伦敦、巴黎,直至 14 世纪的文艺复兴时期,人口也不过 4—6 万人。南宋都
城临安给杭州留下了极其珍贵的历史文化遗产。作为南宋临安人的后人,
我们有责任保护好历史赐予的宝贵财富,通过实施南宋皇城大遗址综合保
护工程,延续中华文明,弘扬中华文化,增强民族自豪感和凝聚力,真正做到
上无愧于先人,下无愧于子孙后代。

　　2. 实施南宋皇城大遗址综合保护工程,是保护历史文化名城的应有之
义。历史文化是城市的"根"与"魂",是城市最具特色的宝贵资源。保护历
史文化,就是弘扬城市的特色,就是保护城市的"根"与"魂"。杭州之所以
能成为国务院首批命名的国家历史文化名城,成为我国七大古都之一,很大
程度上就是得益于南宋定都临安,得益于南宋经济文化的高度繁荣。南宋
都城临安,经过 148 年的精心营建,规模名列十二三世纪时世界首位,成为
当时最为繁华的世界大都会,被意大利旅行家马可·波罗赞为"世界上最美
丽华贵之天城"。南宋皇城大遗址集中了南宋文化遗产的精华,是杭州古都
文化最主要的实物载体。我们必须把保护历史文化遗产作为第一责任,通
过实施南宋皇城大遗址综合保护工程,对南宋皇城大遗址加以系统研究、综
合保护和合理利用,保护好南宋皇城大遗址这一"无价之宝",保护好杭州历
史的"活化石"、杭州文化的"主源头",传承杭州历史文化,延续杭州城市文
脉,进一步提高杭州这座历史文化名城的"含金量"。

　　3. 实施南宋皇城大遗址综合保护工程,是实现大遗址社会价值最大化
的创新之举。大遗址是遗存实物最多、历史信息量最大、文化和景观价值最
高的历史文化遗产。文化遗产保护的根本目的,一是将其完好地保存下来
传给后人,二是实现这一宝贵资源在当代的全民共享。共享的前提是人民

---

① 何亮亮:《从"南海一号"看中华复兴》,《文汇报》2008 年 1 月 6 日。
② 杨宽:《中国古代都城制度史》,上海人民出版社 2006 年出版。

群众乐于接近遗址,乐于认知文化遗产。遗址公园是指基于考古遗址本体及其环境的保护与展示,融合了教育、科研、游览、休闲等多项功能的城市公共文化空间,既是大遗址保护工作的创新,也是对公园这一城市功能元素内涵的拓展,是对考古类文化遗产资源的一种保护、展示与利用方式。建设遗址公园已经成为国际通用并日趋成熟的考古遗址保护和利用模式。世界各国不乏通过建设遗址公园来保护和利用大遗址的成功案例。1748年以来,意大利对庞贝古城的考古发掘已经历了两个多世纪,使庞贝古城遗址公园成为大遗址保护与利用的经典之作。美国最大的史前建筑遗址——卡萨格兰德遗址,早在1918年就成为第一个被纳入美国国家公园管理体系中的考古遗址。希腊的雅典卫城遗址公园,突尼斯的迦太基遗址公园,日本的大室公园、吉野里历史公园、飞鸟公园,柬埔寨的吴哥窟遗址公园等等,也都是世界上大遗址公园建设的上乘之作,被列入世界文化遗产。在我国,国家文物局于2000年批复《圆明园遗址公园规划》,标志着遗址公园这一概念正式引入文化遗产保护领域。《"十一五"国家重要大遗址保护规划纲要》进一步明确了建设遗址公园的要求,使建设遗址公园正面临着前所未有的机遇。我们要按照《"十一五"国家重要大遗址保护规划纲要》要求,借鉴世界各国和全国各地建设遗址公园的先进理念,总结良渚大遗址综合保护的成功经验,以南宋皇城大遗址综合保护工程为载体,建设南宋皇城大遗址公园,让灿烂的南宋文明与优美怡人的城市公园完美融合,让厚重的文化遗址以轻松悦目的形式出现,吸引广大市民和中外游客自发地走近南宋皇城大遗址,感知遗址,热爱遗址,把南宋皇城大遗址公园打造成传播南宋历史文化的"大课堂",增强全民文化遗产保护意识的"主阵地",展示杭州历史文化名城的"金橱窗",实现南宋皇城大遗址社会价值的最大化。

4. 实施南宋皇城大遗址综合保护工程,是打造世界级文化旅游精品的迫切需要。一个国家、一个民族、一个城市的重要史迹,哪怕只剩下断壁残垣,仍然具有永恒的魅力,仍然是一个国家、一个民族、一个城市的"金名片"。世界上许多国家和城市,均以历史古迹而闻名:埃及以金字塔而闻名,希腊以卫城遗址而闻名,秘鲁以马丘比丘而闻名,西安以兵马俑而闻名。南宋皇城大遗址是杭州城市"含金量"最高的"金名片",是杭州城市的标志和象征,是与西湖、西溪、京杭大运河相得益彰的"金字招牌"。杭州是国家旅游局和世界旅游组织命名的"中国最佳旅游城市"、世界休闲组织命名的"东方休闲之都",旅游业是杭州城市的比较优势和核心竞争力所在,是杭州城市的"金饭碗"、杭州人民的"摇钱树"。旅游业之所以能成为杭州城市的"金饭碗"、杭州人民的"摇钱树",除了杭州拥有西湖、西溪、京杭大运河等重量级自然人文景观以外,更重要的是因为杭州拥有像南宋皇城大遗址这样的重量级旅游文化资源。南宋皇城大遗址凝聚着杭州先民的勤劳和智慧,承载着杭州悠久的文化积淀,是满足现代人崇尚寻根访古精神需求的重要载体,是最能吸引游客的人文景观,具有极高的旅游价值,是杭州这座风景旅游城市不可或缺的最大"卖点"之一。南宋皇城大遗址内容十分丰富,文化遗址和出土文物无论是数量上还是品位上在国内首屈一指,完全有可能成为具有世界影响力的文化精品。实施南宋皇城大遗址综合保护工程,对于把杭州这一独有的历史文化遗产资源打造成具有世界影响力的文化旅游精品,进一步提升城市的文化品位,推动杭州旅游国际化,具有十分重要的意义。

5. 实施南宋皇城大遗址综合保护工程,是杭州打响"南宋牌"的关键之举。南宋都城临安是一座兼容并蓄、精致和谐的生活城市。随着北方人口大量南下,中原文化全面渗透到本土的吴越文化中,形成了临安独特的社会生活习俗,并影响至今。临安的社会是本地居民与外来人员和谐相处的社会,临安的文化是南北文化交融、中外文化交流的结晶,临安的生活是中原风俗与江南民俗相互融合的产物。今天的杭州之所以能将"生活品质之城"作为自己的城市品牌,就是因为今天杭州城市的产业形态、思想文化、城市格局、园林建筑、西湖景观等方面都烙下了南宋临安的印迹;今天杭州人的生活观念、生活内涵、生活方式、生活环境、生活习俗,乃至性格、语言等方面,都与南宋临安人有着千丝万缕的历史渊源。2009 年国庆节前夕,南宋御街·中山路盛大开街,精彩亮相,一炮打响,受到了中央和省有关领导的充分肯定,得到了广大市民和中外游客的一致好评和国内外新闻媒体的高度关注,这在很大程度上就是得益于打"南宋牌"。与南宋御街·中山路相比,南宋皇城大遗址更是皇冠上的"明珠",是杭州的"镇城之宝"。实施南宋皇城大遗址综合保护工程,可以让这颗深埋于地下的"明珠"把杭州照得更加熠熠生辉,让这块举世无双的"镇城之宝"为杭州申遗增加重要砝码,让"南宋牌"为杭州打造与世界名城相媲美的"生活品质之城"添上一张唯我独有的"王牌"。

三、南宋皇城大遗址综合保护的现实基础

南宋皇城大遗址综合保护工程是杭州继西湖、西溪湿地、运河、良渚大遗址四大综保工程之后实施的又一项重大工程,其规模之大、难度之高、困难之多,与上述四大工程不相上下甚至有可能超过。实施南宋皇城大遗址综合保护工程,无疑是城市管理者的一个"痛苦级"抉择,必须坚持谋定而后动。迈入新世纪以来,围绕实施南宋皇城大遗址综合保护工程,我们做了大量基础性工作,可谓"十年磨一剑"。如今,启动这项工程已是瓜熟蒂落、水到渠成,到"亮剑"的时候了。

1. 开展了南宋皇城遗址考古勘探。为了掌握南宋皇城大遗址文化遗产的"家底",我们组建了由中国社会科学院考古研究所、省文物考古研究所、市文物考古所联合组成的南宋临安城考古队,从 1983 年开始,陆续对南宋皇城遗址进行考古勘探。历时多年的南宋皇城遗址考古勘探工作取得突破性成果,获得了一系列南宋遗址考古新发现,南宋皇城遗址的范围及核心宫殿区布局已基本探明。南宋皇城大遗址综合保护工程地形测绘、立项、考古工作计划方案已着手制定。

2. 深化了南宋历史文化研究。我们专门成立了南宋史研究中心,聘请国内外一流南宋史专家学者,开展南宋历史系列研究,编辑出版《南宋史研究丛书》(50 卷),包括南宋研究论丛、南宋专题史、南宋人物、南宋与杭州、南宋全史 5 大类,约 2000 万字,研究成果受到史学界高度评价。《南宋史研究丛书》对南宋的政治、经济、社会、军事、科技、文化等诸多领域进行了全面、深入、客观、详实的研究,为实施南宋皇城大遗址综合保护工程提供了大

量珍贵的历史资料。

3. 编制了一系列保护规划。在对南宋皇城大遗址考古勘探基础上,我们组织力量开展了《南宋临安城遗址——皇城遗址保护规划》、《南宋博物院概念性规划》、《玉皇山南综合整治修建性详细规划》、《将台山南宋佛教文化生态公园规划》、《白塔公园规划》、《清河坊——大井巷历史街区保护规划》、《杭州市中山南路——十五奎巷历史街区保护规划》、《八卦田遗址保护规划》、《南宋皇城大遗址公园规划设计导则》、《南宋大遗址公园建筑设计导则》、《南宋皇城大遗址公园宋风建筑设计导则》等一系列规划的编制工作,初步形成了包括概念性规划、分区规划、详细规划、城市设计、建筑设计等在内的南宋皇城大遗址综合保护规划体系。

4. 积累了历史文化遗址保护经验。近年来,我们始终坚持"保老城、建新城",把保护的重点放在老城区,把建设的重点放在新城区,推进"两疏散、三集中",即疏散老城区人口和建筑,推动企业向工业园区集中、高校向高教功能区集中、建设向新城区集中,努力实现名城保护与城市化推进的"双赢"。我们始终坚持"城市有机更新",把生物学中的"生命"概念引入城市建设,把城市作为一个生命体来对待,传承历史,面向未来,着力推进城市形态、街道建筑、自然人文景观、城市道路、城市河道等的有机更新,让杭州这座古老的城市青春永驻、生命长存。我们牢固确立保护历史文化遗产是最大的政绩,保护历史文化遗产就是保护生产力、保护与发展"鱼"与"熊掌"可以兼得、保护历史文化遗产人人有责的理念,始终坚持"保护第一、应保尽保",把各种历史文化遗存包括"工业遗产"、"商业遗产"、"校园遗产"和有保护价值的老房子无一例外地保护下来,当好杭州这座历史文化名城的"薪火传人"。我们先后把26处历史文化街区和历史地段列入保护名录,相继实施了大井巷——清河坊、南山路、湖滨、梅家坞、北山街、小河直街、拱宸桥西、中山路等一系列历史文化街区和历史地段保护工程;我们公布了3批共192处历史建筑,并将其中70多处列入保护修缮计划,先后修复了玛瑙寺旧址、孩儿巷98号民居等一批历史建筑;我们有计划、有重点地对60多处文保单位进行了保护修缮,包括保护修缮白塔、梵天寺经幢、飞来峰造像、余杭南山造像等一批石质文物,凤凰寺、孔庙大成殿、梁宅、汪宅等一批濒危建筑,以及胡雪岩故居、都锦生故居、盖叫天故居、西博会旧址等一批文物建筑。尤其是在雷峰塔遗址、良渚遗址等文化遗址保护中,我们把保持遗址的真实性、完整性与营造较强的观赏性有机结合,积累了宝贵经验。在实施雷峰塔重建工程时,我们采取"神似＋形似"的办法,在雷峰塔遗址上建了一个钢结构、铜屋面的金属塔,不仅没有对雷峰塔遗址造成任何破坏,而且外形看起来与砖木结构的雷峰塔极为相似、惟妙惟肖,得到了专家、市民和中外游客的充分肯定。在良渚遗址保护中,我们以自然生态为基础,在考古研究基础上加以保护和修复,着力彰显水和湿地两大元素,以多种业态带动良渚国家遗址公园的建设和综合利用。通过多年的实践,我们积累了不少经验:从被动的抢救性保护到主动的规划性保护;从补丁式的局部保护到着眼于遗址规模和格局的全面保护;从单纯的本体保护到涵盖遗址背景环境的全方位保护;从画地为牢的封闭式保护到引领参观的开放式保护;从文物的单一保护到推动"城市有机更新"、改善民生的综合保护。

5. 实施了一批重大项目。长期以来,我们依法对南宋皇城遗址进行严格保护和管理,使得南宋皇城遗址未遭破坏。但由于实施冻结式保护,凤凰山周边地区未进行"城市有机更新",使得这一地区成为杭州中心城区内极少数尚未进行综合整治、环境较为杂乱的区域。迈入新世纪以来,我们加快南宋皇城大遗址周边城市基础设施建设,通过推进背街小巷改善、庭院改善、危旧房改善等民生工程,大大改善了当地的生态环境和居民的居住环境;通过实施雷峰塔重建、万松书院复建、环湖南线景区整合、八卦田遗址保护、严官巷南宋御街遗址陈列馆建设、南宋孔庙复建、太子湾公园综合整治、浙江美术馆建设、清河坊历史文化特色街区建设、吴山景区综合整治、中山路综合保护与有机更新、玉皇山南综合整治、凤凰山路综合整治工程、南宋官窑博物馆建设、净慈寺扩建、江洋畈生态公园建设等与南宋皇城大遗址综合保护相关的项目,为实施南宋皇城大遗址综合保护工程进一步奠定了基础。目前南宋皇城大遗址东、南、西、北面已基本完成整治,南宋皇城大遗址综合保护工程可谓"呼之欲出"。

6. 创新了历史建筑保护手法。近年来,我们在历史文化名城保护实践基础上,逐步探索和创新出保真、修复、改善、整饬、置换、加建、新建、迁移等8大历史建筑保护手法,并在中山路综合保护与有机更新等南宋皇城大遗址综保项目中进行了有效运用。一是保真,就是原封不动。主要针对文物保护单位和控制保护古建筑。二是修复,就是修旧如旧。主要针对文物保护单位和控制保护古建筑,对个别构件加以更换和修缮。三是改善,就是锦上添花。主要针对建筑风貌和主体结构保存情况较好,但不适应现代生活需要的历史建筑。对建成50年以上的老房子就是采取改善的手法,通过配置水电、厨卫等设施,改善原住民生活条件。四是整饬,就是新颜旧貌。主要针对建筑质量较好但风貌较差的现代建筑,通过立面整治达到与环境风貌的协调,或针对立面局部被破坏的历史建筑,进行立面修复整饬。五是置换,就是角色转换。主要针对建筑风貌和主体结构保存尚可,但功能不利于提高街区活力的一般建筑,保持建筑的基本结构和外貌,对建筑内部进行改造,用更新后的新功能置换旧的使用功能。六是加建,就是老树新芽。为了改善街区建筑空间的效能,在某些一般建筑上,按传统建筑形式或风貌加建骑楼等建筑。七是新建,就是应运而生。拆除与传统风貌冲突较大和建筑质量极差的一般建筑,重建与环境相协调的新建筑。八是迁移,就是异地保护。把已经完全不能与周边建筑融合的历史建筑,或街区内部处于同样尴尬地位的历史建筑迁移到街区内更为合适的区域进行保护和利用。

7. 破解了几大难题。在国家、省有关部门和驻杭部队的大力支持下,困扰南宋皇城大遗址综合保护多年的几大难题得到了解决。省军区和驻杭部队全力支持杭州实施南宋皇城大遗址综合保护工程,军地双方签署了有关通过土地置换解决皇城大遗址范围内军队仓库建设用地问题备忘录,在土地评估置换、职工住户安置等问题上达成了共识。铁道部已原则同意南宋皇城大遗址综合保护工程范围内的浙赣铁路线"上改下"和上海铁路局杭州机务段搬迁改造,目前这项工作正在紧锣密鼓地推进之中。2009年10月,省民族宗教委已正式批复同意杭州在将台山制作大型露天宗教景观将台山摩崖石刻,将台山南宋佛教文化生态公园建设获得了突破性进展。

四、南宋皇城大遗址综合保护的总体要求

《威尼斯宪章》指出:为社会公用之目的使用古迹永远有利于古迹的保护。实践证明,对历史文化遗产,只能实行积极保护,不能实行消极保护。所谓"积极保护",就是以保护为目的,以利用为手段,通过适度的利用实现真正的保护,在保护与利用之间找到一个最佳平衡点和"最大公约数",形成保护与利用的良性循环,实现生态效益、社会效益和经济效益的最大化、最优化。实施南宋皇城大遗址综合保护工程,必须遵循积极保护的方针和"城市有机更新"理念,坚持保护第一、生态优先,以人为本、以民为先,科学规划、分步实施,尊重历史、文化至上,和而不同、兼收并蓄,品质导向、集约节约,市区联动、三力合一原则,通过5—10年的努力,建设以遗址本体及周边环境的保护与展示为主,融合教育、科研、游览、休闲等功能,历史积淀深厚、人文景观丰富、自然景观优美、服务设施一流、环境整洁卫生、管理科学合理的南宋皇城大遗址公园,打造以"最小干预、和而不同"为准则,以宋风建筑为导向,以山、湖、江、河自然景观为依托,以南宋御街·中山路为中轴线,以鱼骨型坊巷居住形态为基础,以沿中河、东河"倚河而居"为特色,以国保单位、文保点、历史建筑、50年以上老房子及各个不同历史时期代表性建筑为主体的"建筑历史博物馆"和保持生活形态延续性的"活的遗址公园",展示中国最美丽的山水花园式皇城的遗韵,把南宋皇城大遗址公园打造成展示杭州历史文化名城的"窗口"、中国大遗址保护的典范,打造成世界级旅游产品和世界文化遗产。

我们之所以把目标定位明确为建设大遗址公园,而不是全国重点文物保护单位、历史街区、历史文化名城,主要是基于以下3点考虑:第一,2001年南宋临安城遗址已被确定为全国重点文物保护单位,但对面积如此之大的全国重点文物保护单位进行保护必须有一个载体,否则保护就落不到实处。第二,南宋皇城大遗址公园包括南宋御街·中山路在内的历史街区,但历史街区的定位范围偏小、内涵偏窄,很难涵盖杭州这座历史古都特别是南宋都城深厚的历史积淀。第三,杭州是一座历史文化名城,13个区、县(市)

1.66 万平方公里、8 个城区 3068 平方公里、6 个主城区 638 平方公里都可纳入历史文化名城保护范围。但这个保护范围面积过大，其间又有多项历史文化名城保护工程正在实施。杭州建设遗址公园至少有 4 个基础：一是"大遗址的基础"。无数考古发现证明，迄今为止南宋皇城遗址仍完整地保存在地下，特别是 14.16 平方公里完全具备打造大遗址公园的条件。二是"城市肌理的基础"。杭州的城市肌理特别是坊巷格局在中国古城中可能是保存最完整的，南宋皇城遗址周边的中河、东河也是南宋时期延续下来的河道，保存了完整的河道肌理。三是"建筑序列基础"。虽然现在南宋保留下来的建筑少之又少，但从南宋时期延续下来的建筑系列都保存得十分完整。四是"原住民的基础"。南宋皇城遗址范围内的原住民中有 800 年前的南宋居民后代，他们世世代代生活在遗址周边，讲的都是原汁原味的杭州话。坚持"城市有机更新"理念，很重要的一点，就是要保持大遗址公园生活形态的延续性，这是大遗址保护的一个重要原则，是杭州的优势和"撒手锏"。综上所述，我们认为大遗址公园是一个合适的目标定位。这种遗址公园不是狭义的"考古型遗址公园"，而是广义的"都市型遗址公园"。当然，如何去实现这个定位，国内目前尚无成功先例，特别是以"城市有机更新"的理念去实现它，更是一大创新。我们要在老城区范围内以大遗址公园为目标和载体，闯出一条在老城区、建成区进行大遗址保护利用的新路子，打造一种大遗址保护与利用的"杭州模式"。建设大遗址公园，绝不在建筑风格上搞"一刀切"，绝不在建设上搞大拆大建，绝不搞仿古一条街，绝不靠历史文化遗产赚钱。实施南宋皇城大遗址综合保护工程，建设南宋皇城大遗址公园，必须始终坚持以下几条原则：

1. 坚持保护第一、生态优先。历史文化遗产是人类在物质和非物质生产活动中创造的不可再生、不可替代的宝贵财富。实施南宋皇城大遗址综合保护工程，必须坚持"保护第一、应保尽保"原则，保护好大遗址历史信息的真实性、环境风貌的完整性、生活形态的延续性和人文景观的可识别性；必须坚持整体保护，保护遗址本体与周边环境，不惜代价保护与遗址本体相关的生态环境、自然景观、人文景观、文物古迹、民居村落，保护与遗址相关的一切历史的、社会的、精神的、习俗的、经济的和文化的内容；必须坚持"修旧如旧、似曾相识"理念，综合运用保真、修复、改善、整饬、置换、加建、新建、迁移等多种手法，让历史建筑保留传统风貌特征，新建建筑充分吸收南宋文化的元素符号，做到"神似"而非"形似"，坚决杜绝"假古董"；必须坚持生态优先，做到修复文化生态与修复自然生态并重，体现南宋皇城依山临江的特色，把南宋皇城大遗址公园打造成为自然环境与人文环境高度和谐、完美融合的历史文化遗产保护的典范。

2. 坚持以人为本、以民为先。以人为本、以民为先是南宋皇城大遗址综合保护的根本出发点和落脚点。南宋皇城大遗址的每一块砖、每一处遗存、每一件文物，都是公共资源，都要让人民群众共享，实现公共资源利用效益的最大化。特别是要把帮助原住民扩大就业、增加收入，改善原住民生产生活条件摆在首位，鼓励外迁、允许自保，让原住民共享南宋皇城大遗址综合保护的成果，成为保护南宋皇城大遗址的最大受益者，实现南宋皇城大遗址保护与提高原住民生活品质的"双赢"。要坚持以民主促民生，问情于民、问需于民、问计于民、问绩于民，落实人民群众的知情权、参与权、选择权、监督权，真正做到"保护为了人民、保护依靠人民、保护成果由人民共享、保护成效让人民检验"。

3. 坚持科学规划、分步实施。南宋皇城大遗址综合保护是一项宏大的系统工程，必须尊重科学、精心谋划，统一部署、群策群力，而不可能毕其功于一役，更来不得半点心急和马虎，要有打持久战的决心和准备，摒弃任何急功近利的思想，把控制、整治、保护有机结合起来，把着眼长远和立足当前有机结合起来。战略上，要着眼于今后 5—10 年，搞好综合保护的整体规划，为全面推进打好基础；战术上，要着眼于好中求快，每年列出阶段性工程实施方案，明确任务和进度，集中力量，逐个突破，积小胜为大胜，从而真正体现总体规划、分步实施，由点到面、由线到片，系统综合、有序推进。

4. 坚持尊重历史、文化至上。大遗址公园展示的是遗址本身及其价值，绝不能有丝毫臆测，容不得半点涂抹和篡改。实施南宋皇城大遗址综合保护工程，必须建立在考古的和历史的研究基础上，以原始资料和确凿的文献为依据,保护和再现历史文化遗存的审美和历史价值,还原一个真实的南宋;必须突出文化内涵,不仅要在规划上注重文化导向,更要在建设中体现文化品位;不仅要注重整体文化氛围,更要注重历史细节和文明碎片,充分展示南宋在经济、政治、科技、军事、文化,特别是文化方面所取得的成就,充分展示南宋在中华文化形成中的巨大推动作用以及在人类文明进步中所扮演的角色,当好杭州这座历史文化名城的"薪火传人"。

5. 坚持和而不同、兼收并蓄。南宋皇城大遗址范围内有大量隋、唐、吴越、宋、元等不同时期以及佛教、道教、伊斯兰教、天主教、基督教等不同宗教的文化遗存。实施南宋皇城大遗址综合保护工程,要在突出打好"南宋牌"、"佛教牌"的同时,正确处理南宋与吴越等不同历史时期文化之间的关系,正确处理佛教与道教等不同宗教文化之间的关系,妥善应对不同历史时期文化遗存在规划区范围内叠加带来的挑战,合理地把历史积累的文化元素和建筑符号妥善应用于现代城市发展和现代建筑设计中,充分体现多元共生、多元融合、多元和谐。

6. 坚持品质导向、集约节约。品质是杭州城市的鲜明特征,是杭州城市的核心竞争力。实施南宋皇城大遗址综合保护工程,必须坚持高起点规划、高强度投入、高标准建设、高效能管理"四高"方针,确立品质导向,强调"细节为王"、"细节决定成败",强调精益求精、不留遗憾,追求卓越,打造精品,放大"名画效应",努力使每一处景点、每一处建筑都经得起人民的检验、专家的检验、历史的检验,成为"专家叫好、百姓叫座"的世纪精品、传世之作,成为"今天的建筑、明天的文物";必须坚持集约节约利用土地资源和建设资金,强调保质量、保进度、保安全、保稳定、保廉洁"五保"要求,强调把房屋拆迁量和树木迁移量降到最低限度,把给市民和沿线单位带来的不便降到最低限度,把工程建设成本降到最低限度,努力在集约节约与打造精品之间找到一个最佳平衡点。

7. 坚持市区联动、三力合一。南宋皇城大遗址综合保护工程综合性强,涉及面宽,难度特别大,需要协调配合的单位多,必须实行市区联动、资源整合,充分调动市、区两级政府的积极性;必须坚持政府主导力、企业主体力、市场配置力"三力合一",既充分发挥政府"有形之手"的作用,又发挥市场"无形之手"的作用,找准"三力合一"的结合点,实现"三力合一"的最大化。党委、政府要在制订规划、整合资源、完善政策、市场准入、加强监管、优化环境、宣传促销、提供服务等方面充分发挥主导作用,以"有形之手"推动企业主体力和市场配置力的发挥。

五、南宋皇城大遗址综合保护的重大项目

项目带动是实施南宋皇城大遗址综合保护工程的"牛鼻子"。迈入新世纪以来,我们在南宋皇城大遗址规划范围内先后实施或正在谋划实施 25 个重大项目。其中,雷峰塔重建、万松书院复建、环湖南线景区整合、八卦田遗址保护、严官巷南宋御街遗址陈列馆建设、南宋孔庙复建、太子湾公园综合整治、浙江美术馆建设、南宋官窑博物馆扩建等 9 大项目已全面完成;清河坊历史文化特色街区建设、吴山景区综合整治、中山路综合保护与有机更新、新中东河综合整治与保护开发、玉皇山南综合整治、凤凰山路综合整治、净慈寺扩建、江洋畈生态公园建设、南宋文化研究等 9 大项目已取得重大阶段性成果;将台山南宋佛教文化生态公园建设、中国音乐博物馆建设、白塔公园建设、新海潮寺(南北院)建设、海潮公园建设、杭州卷烟厂地块转型提升、南宋博物院建设等 7 大项目正在筹划实施。我们要继续坚持"大项目带动"战略,深入实施《南宋皇城大遗址综合保护工程五年行动计划》,以重大项目为载体和平台,推进南宋皇城大遗址综合保护。

1. 雷峰塔重建。雷峰塔位于西湖南岸南屏山日慧峰下净慈寺前,相传为吴越王钱弘俶为庆祝皇妃得子而建,始建于北宋太平兴国二年(977)。北宋宣和二年(1120),雷峰塔因战乱遭到严重破坏,南宋庆元年间(1195—1200)重修,建筑和陈设气势磅礴、金碧辉煌。黄昏时,雷峰塔与落日相映生辉,故被命名为"雷峰夕照",列入南宋"西湖十景"。南宋之后,雷峰塔几经损毁几经重建。1924 年 9 月 25 日,年久失修的雷峰塔轰然坍塌,"雷峰夕照"从此名存实亡。1999 年 7 月,省委、省政府作出重建雷峰塔的决策,并专门成立了雷峰塔重建工作协调小组。在历经 22 个月的设计论证基础上,

2000 年 12 月雷峰塔重建工程正式启动,2002 年 10 月竣工。雷峰塔按原塔的形制、体量和风貌,在原址上重建,外观呈八面、五层、楼阁式,通高 71.679 米,占地面积 3133 平方米。全塔上下内外装饰富丽典雅、陈设精美独到、功能完善齐备。特别是我们创造性地在雷峰塔遗址建造了保护罩,既实现了对遗址的有效保护,又满足了游客观赏遗址的需要。重建的雷峰塔,雄伟敦厚、古朴典雅,既保留了传统建筑的特色,又融入了现代科技和工艺,是古典文化、现代科技和时尚元素的完美结合,是遗址保护、展示与名胜古迹重建、利用的成功范例,被公认为"世纪精品、经典之作",成为杭州标志性旅游景点之一。雷峰塔的重建,再现了"雷峰夕照"这一独特美景,重现了杭州"一湖映双塔"的历史风貌。

2. 万松书院复建。万松书院位于凤凰山万松岭,取自白居易"万株松树青山上,十里沙堤明月中"①诗意而得名。唐贞元年间(785—805)在此建有报恩寺,以及舞凤轩、万菊轩、浣云池等。南宋时,寺院香火盛极一时。明弘治十一年(1498),浙江右参政周木在原报恩寺遗址上改建万松书院。万松书院曾名太和书院、敷文书院,是明清时杭州规模最大、历时最久、影响最广的书院。明代王阳明、清代齐召南等大学者曾在此讲学,"随园诗人"袁枚也曾在此就读。2001 年 9 月,万松书院复建工程正式启动,2002 年 10 月建成开放。书院按明代建筑风格样式修复,主体建筑包括仰圣门、毓秀阁、明道堂、大成殿等,其中毓秀阁原为接待各地访问学者的处所,现辟有"梁祝书房",展示梁山伯、祝英台当年刻苦攻读、"促膝并肩两无猜"的场景;明道堂为书院讲堂,陈设展示中国历代科举文化;大成殿为祭祀孔子处,设有"孔子行教图"壁画。仰圣门、明道堂、大成殿三大建筑依山而建,突出以山林做伴、清静读书的氛围。景区内石林秀逸,植被翳然,人工堆砌的湖石假山与原有裸岩连成一体,展示了"虽由人作,宛若天开"的精妙造园手法。2004 年增建了讲堂及部分服务配套设施,于当年 10 月 1 日对外开放。其建筑风格、室内陈设与原有建筑风格一脉相承,既完整地展现了古代书院的风貌,

---

① 白居易:《白氏长庆集》卷二〇《夜归》,文学古籍刊行社 1955 年据宋本重印。

又满足了现代旅游业发展的需要。2009年,又重建万松书院的国学馆"正谊堂"和藏书楼"存诚阁",于国庆节向市民和游客开放,恢复了古代书院讲学、祭奠、藏书三大功能。

3. 环湖南线景区整合。环西湖南线地带是西湖风景名胜区中环境容量最大、历史积淀最深厚、景点类型最完整的地区。南山路是南宋临安城西城墙沿线;清波门外是皇家花园聚景堂所在地;涌金门、翠光亭曾是南宋皇帝高宗、孝宗游湖上船之地;涌金楼是南宋时读书人考取进士、状元后举行状元宴之地。宋代词人张先、李清照、周密,画家郑起、宫廷画家刘松年等文化名人,都曾在西湖南线一带居住。环湖南线景区还有列入南宋"西湖十景"的柳浪闻莺、雷峰夕照、南屏晚钟、花港观鱼等著名景区景点,潘天寿纪念馆、勾山樵舍、黄楼、澄庐、恒庐、茅以升旧居、乾隆御赐茶庄、卜氏墓园、胡庆余堂等20多处历史建筑,以及中国丝绸博物馆、中国美术学院、浙江美术馆等艺术殿堂。2002年2月,环湖南线景区整合工程全面启动,2002年国庆节竣工并向中外游客和杭州市民免费开放,全长约15公里的西湖沿岸全线贯通。我们坚持"还湖于民"、"还湖于游客"的目标,按照"开放性、通透性、可进入性"要求,通过拆除围栏、调整树木、加大绿化、引入水系、辟建河埠、建设滨湖步行道、配置灯光和音乐等措施,打破独立公园的组景概念,引西湖水体"南下"、"东伸",拓宽环湖公共绿地,对柳浪闻莺公园、少儿公园、老年公园、长桥公园进行资源整合,使其成为向市民和中外游客免费开放的景观廊道,成为新世纪杭州的一个主打旅游产品。坚持"突出文化"要求,借助桥梁、雕塑、河埠头、文物建筑、景观小品等,充分挖掘南线景区深厚的历史文化、民俗文化、名人文化、历史故事和民间传说,使该景区一景一物皆有灵魂,提升景区的文化品位,使其成为一条展示西湖独特文化内涵和文化特色的文化廊道。坚持注重和谐,把南线景区与新湖滨公园、环湖北山线孤山公园连成一线,并与雷峰塔、万松书院、钱王祠等景点串珠成链,形成"环湖十里景观带",打造品位高雅、特色鲜明、内涵丰富、设施一流、秩序井然的新南线景区,推动西湖核心景区旅游由"南冷北热"向"南旺北热"转变。

4. 八卦田遗址保护。八卦田遗址位于玉皇山南麓,曾是南宋皇家籍田的遗址,呈八卦状,九宫八格,总面积约 90 亩。南宋绍兴十三年(1143)正月,宋高宗赵构为表示对农事的尊重和对丰收的祈祷,采纳了礼部官员的提议,在皇城南郊开辟籍田,每年春耕开犁时,皇帝亲率文武百官到此行"籍礼",执犁三推一拨,以祭先农。20 世纪 90 年代以来,八卦田遗址周边环境日益恶化,周围灰暗的建筑、嘈杂的市场以及污染严重的仓储加工场所,将这方原为圣地的沃土湮没在市井之中。2007 年 3 月八卦田遗址保护工程启动,当年 10 月开放。工程立足于保护遗址、整治环境、挖掘文化旅游休闲资源,在维持原有中间土埠阴阳鱼和外围八边形平面格局的基础上,形成主入口广场区、古遗址保护区、农耕文化体验区、农耕文化展示区四大区块,恢复其作为南宋时期皇家籍田的自然风貌,使其成为一个展现农耕文化的农业科普园地和历史文化遗址公园。主入口广场区的南入口处设一景墙浮雕,6.06 米长的福建青石上雕刻着南宋皇帝举行亲耕仪式、行籍田之礼的场景。古遗址保护区的中央圆台处按照原有太极图式阴阳鱼图案,对古遗址区内的绿化植被进行了适当调整和充实。八卦田的农作物种植以展现农耕文化为主线,综合考虑了土地环境、作物生长的自然规律、"南宋九谷"①品种的发展演变等因素,将种植区域分为外围区、环核心区和中心区。农耕文化体验区由以罗盘形式摆放的授时图小广场、展示农家十二月节候丰稔歌的景石道和康熙御制 23 幅耕图组成的景墙廊组成。农耕文化展示区主要展示农具实物和农具图谱。陈列室内所展示的犁、耙、石磨等用于整地、播种、收割的各种生产农具,较为完整地反映出浙杭地区农业耕作的特点和江南水乡农耕文化的特色。图谱以《四库全书》收录的明代徐光启《农政全书》为底本,按照农具六大类别挑选了 36 幅图谱仿制刻印在银杏木板上,集中展示了我国作为传统农业大国的悠久农耕文化史。

5. 严官巷南宋遗址陈列馆建设。严官巷南宋遗址地处南宋临安府城

---

① 南宋九谷:《宋史》所载南宋八卦田曾经播种过的九种作物,分别是稻、黍、稷、粟谷、糯谷、大豆、小豆、大麦、小麦。

墙外,与南宋皇城遗址、太庙遗址和三省六部遗址毗邻。据钟毓龙《说杭州》记载,南宋时巷内严姓医士为孝宗皇帝治愈痢疾,孝宗赐以金杵臼,封以官职,严官巷因此得名。2004 年年底,在万松岭隧道东接线(严官巷段)的道路建设中,市文物考古所对严官巷的南北两侧进行抢救性考古发掘,发现了南宋时期的御街、御街桥堍和桥墩基础、道路、殿址、围墙、河道、石砌水闸设施以及元代石板道路等重要遗迹,不仅种类多,而且保存较好,这在临安城考古中极其罕见。特别是发现了保存完好的南宋御街遗迹,从而确定了南宋临安城的中轴线。此项考古发掘入选 2004 年度全国十大考古新发现。发现严官巷南宋御街遗址后,杭州决定对原道路建设方案进行修改,对南宋御街遗址全部进行原址保护和展示。严官巷南宋遗址陈列馆建设工程于 2005 年 9 月动工,2006 年 6 月竣工开放。我们本着积极保护、最小干预的原则,根据现场条件及地理位置,采用混凝土框架和钢结构屋面,建设为南、北展厅。陈列馆的遗址保护和内部展陈,较好地利用了多媒体等先进的展陈手法和通俗易懂的陈列语言,市民可以沿着游步道参观南宋早期御街、南宋晚期一号殿址、南宋白马庙、南宋中期砖砌道、南宋晚期二号殿址的门楼与主道、南宋晚期石砌储水设施、南宋三省六部北围墙等遗迹。严官巷南宋遗址陈列馆建设,很好地处理了道路畅通、文物挖掘、部分遗址展示的关系,解决了老百姓生活改善、遗址保护和部分地面土地利用的关系问题,增强了遗址本身的观赏性,宣传了城市考古的意义和价值,为杭州地下考古遗址的保护与展示积累了宝贵经验。

　　6. 南宋孔庙复建。南宋孔庙坐落于吴山广场西北侧的劳动路,其渊源为杭州州学,始建于北宋仁宗年间(1023—1063)。南宋建炎三年(1129),杭州擢升为临安府,原州学成为府学,后被皇室征用为太学。绍兴元年(1131),搬迁至运司河下凌家桥西原慧安寺旧址,即今劳动路杭州碑林处,孔庙随之建于此。因此,旧时劳动路又称"府学巷"、"文庙巷"。南宋孔庙是南宋时期全国最高学府,学生从初期的 200 多人增至数千人。南宋以后,孔庙一直是杭州的最高学府,直到清末科举制度废除后才停办。20 世纪六七十年代,孔庙成为杭州碑林,珍藏各种碑刻、拓片等。2007 年 11 月,南宋孔庙复建工程开工,2008 年 9 月建成开放。孔庙占地面积 1. 32 公顷,其平面布局和建筑风格依据传统格局、文化传承、文物内涵以及江南园林特色,由东、西两个既相互连贯又相对独立的区域组成。东区为碑林,西区为孔庙。西区以大成殿为核心,采取均衡对称、规整方正的平面布局,突出了庄严、肃穆的氛围,建筑群由棂星门、泮池、大成门、东西庑、碑亭、大成殿等组成,既完整地保留了孔庙的原有中轴线风貌,又使整个建筑群高低错落、动静有序。东区整体布局为江南园林式,主要建筑有太学堂、文昌阁、天文星象馆、国学馆、石经阁等,周围一圈碑廊,展示 450 多块石碑。其中,天文星象馆里放的是吴越王钱元瓘墓室顶部发现的天文图石刻,石经阁里放的是南宋皇帝赵构和皇后吴氏亲笔书写的 85 块石经,这些石经曾作为古代学生标准课本,也是杭州碑林的“镇馆之宝”。东西两庑则结合杭州的历史特点与文化内涵,充分展示出孔庙所蕴藏的丰富历史信息。南宋孔庙的复建,形成了集“孔庙、府学、碑林”于一体的格局。

7. 太子湾公园综合整治。太子湾公园东邻净慈寺、小有天园及张苍水墓祠、章太炎墓道,西接南高峰,北有一长列高大葱郁的水杉密林,如翠帷中垂,与车水马龙的南屏路相隔,颇似一把太师椅的椅座。相传此地曾是南宋庄文、景献两位太子的攒园。1989 年建成的太子湾公园,以大弯大曲、大起大伏、空阔疏远、简洁明快的独特空间设计自成风格,成为杭州风景园林中的佳作。随着时间的推移,园内植物生长日趋茂密,改变了当时设计的空间效果;沿南山路一侧植物郁闭度高,通透感差;建筑陈旧,基础设施不完善;道路铺装因土壤沉降而变形开裂。2008 年 10 月,杭州正式启动了太子湾公园综合整治工程。综合整治以“还湖于民、还绿于民、还景于民”为目标,高度重视人民群众和中外游客的需求,处处体现人文关怀,努力实现人与自然的和谐统一。一是调整园内植物。沿南山路打通多条透景线,开挖水系 2500 余平方米;园内增补樱花,营造早春烂漫樱花的氛围;对郁金香种植区域和逍遥坡、望山坪大草坪进行土壤改良,同时加大对郁金香的养护管理投入力度,确保整治后的花展质量更上一层楼。二是调整园内建筑。考虑到 24 小时免费开放后的游客流量,此次整治对原有建筑进行了立面整治和调整优化。三是调整园内基础设施。增建了木栈道、叠石、壁泉,打通了园内水系,更新了公园标识标牌系统。2009 年 3 月,太子湾公园对外免费开放。整治后的太子湾公园风光显山露水,景观通透延展,山水与西湖融为一体。尤其是太子湾公园郁金香展的免费开放,备受广大市民和中外游客的欢迎。

8. 浙江美术馆建设。浙江美术馆位于万松岭麓南山路 138 号,据明代张搄之在《武林旧事》夹注中的记载,馆址原为南宋宫廷画院所在地。①2005 年 5 月浙江美术馆开工,2009 年 8 月开馆。建筑依山傍水,集西子之灵秀,得玉皇之雄浑;依山展开,并向湖面层层低落,起伏有致的建筑轮廓线达到了建筑与自然环境共生共存的和谐状态。建筑造型自然而又充分地表露了江南文化所特有的韵味。粉墙黛瓦的色彩构成、坡顶穿插的造型特征、清新脱俗而又灵动洒脱的文化品位,在似与不似之间被融入了创作,使浙江美术馆成为传播人类文明、弘扬先进文化、塑造人文精神的重要场所和全国重要美术场馆。

9. 南宋官窑博物馆扩建。南宋官窑博物馆位于玉皇山以南乌龟山西麓,是中国第一座依托古窑址建立的陶瓷专题博物馆。南宋官窑是南宋朝廷专设的御用瓷窑,它烧制的瓷器造型端庄、釉色莹润、薄胎厚釉,被誉为宋代五大名窑之首,在中国陶瓷史上独树一帜。建成之初的馆区主要包括南宋官窑历史文物陈列厅和郊坛下遗址保护厅两个部分。历史文物陈列厅建筑采用宋代风格的短屋脊、斜坡顶仿古木架构形制,造型庄重古朴。遗址保护厅是我国南方地区最大的遗址保护建筑,由作坊保护厅和龙窑保护厅组成,建筑采用大跨度整体网状钢架结构,风格雄浑大气。2002 年对原展厅进行了扩建与陈列改造。2007 年又进行了二期扩建,2007 年 9 月建成开放,新增了中国陶瓷文化陈列厅、陶艺培训中心、临时展厅及仿古瓷工厂等几个部分,建筑采用框架结构,风格与南宋官窑历史文物陈列厅相呼应。为生动直观地再现南宋瓷器的生产过程,馆内复原了一套传统制瓷工具和设备,参观者可以亲自动手,体验制作仿古瓷器的乐趣。2010 年,启动南宋官窑博物

---

① 王伯敏:《中国绘画通史》,东大图书公司 1997 年出版。

馆三期扩建工程,2010 年 10 月 1 日建成开放。三期扩建工程包括陶瓷文化展厅(两座)、南宋历史陈列厅、管理服务用房及陶瓷文化园等。扩建后的南宋官窑博物馆馆区总占地面积达到 60 亩,形成以郊坛下遗址为中轴线,西侧展示陶瓷文物,东侧为陶瓷文化休闲区的空间布局,成为融文物收藏、研究、展览、旅游、休闲、生产、商贸为一体的"中国陶瓷文化村","国内领先、世界一流"的国家级、专业化、平民化博物馆。

10. 清河坊历史文化特色街区建设。清河坊历史文化特色街区东起中河中路,西至华光路,南起吴山北侧,北至高银巷,占地面积 13.66 公顷,是杭州保存较完整的历史街区。南宋清河郡王张俊就住在这一带的太平巷,故称为清河坊。河坊街新宫桥以东,是宋高宗"禅位"后的住地——德寿宫遗址。街区现存古建筑大多建于鼎盛时期的明末清初,杭州百年老店均集中于这一带,如胡庆余堂等。清河坊历史文化街区保护与改造工程于2000 年 6 月启动,2004 年 10 月开街,恢复了方回春堂、保和堂、种德堂、万隆、王星记等老字号,引进了世界钱币博物馆、观复古典艺术博物馆、雅风堂馆、浙江古陶器收藏馆、龙泉官窑展馆等工艺品店,以及太极茶道、太和茶道、绍兴老酒店、香溢馆、华宝斋等特色店,成为古风扑面、环境典朴、功能完备、管理规范的步行街区和杭城新的商贸旅游景点。2005 年,清河坊历史文化特色街区被商务部中国步行商业街工作委员会授予"中国著名商业街"称号。2007 年,我们把清河坊历史文化特色街区二期改造工程与中山路综合保护与有机更新工程结合起来,重点实施大井巷、吴山科技馆、吴山博物馆等项目,保护与强化街区外部空间,延续其原有的低层、高密度的空间肌理和传统风貌,逐步恢复院落绿化系统,沿袭昔日文脉,展现市井风情,突出民俗生活,形成怀旧游、老店游、民俗游等特色旅游产品,打造以清末民初建筑风格为主,以传统商业、药业文化和传统民居为特色,集文化、旅游、商业、休闲娱乐、博物馆功能于一体,真实传递历史信息,具有杭州地方特色的历史街区。

11. 吴山景区综合整治。吴山俗称"城隍山",是西湖南山延伸进入杭州城区的尾脉。春秋时期,吴山是吴国的南界。山顶的城隍阁高 41.6 米,是连地下共七层的仿古阁楼式建筑,炫煌富丽,融合宋、元、明殿宇建筑风格,大处着眼,细处勾勒,兼揽杭州江、山、湖、城之胜。吴山是杭州最具平民特色的景区,自古有五多:古树清泉多、奇岩怪石多、祠庙寺观多、民俗风情多、名人遗迹多。尤其是自南宋绍兴九年(1139)城隍庙迁移至吴山以后,每当春节庙市麇集,江湖游艺百戏俱陈,自螺蛳山蔓延至十二生肖石,熙来攘往,市肆相望,洋洋大观,美不胜收,连金主完颜亮也作《南征至维扬望江左》诗,冀望"提兵百万西湖上,立马吴山第一峰。"千百年来,伴随着杭州城市的兴衰演变,吴山积淀了不同时期大量的历史文化,山上山下不但风景优美,而且名胜古迹众多。吴山景区内共有 46 处景点,分为河坊街景群、伍公山景群、城隍阁景群、阮公祠景群、三茅观景群、革命烈士纪念园区、云居山风景林、贺家山风景山林区等景观区块。吴山景区综合整治工程 2006 年至 2008 年分三期实施。在一、二期综合整治中,我们坚持保留"大碗茶",不增加老百姓活动成本、不挤占老百姓活动空间、不减少老百姓活动内容,让普通百姓上得了吴山、游得起吴山,实现了"还山于民";恢复了吴山庙会活动,展示民间的绝技绝活和特色小吃、传统手工艺、地方戏曲及传统中医中药,再现了历史上吴山庙会繁华景象。伍公山景群得到了彻底整治,阮公祠得以恢复。目前正在实施的吴山景区综合整治三期工程,恢复三茅观景区是其重中之重。三茅观原名"三茅堂",为祭祀传说中汉时得道成仙的三茅真君而建。南宋绍兴二十年(1150),因东都旧名,改称"三茅宁寿观"。三茅观是明朝名臣于谦幼时读书处,著名诗作《石灰吟》就是于谦在三茅观读书时写下的。三茅观后曾筑有七十二瑶台,遍植桃花,春时郊祭,有"瑶台万玉"之称,为"吴山十景"之一。抗战时三茅观为日军拆毁,但规模较大的遗迹保存至今。吴山景区三期综合整治除恢复三茅观主景区外,还包括修复瑞石古洞区、泼水观音民俗文化区、摩崖石刻石林区、乾隆用于镇火的"坎卦坛"、祭祀唐节度使汪华的汪越公庙遗址、石佛院造像、仁圃桃园遗址、江湖汇观亭等一大批历史文化遗存。

12. 中山路综合保护与有机更新。中山路为南宋时期的御街,又名天街、大街,是临安都城南北走向的主轴线。两侧官府、宅第、店铺林立,坊巷众多。"八百里湖山知是何年图画,十万家烟火尽归此处楼台"①,即是当年南宋御街的真实写照。中山路是自南宋以来历代中央或地方官署机构集中的地区,南宋太庙、三省六部等都设置于此地,至今还留存着中央或地方官署的路巷名称,如太庙巷因南宋时建有帝王宗庙而得名,察院前巷因南宋时建有左右仆射(丞相)府而得名,大马弄因南宋时建有车马司而得名。民国时期,中山路也是杭州人气最旺、最为繁华的一条街道。中山路周边是杭州主城区历史最悠久、遗存最丰富、历史风貌和民间生活最完整的片区,其空间格局、街巷形态、地名体系和字号门店等,都保存着杭州这座城市各个时代的历史、文化和生活的信息,保存着大量"活化的历史基因"。2008年1月18日,中山路综合保护与有机更新工程正式启动,2009年9月30日,南宋御街·中山路正式开街。2010年9月30日,南宋御街中华美食夜市一条街正式开街。两年多来,我们引入"城市有机更新"理念,坚持积极保护方针,坚持高起点规划、高标准建设、高强度投入、高效能管理,坚持以民为本、保护第一、生态优先、系统综合、品质至上、文化为要、集约节约、可持续发展,坚持细节为王、细节决定成败,坚持打造世纪精品、传世之作,创造性地回答了中山路能不能打造"建筑历史博物馆"、能不能引水入街、能不能打造公共艺术精品长廊、能不能搞步行街、能不能调整业态、能不能适当增加新建筑和骑楼、能不能搞好资金筹措等七大问题,确保了中山路综合保护与有机更新工程的顺利推进。今天,一个有着厚重文化、顶端产业、精致空间、人性交通、品质生活的历史街区闪亮登场,一个集"吃、住、行、游、购、娱"六大要素于一体的国际旅游综合体雏形初现。在这里,人们可以鉴赏不同时期的杭州特色建筑,包括南宋三省六部遗址、太庙遗址、南宋御街遗址等历史遗迹,于谦故居、胡庆余堂、浙江兴业银行旧址、万源绸庄等历史建筑,河坊街的明清建筑,中山中路民国初年的西洋建筑,中山北路的现代建筑,宝成寺、天主堂、天水堂、凤凰寺、鼓楼堂等宗教建筑;可以品尝源于南宋,将南北烹饪技艺融会贯通于一体,独树一帜的

---

① 明代徐渭题杭州城隍阁"江湖汇观亭"楹联。

"杭帮菜";可以体验以胡庆余堂、方回春堂为代表的博大精深的中医药文化;可以品玩做工讲究、小巧精致的杭绣、西湖绸伞、金银饰艺、邵芝岩毛笔、王星记扇子、张小泉剪刀等工艺美术品;可以在老字号购买杭州传统特产、在名品店购买时尚商品;可以欣赏"小热昏"、茶艺、越剧等文化表演;领略伊斯兰教、基督教、天主教、佛教等宗教文化;可以在坊巷的家庭旅馆体验杭州百姓的市井生活……南宋御街·中山路开街,只是万里长征走完了第一步。南宋御街国际旅游综合体的空间范围是以中山路为轴、以吴山为心、以坊巷为基,形成"甲"字形格局。具体而言,"甲"字上半部分的"田"字东至中河,西至延安路及吴山沿线,南至万松岭路,北至平海路,由中山中路、中山南路和河坊街构成"田"字中间"十"字形的横轴与纵轴,串联区域内坊巷、文保单位及其他特色区块。上城区中山中路(平海路至庆春路段)及下城区中山北路(庆春路至环城北路段)作为"甲"字下半部分,以此线为轴串联周边坊巷,与"田"字相连形成"甲"字的有机整体。打造南宋御街国际旅游综合体,打响"南宋御街"品牌,要在完善上下功夫,对已完成项目包括新老建筑、城市家具、绿化、水系等进行"回头看",充分发挥它们的应有功能和作用;要在巩固上下功夫,按照一体化设计的要求,切实抓好相关坊巷综合整治与保护、部分新建筑建设、配套服务设施完善等工作,进一步彰显长度、宽度、动静态交通、建筑、坊巷结构、业态、绿化、公共艺术精品长廊、历史文化遗产和非物质文化遗产、水景观"十大特色",恢复南宋时期的坊巷格局,变一条街为一个街区;要在拓展上下功夫,以中山南路恢复双面街工程和南宋御街中华美食夜市一条街建设为重点,打造以美食小吃为主,融合淘店购物、旅游体验,集食、淘、游功能于一体的中山南路旅游综合体和城市特色鲜明、服务设施一流、交通便捷通畅、环境整洁卫生、管理科学合理,本地人常到、外地人必到,国内领先、世界一流的"中华美食夜市第一街",拓展南宋御街功能,使其成为市民群众的好去处、中外游客的新景点、南宋御街的新亮点,从而把南宋御街·中山路打造成展示古都风采、恢复城市记忆、重塑空间肌理、再现市井生活、交融中西文化,能满足"吃、住、行、游、购、娱"旅游六要素的南宋御街国际旅游综合体和

"宜居、宜游、宜文、宜商"的"中国生活品质第一街",让老年人在这里追忆历史,让青年人在这里体验时尚,让外国人在这里感受中国,让中国人在这里品味世界。

13. 新中东河综合整治与保护开发。中河和东河由南向北贯穿杭州老城区,承载了杭州千百年来的历史和文化,寄托了杭州人民的期盼和憧憬,是杭州历史最悠久、底蕴最深厚、居民最集中、特色最鲜明的两条市河。中河开凿于唐代,原名沙河,宋时因河道当中有一桥是盐船靠岸的码头,人们便把此桥称为盐桥,把这条河也称为盐桥河,清代始称中河。南宋时盐桥河曾是临安城最主要的运输河道,南自皇城北门外的登平坊石桥起,向北直至天宗水门出城。盐桥河的西岸,皇亲贵戚府第林立,有吴后府、侍从官宅、福王府、成穆皇后宅、成肃皇后宅、全后府等。盐桥河的南端是南宋官府集中的地区,柴垛桥下又是临安最大的柴木交易场。盐桥河北端西岸粮仓密集,有葛家桥下的丰储仓,西桥场上的平籴仓、厅官仓、淳祐仓等及法物(指宗庙乐器、车驾、卤簿等)库、草料场等。北端东岸集中了数万禁军的驻防寨舍,有亲兵营、马司营、禁卫班直等。如东青门因是南宋后军营寨的东边大门而得名,东青门内的威乙巷,就有南宋禁军威捷军第一指挥的营房,巷名也因"威捷"而讹为"威乙"。东青门附近的全二营巷,是禁军全胜军第二指挥的驻地;今下水陆巷,旧名全三营巷,是南宋全捷军第三指挥的驻地。东河开凿于五代时期,南宋时称为菜市河,承担着重要的粮运功能,南自新门外,北沿城景隆观后,至章市桥、菜市桥、坝子桥,入泛阳湖,转北至德胜桥,与运河合流。清代因盐桥河改称中河,遂称此河为东河。东河两岸一直以来都是丝织业的汇集之地,留存西河下历史地段、三昧庵巷、毛弄、五柳巷历史文化街区、小营巷历史街区等不少历史文化街区和历史地段。南宋时期的五柳巷是繁华都市的一个缩影,集聚了大量达官贵人的官邸。2009 年,为把中、东河打造成"宜居、宜业、宜文、宜游"的城市特色景观河和世界级旅游产品,让杭州老百姓圆上"倚河而居、倚河而业、倚河而游"的世纪之梦,杭州启动了新中东河综保工程。2010 年 10 月,完成历史文化保护、挖掘与展示项目,新中东河精彩亮相。工程实施中,我们始终坚持以人为本、保护第一、生态优先、文化为要、品质至上和"三个最低限度"①原则,依据"水生态、水文化、水景观、水旅游、水开发、水安全、水交通"评价标准,做好"水清、流畅、岸绿、景美、宜居、繁荣"六篇文章;坚持疏浚、截污、引水、生物治理"四管齐下",恢复河道自然生态,修复河道自净能力,改善河道水体质量,保持河道水环境正常,还杭州老百姓一河清水;增强河道水利功能,沟通河道水系联系,开通水上巴士,做到"大河通大船"、"小河通小船";加强陆地绿化和水面绿化、平面绿化和垂直绿化,特别是把沿河公园建设作为重中之重,让河道两岸成为"城中绿带"、"生态走廊";搞好凤山水城门遗址公园、登云桥"平步青云"、盐桥金融文化广场、丰乐桥时代公园等主要景观节点建设,在此基础上"串珠成链",特别是要做到"一桥一景",打造"桥梁历史博物馆",让中、东河每一寸岸线、每一个景点、每一幢建筑、每一座桥梁都成为"世纪精品、传世之作";坚持河道综保与背街小巷改善、庭院改善、危旧房改善、物业管理改善四大工程相结合,在最小干预前提下贯通慢行交通系统,打通沿河16公里游步道,实施亮灯工程,显著改善河道沿线居民的生产生活环境特别是居住条件;构筑皇城文化保护区、街巷文化延续区、商业景观共生区、市井景观体验区、滨河发展转变区、漕运景观展现区和滨水生态游憩区等七个功能区块,实现旅游功能与景观功能、文化功能的有机结合。下一步,要重点实施五柳巷历史文化街区综合保护工程,坚持"保护第一、应保尽保"原则,针对不同类型的民居制定不同保护方案,做到"一房一楼一策",如20世纪90年代以来的新建筑可通过"穿靴戴帽"、"涂脂抹粉"等方式进行优化设计,危旧房可通过"拼厨拼卫"等方式进行就地改善,"腾空房"可改造成旅游服务设施等,打造具有南宋元素与杭州特色的市河旅游产品。

14. 玉皇山南综合整治。玉皇山南地区,是吴越文化和南宋文化的交汇点,是大运河南端真正意义上的起点,是杭州从"西湖时代"回归"钱塘江时代"的重要标志。玉皇山南地区文化底蕴深厚,历史遗存密集,至今尚留

---

① 把房屋拆迁量和树木迁移量降到最低限度,把给市民出行和沿岸单位带来的不便降到最低限度,把建设整治的成本降到最低限度。

存吴越时代的梵天寺经幢、吴汉月墓、天龙寺造像、慈云岭造像、钱王拜郊台和南宋时期乌龟山老虎洞官窑遗址、南观音洞造像等古迹,以及清代及民国时期的大资福庙、白云庵、摩崖石刻等有价值的名胜古迹多处,其中列入国家级重点文物保护单位的就有三处,集中展示了五代吴越、南宋、清代、民国各个时期的文化。近年来,通过实施八卦田遗址保护、南宋官窑博物馆二期建设、杭州陶瓷品市场整合改造提升、大资福庙文化保护恢复、海月水景公园、居民拆迁安置房建设等重大项目,玉皇山南地区的面貌大为改观,取得了重大阶段性成果。要进一步加快推进玉皇山南综合整治工程,坚持道路有机更新、大项目带动、品质至上原则,按照"一次规划、滚动推进,先易后难、分期实施"要求,以八卦山庄地块改建、樱桃山景区建设、安家塘和甘水港历史风貌保护、大畈鱼塘南北旅游公建、海月水景公园二期、铁路培训中心转型提升、山南国际设计创意园、吴汉月墓综合保护等项目为载体,落实景区长效管理、加快安置房建设、尽快协调铁路搬迁、完善基础配套设施、保护历史文化遗产、同步推进业态规划,把玉皇山南地区打造成吴越文化和南宋文化的集中展示区、西湖景区与钱塘江的重要结合区、旅游休闲与商贸居住的综合功能区。建设山南国际设计创意产业园是玉皇山南综合整治工程的一个重点。2007 年以来,我们相继启动了天龙寺仓库、南复路仓库有机更新项目以及复兴路、南复路等基础配套设施建设等,着力把山南国际设计创意产业园打造成建筑工程设计中心、学术研讨交流中心、建筑信息发布中心、人才培训与储备中心、投融资服务中心"五个中心",形成"一主多副"的功能格局。"一主"指以设计产业为主体,其中设计产业以建筑、园林设计为主,兼顾工业设计、灯光设计、服装设计、工艺设计等其他各类设计;"多副"指其他与设计产业相关的配套和延伸的高端产业,集展示、交易、培训、信息发布、学术研讨为一体。

15. 凤凰山路综合整治。凤凰山路既是西湖风景名胜区南片的一条重要旅游线路,也是连接南宋皇城大遗址与西湖风景名胜区的一条景观大道,沿线保留着极其丰富的吴越文化、北宋文化、南宋文化、明清文化遗存。我们坚持"道路有机更新"理念,以"道路有机更新"带整治、带保护、带改造、带建设、带开发、带管理,实施凤凰山路综合整治工程,在增强道路交通功能的同时,提升道路的生态、经济和文化功能,实现道路"四大功能"的最大化;处理好凤凰山路与虎跑路、江洋畈生态公园、南宋皇城遗址公园的接点问题,推进道路沿线纵深整治,并把道路沿线市场、商店、民居等的整治纳入其中,真正做到"横向到边、纵向到底、不留空白、不留死角"。工程实施中,要充分挖掘景观、生态元素,道路、截洪沟、人行道铺装、挡墙工程及其之间的景观处理要以绿化、景观小品、历史文化碎片等方式实现无缝衔接。其中,挡墙工程从生态角度考虑进行饰面,在坡底和坡顶分别种植凌霄藤、云南黄馨等藤蔓类植物以实现生态景观;截洪沟明渠段结合北侧山体现状,在满足排水功能前提下充分挖掘美学元素,明渠以混凝土为基槽,利用山石、鹅卵石、绿化等设置景观堆石、叠石,形成景观水系;植物配置上,人行道与机非绿化带乔木采用落叶与非落叶树种相结合的原则,总体以杭州乡土树种为主,兼顾树木生态适应性和景观要求。道路立面整治、城市家具设计、城市雕塑设计等,都要围绕打好"南宋牌"做文章,体现南宋的元素和符号,使凤凰山路成为特色景观大道、南宋文化长廊。

16. 净慈寺扩建。净慈寺位于南屏山慧日峰下,最早叫"慧日永明院",是五代十国时期后周显德元年(954)吴越王钱弘俶为高僧永明禅师而建。北宋太平兴国二年(977),宋太宗赐慧日永明院为"寿宁禅院",并加以修葺。翌年(978),吴越王钱弘俶听从永明禅师遗嘱,"上表归宋,尽献十三州之地。"①南宋建炎二年(1128),宋高宗下旨敕改寿宁院为"净慈禅寺",并建造了五百罗汉堂。绍兴九年(1139),宋高宗大赦天下,为表示祭祀宋徽宗,特将净慈禅寺改名为"报恩光孝禅寺"。绍兴十九年(1149),又改为"净慈报恩光孝禅寺",简称"净慈寺"或"净慈禅寺"。嘉定年间,朝廷品第江南诸寺,净慈禅寺以"闳胜甲于湖山",列为江南禅宗五山之一。当时,位于该寺中心的主殿共五层,两旁"配有偏殿,各类阁、堂、轩、楼等33座,寺僧达数千人"。净慈寺的钟声在历史上久负盛名,明代诗人张岱作《西湖十景·南屏

---

① 《释氏稽古略》卷四,迪志文化出版公司2001年出版。

晚钟》,赞曰:"夜气涵南屏,轻风薄如纸;钟声出上方,夜渡空江水。"南宋时期,"南屏晚钟"成为"西湖十景"之一。净慈寺内有与南宋僧人济公有关的"运木古井",寺前有中国最早的放生池,寺后有南宋高僧如净的墓塔,是日本佛教曹洞宗朝拜圣地。1983年,净慈寺被国务院确定为汉族地区佛教全国重点寺院。2008年3月,净慈寺舍利殿开工建设,净慈寺扩建工程正式启动。实施净慈寺扩建工程,要坚持既有利于弘扬佛教文化,又有利于方便百姓通行,通过挖隧道等办法为恢复大净慈寺格局创造条件,采用通透的形式构筑沿山体的围墙以与周边景观相协调,通过扩建斋堂、僧房,新建鼓楼、藏经阁、舍利殿等建筑,使这座千年古刹更显庄严宏伟,使南屏景区更富文化内涵。

17. 江洋畈生态公园建设。江洋畈位于玉皇山南麓,南眺钱塘江,面积约250亩,周边有八卦田、南宋官窑等众多历史文化遗存,是"闹中取静"的"世外桃源"。建设江洋畈生态公园,有利于推进西湖申遗,有利于实现江洋畈的永续利用,有利于加强西湖风景名胜区的生态环境保护。2008年江洋畈生态公园建设开始启动,2010年10月部分建成开放。江洋畈生态公园建设,以山林为基础,以湿地为特征,以历史为依托,以美食为"亮点",挖掘江洋畈本身和周边的历史遗产,利用现有的西湖疏浚淤泥库区,形成丰富自然的次生湿地景观公园,把昔日的烂泥塘打造成为21世纪杭州西湖公园新典范。下一步,要重点推进杭帮菜博物馆建设,坚持建筑景观化、特色化和功能完整性两大原则,展示秦至南北朝时杭州风貌、隋唐时期杭州饮食、宋元明时杭州菜品文化、清时杭州美食世界、中国古代食圣袁枚、近代民国时期杭州餐饮业、杭州餐饮名店名菜名厨等内容;建筑以南宋风格为主,突出杭州园林特点,高低起伏、立面通透,展示杭州建筑的元素和符号,建造自然环境中的景观;研究杭帮菜的定位和特色,科学界定杭帮菜的内涵和外延,设计新的杭帮菜载体,做好"餐厅+博物馆"文章,促进杭帮菜与街区相结合、杭帮菜与游船相结合、杭帮菜与演艺相结合、杭帮菜与博物馆相结合,让参观者能真切地体验杭帮菜的"色、香、味、形",打造有别于传统博物馆的真正意义上的杭帮菜博物馆。

18. 南宋文化研究。南宋文化研究承载着杭州发展成长的轨迹,延续着杭州文明的香火,融通着先人和今人情感的纽带。推进南宋文化研究,让人们对南宋有更深刻的了解,触摸到南宋的历史脉络和文化特征,具有强烈的历史和现实意义。几年来,在众多国内外一流学者的支持和参与下,杭州开展了一系列对南宋及南宋都城临安的深入研究,初步实现了"还原一个真实的南宋"的目标,改变了学界长期以来"重北轻南"的格局,基本扭转了社会上一直以来对南宋一朝的片面认识,杭州市民对南宋的认同感达到了前所未有的高度。推进南宋文化研究,要在《南宋史研究丛书》的基础上,编辑出版《南宋及南宋都城临安研究系列丛书》,培养壮大南宋史研究人才队伍,努力把南宋史研究中心建成全国乃至世界南宋史研究中心,形成一批最系统、最权威的研究成果。要加快相关硬件建设,着手实施南宋文化综合服务中心建设项目,强化南宋文化和旅游服务水平。

19. 将台山南宋佛教文化生态公园建设。将台山位于凤凰山西南、慈云岭东,连接凤凰山、玉皇山和慈云岭,南面正对钱塘江,海拔203米。将台山地区是南宋文化的核心区,将台山山顶平地是南宋皇宫禁卫军的"御校场"。绍兴十四年(1144),宋高宗赵构在此亲阅殿前司马军将士骑射刺杀,曰"冬校"。后来宋孝宗、宋光宗也曾在此阅校。西南一端隆起之地,俗称"点将台",将台山之名因此而得。20世纪50年代到80年代,将台山成为杭州市区自产水泥的采石基地,南麓山体近半被削,约2万平方米直立岩面外露,生态环境遭到严重破坏。历经几十年的风侵雨蚀,将台山南麓裸露的山体风化严重,与周边环境极不协调,丰富的历史文化遗存也没有得到很好的保护和利用。建设将台山摩崖石刻大型露天宗教景观,打造将台山南宋佛教文化生态公园,是实施南宋皇城遗址综合保护工程的重要切入点,对于修复将台山自然生态、保护将台山历史文化,具有十分重要的意义。要遵循积极保护理念,坚持科学定位、以民为本、文化为要、保护第一、品质至上、可持续发展原则,传承历史、面向未来,建造融艺术、宗教、科学、自然于一体,具有震撼力、感染力的标志性摩崖石刻大型露天宗教景观,打造自然景观优美、人文景观丰富、服务设施一流、交通便捷通畅、环境整洁卫生、管理科学合理的将台山南宋佛教文化生态公园。特别需要强调的是,我们要建设的将台山摩崖石刻,既不是一个宗教活动场所,也不是一个大型露天宗教造像,而是一个以弘扬宗教文化、传承摩崖石刻艺术、保护生态环境、发展旅游业为目的的大型露天宗教景观。将台山摩崖石刻除雕刻一座释迦牟尼石刻坐像以外,还将以佛教故事为主线,在周边山体建设一系列体现禅理思想和佛教文化,具有启迪大众、教化社会功能的摩崖石刻艺术作品,它本质上是一个以佛教文化为内涵的摩崖石刻艺术群,是南宋文化生态公园的重要组成部分。将台山释迦牟尼石刻坐像本身,与一般意义上的大型露天宗教造像有本质区别,它是完全依托山体崖壁、用摩崖石刻的方式雕刻而成的,不是一般意义上的单体凌空立体全身塑像,而是一件以释迦牟尼为外形的摩崖石刻艺术作品,是将台山这个大型露天景观中一个具有代表性的文化与艺术景观。我们建设将台山摩崖石刻包括释迦牟尼石刻坐像,不仅是为了供人们顶礼膜拜和举办宗教活动,而且是为了建设一个集中展示佛教文化和摩崖石刻艺术的场所,一个供人们观光休闲的场所,一个集宗教、文化、艺术、生态于一体的旅游景观。建设将台山摩崖石刻大型露天宗教景观,既要严格按照国家和省关于大型露天宗教景观的规定办,又要遵循旅游景观建设、管理、营运的规律,给人以思想的启迪、艺术的欣赏和美的享受。

20. 中国音乐博物馆建设。杭师大玉皇山校区地处南宋皇城大遗址核心区保护范围内,地理位置独特,环境清幽宜人。校区内入驻的杭师大音乐学院被国内同行誉为"历史最悠久、全国最美丽"的音乐学院。为推动杭师大建设国内一流综合性大学,杭州决定建设杭师大仓前新校区,搬迁杭师大音乐学院,建设中国音乐博物馆,推动杭师大玉皇山校区转型提升。要坚持保护第一、生态优先,保护好杭师大玉皇山校区保留下来的真实反映新中国成立以来杭州学校及其建筑演变史的不同时代、不同学校的建筑,在此基础上充分发挥杭师大玉皇山校区的资源优势、区位优势和环境优势,建设中国音乐博物馆,打造成为以中国音乐文化展示为主题,以南宋音乐文化展示为特色,以山水园林为依托,集收藏、研究、培训、信息、演艺、旅游等功能于一体的专业化、平民化的国家级博物馆,成为中国最美丽的山水园林式音乐博物馆;要坚持修旧如旧、最小干预,邀请专家做好不同年代建筑的保护规划设计工作,对杭师大玉皇山校区原有建筑进行"改头换面、穿靴戴帽",合理地把历史积累的文化元素和建筑符号妥善应用于中国音乐博物馆设计建设中,做到"和而不同",保护好杭师大音乐学院的遗传密码;要坚持文化为要、音乐为王,打好"南宋牌",唱响"音乐"主旋律,搞好南宋雅乐舞、宴乐等项目,在保护的基础上新建八音阁,把虚幻的声音与具象的建筑有机结合起来,研究考证八音阁八种色彩与中国传统音乐中的"八音"即丝、竹、木、石、金、土、匏、革之间的联系,认真做好颜色与音域呼应的文章,做到八种色彩和谐相容,并与周边环境融为一体;要坚持整合资源、雅俗共赏,整合各类有效资源,引入"第二课堂"做法,坚持事业单位企业化管理,利用多样化的展示手段,以老房子体现新内容、新功能,推动杭师大玉皇山校区转型提升,努力把杭师大玉皇山校区所在地建成以中国音乐博物馆为核心,集展示、研究、培训、信息、演艺等功能于一体的旅游综合体。

21. 白塔公园建设。白塔是全国重点文物保护单位,始建于五代吴越末期,采用湖石雕凿而成,是中国第一幢仿阁楼式石塔。白塔保存完整,外观八面九层,逐层收分,比例适度,出檐深远,起翘舒缓,轮廓挺拔秀丽,是当时建筑技术、雕刻工艺、佛教艺术的集中体现,具有很高的历史、科学、艺术价值。南宋时,白塔邻近皇城,可以看到凤凰山下金碧辉煌的宫阙。塔边原有白塔寺、白塔桥,白塔桥是进入皇城的必经之路,还有人在此售卖地经(导游图),曾流传"白塔桥边卖地经,长亭短驿甚分明"①的诗句。白塔东边有中国第一大运河——京杭大运河的起点,周边还有中国第一座跨江大桥和中国第一批铁路。白塔公园建设要以吴越文化、南宋文化、佛教文化、运河文化、钱塘江文化、铁路文化等内涵丰富的文化类型为依托,充分利用其丰富的历史积淀和"青山、碧江、白塔、黛瓦、褐轨"的自然条件,突出吴越文化和铁路文化特色,结合地形和江边周边环境,保护意蕴丰富的人文景观,恢复自然生态环境,营造优美的自然山水景观和植物景观,使其成为具有地域

---

① 陶宗仪:《说郛》卷四七《古杭杂记》,宛委山堂藏板顺治四年重印本。

文化特色,内涵丰富、环境优美、功能合理、景观优美的文化展示区和精品旅游区。白塔公园分东西两部分。东部包括白塔保护用地,是白塔公园景点建设用地,要拆除白塔周边铁路建筑,恢复其历史与自然环境;西部是白塔公园休闲服务用地,要拆除附属建筑、西端东西向遮挡景观建筑,对50年以上具有保存价值的建筑加以保留、利用,保护好"驾涛仙馆"、20世纪30年代钱江一桥工人宿舍等历史建筑,开辟休闲观景地,保留或改造部分当代建筑作为旅游服务设施。要保留百年铁路的工业、仓储、居住等各类50年以上有保存价值的建筑,作为近现代工业纪念空间,展示千年白塔、千年运河与百年工业史相交融、相辉映的灿烂历史。

22. 新海潮寺(南北院)建设。海潮寺旧址位于望江门杭州橡胶(集团)公司厂区东部,原名镇海禅院,"明万历三十一年僧如德、性和、海仁建,地约五亩余。郡邑给贴,焚修聚众,凡进香普陀者必聚足于此,犹径山之有接待院也,与巽峰新塔相望。"[1]海潮寺因与延圣寺比邻而立,两寺山门曾并作一处,寺院规模与实力大增,香火更旺,成为大施主举办大型斋供活动最经常的场所之一,跻身于杭州以"四大丛林"(灵隐、圣因、昭庆、净慈)领衔的"外八寺"("四大丛林"另加凤林、虎跑、圣果、海潮)之列。海潮寺内"双照井"相传为吴王夫差为西施、郑旦开凿,因作为梁祝"十八相送"场景而流传千年。寺旁的新开门(即望江门,俗称草桥门)、候潮门始建于南宋高宗绍兴年间,长期以来一直是杭州的重要门户,不远处的观潮楼、映江楼均为南宋时观潮胜地。抗战时,海潮寺毁于日寇之手,所存无几。1958年,海潮寺废墟上建起杭州海潮橡胶厂,在车间、厂房中间,金刚殿(天王殿)得以保存。2000年,海潮寺旧址被列为市级文物保护单位。新海潮(南北院)建设,要按照"新包旧"的要求,分为南北两院,建于钱塘江两侧,隔江呼应;要结合整个区块的城市设计做好建筑设计,将"将台山—海潮寺"临江地区建设成为杭州佛教文化新中心。

23. 海潮公园建设。海潮公园所在的钱塘江南岸区域,南宋时位于西

---

① 吴之鲸:《武林梵志》卷二《城外南山分脉》,杭州出版社2006年出版。

江塘外,是著名渡口渔浦渡至六和塔下龙山渡之间的钱塘江故道,部分陆面为渔浦寨辖地。由于周边云集了关山渡、渔浦渡、龙山渡、浙江渡、西兴渡、渔山渡等众多渡口,江上船只往来频繁,江面开阔,胥涛澎湃。建设海潮公园,要围绕文化艺术主题,采用分层引导与总体引导相结合的景观规划方式,以建筑高度为载体、空间廊道为纽带、山形江岸为背景,串联佛教文化、音乐文化、现代艺术,打好"生态牌"和"文化牌",做好寺、桥、塔三篇文章,修复岸边及纵深建筑天际线,形成大疏大密、山水映衬、协调融合、错落有致的城市景观,促进沿江景观提升与功能重塑相结合,营造与北岸六和塔自然山体呼应的钱塘江南岸城市景观,与新海潮寺(南北院)共同构筑跨越钱塘江两岸的海潮旅游综合体,打造杭州主城区山、江、城、景观体验的示范区。

24. 杭州卷烟厂地块转型提升。杭州卷烟厂地块位于南宋皇城大遗址核心区块。经勘探该地块部分属于南宋皇宫之外的三省六部、大马厂和御街遗址范围,区域周边至今已发掘出南宋御街、南宋官窑瓷品和大型官衙建筑基址等文物和建筑遗迹。为更好地保护南宋皇城大遗址,我们启动了杭州卷烟厂地块转型提升工程。推进杭州卷烟厂地块功能调整和改造提升,要邀请国内外一流专家,对杭州卷烟厂地块的保护利用进行规划设计,在保护好杭州卷烟厂工业遗产的基础上,打造集酒店、购物、美食、娱乐、休闲、换乘等功能于一体的国际旅游综合体。

25. 南宋博物院建设。建设南宋博物院是实施南宋皇城大遗址综合保护工程的突破口和主载体,是保护和展示南宋皇城大遗址成本最低、风险最小、见效最大的一着棋。建设南宋博物院,要创新理念、创新思路,在彰显特色、张扬个性上下功夫,突出南宋历史文化的精粹,体现杭州作为南宋都城的历史风貌与文化传承,打造中国第一个专题性国史博物馆。要做好"活"的文章,突破高墙大院、皇宫禁地的传统模式,保留原住民生活形态,建设一个"活"的博物院。要做好"展示"文章,借鉴雷峰塔重建的成功经验,在开挖、展示部分地下遗址基础上复建宫殿,把地下遗址展示与地上实物展示相结合,让南宋博物院的每一个房间都能看得见遗址,既保护好南宋皇城地下遗址,又能再现惟妙惟肖的南宋宫殿,使南宋博物院不仅靠南宋皇城地下遗址吸引游客,而且借助丰富的藏品和现代化的表达手段展示南宋文化。要在全球征集南宋藏品,动员广大的海外华人参与南宋博物院建设。要做好"引水"文章,借鉴中山路有机更新工程引水入街的成功做法,引水入院,营造怡人水景,重现南宋山水皇城的韵味。要做好"绿化"文章,通过绿化和皇家园林建设,把南宋博物院打造成园林式的博物院,展现中国最美丽的山水花园式皇城的遗韵。

六、南宋皇城大遗址综合保护的保障措施

南宋皇城大遗址综合保护是一项传承历史的"文脉工程"、保护环境的"生态工程"、造福于民的"民心工程"、构建和谐的"示范工程"、提升城市品位的"竞争力工程",一定要统一思想,整合资源,集中力量,重拳出击,狠抓各项工作的落实,真正把这件"功在当代、利在千秋"的好事办好、实事办实。

1. 加强组织领导。南宋皇城大遗址综合保护工程任务重、要求高、难度大、涉及面广,必须加强组织领导,形成强大合力。杭州已建立由国家文物局领导、市四套班子主要领导以及国内历史文化遗产保护专家组成的南宋皇城大遗址综合保护工程顾问组,建立了由市政府分管副市长担任组长的工程领导小组,对南宋皇城大遗址综合保护工程实行统一领导、统一协调。领导小组下设办公室,办公室设在杭州西湖风景名胜区管委会,负责领导小组的日常工作。相关城区和有关部门要积极配合、齐心协力,各司其职、各负其责,互相支持、协调配合。要进一步完善南宋皇城大遗址综合保护工程的定期通报制度,健全公众和舆论监督机制,落实历史文化遗产保护责任制和责任追究制度。

2. 完善保护规划。高起点、高水平制定和完善规划是实施南宋皇城大遗址综合保护工程的前提。要邀请国内外一流专家,加快编制《临安城遗址——皇城遗址保护规划》、《南宋皇城大遗址公园规划》、《南宋博物院规划》以及南宋皇城大遗址综合保护工程规划设计导则。要坚持依法编制规划,使规划符合4个层面的法律法规和相关政策:《中华人民共和国文物保护法》以及其他与国家重点文保单位、大遗址保护相关的法律法规和政策,

有关国家风景名胜区保护、利用、建设、管理的法律法规和政策,杭州城市总体规划和已制定的相关控制性详规所涉及的法律法规和政策,有关单位、居民搬迁的法律法规和政策。要坚持统筹编制规划,使规划不仅与《杭州城市总体规划》、《杭州西湖风景名胜区总体规划》、《杭州城市相关规划单元的控制性详规》等规划相衔接,而且与当前正在南宋皇城大遗址综合保护工程范围内实施的重大项目规划、实施方案相衔接。要坚持系统编制规划,根据南宋皇城大遗址综合保护工程的需要,及时开展国际招标,有计划、有步骤地编制相关专项规划设计,形成包括概念规划、总体规划、分区规划、详细规划、城市设计、建筑设计等在内的保护规划体系,充分体现规划设计超前性、系统性、操作性和权威性。在深入研究南宋文化元素和建筑符号基础上,按照纯宋式建筑(指运用宋代木构技术,以原材料、原工艺来完整重现宋代建筑风格的建筑)、新宋式建筑(指汲取宋式建筑的元素和符号,以现代材料与技术来相对完整地重现宋代建筑风格的建筑)、点缀式宋式建筑(指以现代材料与技术,在某些关键部位体现宋代建筑特征、韵味的建筑)、宋式遗址保护罩(指在考古发掘确定的重要遗址上建造一个宋风建筑充当保护罩的功能)四大类,进一步明确宋风建筑体系建设思路,对南宋皇城大遗址公园规划范围内的建筑逐项进行研究,使新建筑与大遗址公园风貌相吻合。

3. 创新体制机制。实施南宋皇城大遗址综合保护工程,要坚持统一领导、统一规划、统一标准、统一运营、分级筹资、分级管理的"四统二分"的保护、建设、管理和营运模式,构建统分结合、协调有序的体制机制。统一领导,就是要建立统一的领导和协调机构,负责南宋皇城大遗址综合保护重大问题的决策、指挥、协调和实施。统一规划,就是要统筹搞好南宋皇城大遗址综合保护的规划设计,并与城市总体规划、历史文化名城保护规划、土地利用规划等实现相互衔接。统一标准,就是要实行统一的设计、技术、规范标准及组织模式,确保安全、高效推进南宋皇城大遗址综合保护工程。统一营运,就是要借鉴国内外其他大遗址在保护、展示方面的成功经验,实行统一的营运模式,确保安全可靠、集约利用,努力提高营运效益和服务水平。分级筹资,就是要坚持"大平衡"理念,坚持自筹资金与招商引资并举,市区联动、责任共担、利益共享,以保护带开发,调动各级的积极性,解决好南宋皇城大遗址保护工程的资金筹措问题。分级管理,就是要坚持一级抓一级、一级对一级负责,层层抓好各项工作的落实,实现南宋皇城大遗址综合保护从分散领导、多头管理向统一领导、分级管理转变。

4. 加强考古勘探。通过考古勘探研究摸清地下遗址情况,是实施南宋皇城大遗址综合保护工程的基础。要依托南宋临安城考古队,整合考古勘探研究力量,加强国际国内合作,制定《南宋皇城大遗址综合保护工程考古发掘计划书》,对遗址进行全面的考古、调查、勘探、必要的发掘和研究,全面了解遗址的性质、内涵、范围和布局,合理推测原有地上建筑的形制、形态,准确判断该区域内地下可能埋藏遗存的分布,并对以往皇城遗址考古成果进行整理,为实施南宋皇城大遗址综合保护特别是建设南宋博物院提供充分的科学依据。要与国内外大遗址保护机构建立经常性联系,加强与他们的联络、沟通、交流,学习借鉴他们的先进经验。要聘请国内外知名专家参与南宋皇城大遗址综合保护工程,借用"外脑",争取外援,为南宋皇城大遗址综合保护提供理论和技术指导。

5. 强化政策引导。南宋皇城大遗址综合保护工程是一项投入产出比最高的工程。要以大目标、大思路、大举措、大项目、大平衡解决大问题、克服大困难、做到大保护、实现大发展。要围绕解决好"钱从哪里来、地从哪里来、人往哪里去、手续怎么办"四大问题,全面梳理可用于南宋皇城遗址综合保护工程的各类政策,研究出台新的扶持政策。对遗址范围内的原住民,要坚持"鼓励外迁、允许自保",既在最大程度上保护好大遗址,又保持原住民生活形态的延续性。对"外迁"的,要就近安置、优先安置;对"自保"的,要通过调整业态,实施危旧房改善、庭院改善、物业管理改善等民生工程,提高他们的生活品质。要借鉴中山路综合保护与有机更新工程跨城区土地出让金返还的成功做法,定资金、定地块、定项目,算好土地账、拆迁账、建筑账、资金账、资产账"五本账",做好资金平衡文章。

6. 建设人才队伍。建立一支从事南宋文化及建筑研究的专业人才队伍,对于顺利实施南宋皇城大遗址综合保护工程具有十分重要的作用。要落实"四个尊重",打好"杭州牌"、"浙江牌"、"中华牌"、"国际牌",抓好培养、选拔、使用、引进、监督、服务六个环节,通过实施南宋皇城大遗址综合保护工程,发现、培养和引进一批新宋式建筑师。尤其要广发"英雄帖",招募"千里马",引进一批能熟练掌握并运用南宋文化元素和建筑符号的规划师、建筑师、设计师,以及工作室、设计所、设计院,使南宋皇城大遗址综合保护工程成为培养南宋文化研究人才和建筑师的摇篮,成为南宋文化研究人才与建筑师施展才华的舞台。

7. 加大宣传力度。南宋皇城大遗址综合保护涉及面广、敏感性强、社会关注度高。各级舆论宣传部门要坚持正确导向,加强正面舆论引导,大力宣传南宋皇城大遗址的重大价值,大力宣传实施南宋皇城大遗址综合保护工程的重大意义,大力宣传"保护第一"的理念,为南宋皇城大遗址综合保护营造良好的舆论氛围。在规划编制以及保护、考古、研究、建设过程中,要建立党政、媒体、市民"三位一体",以"四问四权"为核心的以民主促民生工作机制,调动好、发挥好高等院校、科研院所、社会团体、志愿者和广大市民等社会各界的主动性、积极性和创造性,动员全社会力量共同保护好南宋皇城大遗址,建设好南宋皇城大遗址公园。

800 多年前,勤劳智慧的南宋临安人创造了辉煌灿烂的文化,打造了"世界上最美丽华贵之天城"。800 多年后的今天,我们有决心、有信心、有能力,传承历史、开创未来,当好杭州这座国家历史文化名城的"薪火传人",把南宋皇城大遗址公园建设成为传世之作、世纪精品,成为世界文化遗产。

杭州市社会科学院南宋史研究中心的同志们,在国内外众多学者的积极支持下,通过近六年的努力,基本上完成了 50 卷本《南宋史研究丛书》的出版工作,为重新评价南宋,还原一个真实的南宋做出了不懈的努力,影响深远,成绩喜人。现在,他们又制订了"南宋及南宋都城临安研究系列丛书"的编撰计划,希望对南宋史作更加深入的研究,这是一件很有意义的事,我预祝他们在新的研究工作中取得更大的成绩。特为之序。

序　言

徐规

靖康之变,北宋灭亡。建炎元年(1127)五月初一日,宋徽宗第九子、钦宗之弟赵构在应天府(河南商丘)即帝位,重建宋政权。不久,宋高宗在金兵的追击下一路南逃,最终在杭州站稳了脚跟,并将此地称为行在所,成为实际上的南宋都城。

南宋自立国起,到最终为元朝灭亡(1279),国祚长达一百五十三年之久。对于南宋社会,历来评价甚低,以为它国力至弱,君臣腐败,偏安一隅,一无作为。但是近代以来,一些具有远见卓识的史学家却有不同看法,如著名史学大师陈寅恪先生在二十世纪四十年代初指出:

华夏民族之文化,历数千载之演进,造极于赵宋之世。①

著名宋史专家邓广铭先生更认为:

宋代是我国封建社会发展的最高阶段,两宋期内的物质文明和精神文明所达到的高度,在中国整个封建社会历史时期之内,可以说是空

---

① 陈寅恪:《金明馆丛稿二编》,生活·读书·新知三联书店 2001 年出版。

前绝后的。①

很显然,对宋代的这种高度评价,无论是陈寅恪还是邓广铭先生,都没有将南宋社会排斥在外。我以为,一些人所以对南宋贬抑至深,在很大程度上是出于对患有"恐金病"的宋高宗和权相秦桧一伙倒行逆施的义愤,同时从南宋对金人和蒙元步步妥协,国土日朘月削,直至灭亡的历史中,似乎也看到了它的懦弱和不振。当然,缺乏对南宋史的深入研究,恐怕也是其中的一个原因。

众所周知,南宋历史悠久,国土虽只及北宋的五分之三,但人口少说也有五千万人左右,经济之繁荣,文化之辉煌,人才之众多,政权之稳定,是历史上任何一个偏安政权所不能比拟的。因此,对南宋社会的认识,不仅要看到它的统治集团,更要看到它的广大人民群众;不仅要看到它的军事力量,更要看到它的经济、文化和科学技术等各个方面,看到它的人心之所向。特别是由于南宋的建立,才使汉唐以来的中华文明在这里得到较好的传承和发展,不至于产生大的倒退。对于这一点,人们更加不应该忽视。

北宋灭亡以后,由于在淮河、秦岭以南存在着南宋政权,才出现了北方人口的大量南移,再一次给中国南方带来了充足的劳动力、先进的技术和丰富的生产经验,从而推动了南宋农业、手工业、商业和海外贸易的显著的进步。

与此同时,南宋又是中国古代文化最为光辉灿烂的时期。它具体表现为:

一是理学的形成和儒学各派的互争雄长。

南宋时候,程朱理学最终形成,出现了以朱熹为代表的主流派道学,以胡安国、胡宏、张栻为代表的湖湘学,以谯定、李焘、李石为代表的蜀学,以陆九渊为代表的心学。此外,浙东事功学派也在尖锐复杂的民族矛盾和阶级矛盾的形势下崛起,他们中有以陈傅良、叶适为代表的永嘉学派,以陈亮、唐

---

① 邓广铭:《关于宋史研究的几个问题》,载《社会科学战线》1986 年第 2 期。

仲友为代表的永康学派，以吕祖谦为代表的金华学派。理宗朝以前，各学派之间互争雄长，呈现出一派欣欣向荣的景象。

二是学校教育的大发展，推动了文化的普及。

南宋学校教育分中央官学、地方官学、书院和私塾村校，它们在南宋都获得了较大发展。如南宋嘉泰二年（1202），仅参加中央太学补试的士人就达三万七千余人，约为北宋熙宁初的二百五十倍。① 州县学在北宋虽多次获得倡导，但只有到南宋才真正得以普及。两宋共有书院三百九十七所，其中南宋占三百十所，②比北宋的三倍还多，著名的白鹿洞、象山、丽泽等书院，都是各派学者讲学的重要场所。为了适应科举的需要，私塾村校更是遍及城乡。学校教育的大发展，有力地推动了南宋文化的普及，不仅应举的读书人较北宋为多，就是一般识字的人，其比例之大也达到了有史以来的高峰。

三是史学的空前繁荣。

通观整个南宋，除了权相秦桧执政时期，总的说来，文禁不密，士大夫熟识政治和本朝故事，对国家和民族有很强的责任感，不少人希望借助于史学研究，总结历史上的经验和教训，以供统治集团作为参考。另一方面，南宋重视文治，读书应举的人比以前任何时候都多，对史书的需要量极大，许多人通过著书立说来宣扬自己的政治主张，许多人将刻书卖书作为谋生的手段。这样就推动了南宋史学的空前繁荣，流传下来的史学著作，尤其是本朝史，大大超过了北宋一代，南宋史家辈出，他们治史态度之严肃，考辨之详赡，一直为后人所称道。四川、两浙东路、江南西路和福建路都是重要的史学中心。四川以李焘、李心传、王称等人为代表。浙东以陈傅良、王应麟、黄震、胡三省等人为代表。江南西路以徐梦莘、洪皓、洪迈、吴曾等人为代表，福建路以郑樵、陈均、熊克、袁枢等人为代表。他们既为后世留下了宝贵的史料，也创立了新的史学体例，史书中反映的爱国思想也对后世史家产生了

① 徐松辑：《宋会要辑稿》崇儒一之三九，中华书局 1987 年影印本。

② 参见曹松叶《宋元明清书院概况》，载《中山大学语言历史研究所周刊》第十集，第 111－115 期，1929 年 12 月至 1930 年出版。

重大影响。

四是公私藏书十分丰富。

南宋官方十分重视书籍的搜访整理,重建具有国家图书馆性质的秘书省,规模之宏大,藏书之丰富,远远超过以前各个朝代。私家藏书更是随着雕板印刷业的进步和重文精神的倡导而获得了空前发展。两宋时期,藏书数千卷且事迹可考的藏书家达到五百余人,生活于南宋的藏书家有近三百人,①又以浙江为最盛,其中最大的藏书家有郑樵、陆宰、叶梦得、晁公武、陈振孙、尤袤、周密等人,他们藏书的数量多达数万卷至十数万卷,有的甚至可与秘府、三馆等。

五是文学、艺术的繁荣。

南宋是中国古代文学、艺术繁荣昌盛的时代。词是两宋最具代表性的文学形式,据唐圭璋先生所辑《全宋词》统计,在所收作家籍贯和时代可考的八百七十三人中,北宋二百二十七人,占百分之二十六;南宋六百四十六人,占百分之七十四,李清照、辛弃疾、陆游、姜夔、刘克庄等都是南宋杰出词家。宋诗的地位虽不及唐代,但南宋诗就其数量和作者来说,却大大超过了北宋。由北方南移的诗人曾几、陈与义;有"中兴四大诗人"之称的陆游、杨万里、范成大、尤袤;有同为永嘉(浙江温州)人的徐照、徐玑、翁卷、赵师秀;有作为江湖派代表的戴复古、刘克庄;有南宋灭亡后作"遗民诗"的代表文天祥、谢翱、方凤、林景熙、汪元量、谢枋得等人。此外,南宋的绘画、书法、雕塑、音乐舞蹈以及戏曲等,都在中国文化史上占有一定的地位。

在日常生活中,南宋的民俗风情,宗教思想,乃至衣、食、住、行等方面,对今天的中国也有着深刻影响。

南宋亦是我国古代科学技术发展史上最为辉煌的时期,正如英国学者李约瑟所说:"对于科技史家来说,唐代不如宋代那样有意义,这两个朝代的气氛是不同的。唐代是人文主义的,而宋代较着重科学技术方面……每当

---

① 参见《中国藏书通史》第五编第三章《宋代士大夫的私家藏书》,宁波出版社 2001 年出版。

人们在中国的文献中查找一种具体的科技史料时,往往会发现它的焦点在宋代,不管在应用科学方面或纯粹科学方面都是如此。"①此话当然一点不假,不过如果将南宋与北宋相比较,李约瑟上面所说的话,恐怕用在南宋会更加恰当一些。

首先,中国四大发明中的三大发明,即指南针、火药和印刷术而言,在南宋都获得了比北宋更大的进步和更广泛的应用。别的暂且不说,仅就将指南针应用于航海上,并制成为罗盘针使用这一点来看,它就为中国由陆上国家向海洋国家的转变创造了技术上的条件,意义十分巨大。再如,对人类文明有重大贡献的活字印刷术虽然发明于北宋,但这项技术的成熟与正式运用却是在南宋。其次,在农业、数学、医药、纺织、制瓷、造船、冶金、造纸、酿酒、地学、水利、天文历法、军器制造等方面的技术水平都比过去有很大进步。可以这样说:在西方自然科学东传之前,南宋的科学技术在很大程度上代表了中国封建社会科学技术的最高水平。

南宋军事力量虽然弱小,但军民的斗争意志却异常强大。公元1234年,金朝为宋蒙联军灭亡以后,宋蒙战争随即展开。蒙古铁骑是当时世界上最为强大的军队,它通过短短的二十余年时间,就灭亡了西夏和金,在此前后又发动三次大规模的西征,横扫了中亚、西亚和俄罗斯等大片土地,前锋一直打到中欧的多瑙河流域。但面对如此劲敌,南宋竟顽强地抵抗了四十五年之久,这不能不说是世界战争史上的一个奇迹。从中涌现出了大量可歌可泣的英雄人物,反映了南宋军民不畏强暴的大无畏战斗精神,他们与前期的岳飞精神一样,成为中华民族宝贵的精神财富。

古人有言:"以古为镜,可以知兴替。"近人有言:"古为今用,推陈出新。"前者是说,认真研究历史,可为后人提供历史上的经验和教训,以少犯错误;后者是说,应该吸取历史上一切有益的东西,通过去粗取精、改造、发展,以造福人民,总之,认真研究历史,有利于加强精神文明的建设,也有利于将我国建设成为一个和谐的、幸福的社会。我觉得南宋可供我们借鉴反

---

① 《中国科学技术史·导论》中译本,北京科学出版社1990年出版。

思和保护利用的东西实为不少。

　　以前,南宋史研究与北宋史研究相比,显得比较薄弱,但随着杭州市社会科学院主持的 50 卷《南宋史研究丛书》编撰出版工作的基本完成,这一情况发生了一些令人欣喜的改变。但历史研究没有穷尽,关于南宋和南宋都城临安的研究,尚有许多问题值得进一步探讨,也还有一些空白需要填补。近日,欣闻杭州市社会科学院南宋史研究中心拟进一步深化和扩大南宋史研究,同时出版"博士文库",加强对南宋史研究后备人才的培养,对杭州凤凰山皇城遗址综保工程,也正从学术上予以充分配合和参与,此外还正在点校和整理部分南宋史的重要典籍。组织编撰《南宋及南宋都城临安研究系列丛书》,对于开展以上一系列的研究,我认为很有意义。我相信,在汲取编撰《南宋史研究丛书》成功经验的基础上,新的系列丛书一定会进一步推动我国南宋史研究的深入开展,对杭州乃至全国的精神文明建设都有莫大的贡献,故乐为之序。

2010 年 11 月于杭州市道古桥寓所

目　　录

序

朱瑞熙①

浙江大学历史系杨渭生教授是我交往半个多世纪的一位老朋友。每次去杭州浙江大学历史系开会、讲学，或路过杭州，去金华浙江师范大学东海海疆与海洋文化研究所时，总要与他见上一面，畅谈友情或研究心得。

渭生兄近年撰成《南宋理学一代宗师——杨时思想研究》一书，诚邀我为之写序。十分凑巧，我复旦大学历史系的同班同学杨青，是福建光泽人，早年对杨时也有较深的研究，他的论著我拜读过。加之上世纪八十年代初，我参加《中国历史大辞典·宋史卷》的编写工作，该书的"杨时"条是我四川大学读宋史研究生时的师兄胡昭曦执笔的。所以，对宋代的理学家之一的杨时其人，应该说也有一定的了解；同时，我手头正保存明朝崇祯五年（公元 1632 年）吕维祺题、吕潓赞《圣贤像赞》之一《先儒杨子》即杨时的画像（明刻本第 20 页下—21 页上），现托小女朱红复印一份，寄赠渭生兄。

渭生兄勤于笔耕，近期不辞溽暑劳苦，匠心独运，终于完成了这一全面研究杨时的专著，颇有贡献。可以断言，该书必将进一步促进宋史、宋代思

① 朱瑞熙，著名历史学家，中国宋史研究会前会长，庐山白鹿洞书院院长，上海师范大学古籍研究所前所长、教授，博士生导师，教育部全国重点学科基地河北大学宋史研究中心特聘教授。——杨注。

想史的研究。该书之出版,实为一件喜事,并此祝贺。

　　是为序。

2017 年 7 月 27 日

杨龟山先生画像暨像赞

宋太师谥文靖龟山杨先生画像

　　辑自《杨龟山先生全集》卷首,清康熙四十六年(1707)杨氏重刻本。

（宋）先儒杨子
（杨时）画像

　　辑自明崇祯五年(壬申,1632 年)吕维祺题、吕潗赞《圣贤像赞》之一《先儒杨子》(一作"《先儒像赞》"),明刻本第20页下—21页上。复印件,为朱瑞熙教授所赠,并此致谢。

先儒杨子像赞

（先儒）名时,字中立,福建延平府将乐县人。

　　　　　学喜雍熙　　仕悲乱世
　　　　　向立程门　　何如谏议
　　　　　雪深尺处　　胡尘千里
　　　　　龟山片青　　照人不已
　　　　　　　　　　　　——明吕潜赞

　　宋杨时,神宗熙宁九年登进士第。河南程颢与弟颐讲孔孟绝学于熙丰之际,时以师礼见颢于颍,又见颐于洛。一日见颐,颐偶瞑坐,时与游酢侍立不去,颐既觉,则门外雪深一尺矣。历知浏阳、余杭、萧山三县,迁荆州教授,号曰龟山先生。徽宗重和元年,召为秘书郎,迁著作郎。钦宗靖康元年,除右谏议大夫兼侍讲,迁国子祭酒,转工部侍郎,以龙图阁直学士致仕。绍兴五年卒,年八十三,谥文靖。国朝（明）弘治九年,追封将乐伯,从祀孔庙。嘉靖九年,改称先儒杨子。①

宋太师谥文靖龟山杨先生像赞②

　　　　　受学伊洛　　倡道海滨
　　　　　升堂覩奥　　扶世觉民
　　　　　闽称邹鲁　　公则鼻祖
　　　　　遗像俨然　　师表千古
　　　　　　　　　　——大梁后学杨四知谨书

---

　　①　以上辑自明崇祯五年（壬申,1632 年）吕维祺题、吕潜赞《圣贤像赞》之一《先儒杨子》（一作"《先儒像赞》"）,明刻本,第 20 页下—21 页上。
　　②　龟山先生像及像赞辑自《杨龟山先生全集》卷首（四十二卷）,清康熙四十六年（丁亥,1707）杨氏重刊本。

宋先儒杨文靖公画像赞①

儒林仪表,国家栋梁。风云翰墨,锦绣文章。驾长虹于寥廓,听鸣凤于高冈。

——宋尚书李纲

先生钟两间正气,萃五百精英。涵养纯正,学贯天人。沉潜至理,咸臻其趣,而致中修己,优入圣域,接人应物,随取逢源。望之则乔岳泰山,即之则温恭和煦。诚蒸民之先觉,乃继道之真儒。

——宋友人建安胡安国

嗣孟维程,嗣程维公。传罗传李,②爰及元晦。既证道南之语,居闽居常,因占锡邑。复衍椒实之宗,有谱秩秩,有庙崇崇,百尔君子,尚钦乎斯容。

——宋起居郎魏华父(魏了翁)

剑水澄泓,龟山岁峛。先生毓秀,金声玉色。南来道统,日月垂光。令仪令德,山高水长。

——宋尚书邑人冯梦得

五星聚奎,五百应期。天不生翁,孰续心印。修齐治平,格致诚正。道统纲维,力为己任。教倡来兹,功追往圣。

——宋同郡后学李侗

大学失绪,病在人心。昔子舆子,闲卫圣真。推彼厥功,以亚圣称。迨至我翁,继统而兴。理阐性命,学悟执中。天开长夜,人坐春风。值彼荆国,藉倡新经。诋非先哲,聋瞶蒸民。士趋蹊径,性散本真,精一之旨,眩惑弥

---

① 像赞辑自《杨龟山先生集》卷首,清光绪九年(癸未,1883 年)木刻本。
② 传罗传李 "传"原作"傅",误,据《宋元学案》改。

深。惟微脉绝,时事孔殷。翁独毅然,距辟诐淫,力黜其配,理毁其经。人心斯正,吾道日星。功符孟氏,德续先声。

——宋新安后学朱熹

充养有道,德器早成。诸所建白,深切著明。屹屹龟山,渊源伊洛。如星之斗,以表后学。

——宋后学浦城真德秀

维我先生,天立作傅。七岁能诗,八岁能赋。之明聚奎,鼻祖为祖。毁弃《三经》,和议排阻。邹鲁鸿传,道南有补。

——宋少保信国公文天祥

立雪春融,天地之中。满载而归,流传不穷。长江为限,非昔日之异。四海为家,非今焉始同。道与之貌,有如此翁。

——元后学三山林兴祖

圣真绝绪,末学多歧。哲哉先生,伊洛是师。吾道一南,休声百代。觉我后人,此日不再。

——明尚书莆田陈经邦

受学伊洛,倡道海滨。升堂觌奥,扶世觉民。闽称邹鲁,公则鼻祖。遗像俨然,师表千古。

将乐,先生故里也。四知早岁窃慕先生,而想见其为人。及巡闽,疏请复先生祠宇。过将乐,展谒祠下,访其后裔,得瞻遗像,余墨剥落,仅存眉目。四知恐久而失传,千载之下,欲睹先生丰范无繇也。乃命邑令黄仕祯刻石立之祠中,以垂永远焉。

——明御史大梁杨四知

上丰而下锐者人耶,时舍而或跃者天耶。不知者以为混迹同群,而知者以为主静而求仁。其人而天者耶,直则见荆国之与洛水,危而持靖康之与建炎。此日不再得,门外雪深尺。星梦发祥,间钟灵之五百;镛原过化,逾宣尼之一十。吾道南之,海滨邹鲁,龟嵩高矣,子孙千亿!

——明学道嘉兴岳和声

行为师表,学为儒宗。鸢飞鱼跃,意念心融。庭阶立雪,伊洛绍源。吾道既南,光启斯文。行知而峻,节安而崇。辟邪翼正,亚圣同功。上导伊流,下开闽脉。奥学懿文,百世师则。

——同邑后学萧恕

闽儒鼻祖,伊洛传心。载道而南,①不变维新。

——同邑后学李富

右题赞十五章。辛巳年(清光绪七年,1881)嘉平月立春前三日,知将乐县事后学固陵汪保驹敬书。

---

① 载道而南 "而"原作"倡",误,径改。

引　言

宋学泰斗邓广铭先生《略谈宋学》一文中写道：在宋学发展过程中，"程颢、程颐兄弟更把儒家学说向着抽象的方向和玄妙精深的方向以及专从事个人身心修养的方向推进，更由其一传再传的门弟子们推波逐澜，到南宋便形成了理学这一学术流派"。[①] 漆侠先生《宋学的发展和演变》一书中说："南宋是宋学发展演变的第三阶段。在这个阶段中，从宋学中发展起来的理学兴盛起来，成为占主导地位的学派。"这个理学派，是从二程系统的道学发展起来的。其间，程门嫡传弟子杨时以及胡安国父子在朝野上下的努力提倡，对二程理学的发展当然有重要作用。[②] 这就是说，二程系统的道学经杨时等弟子们的推明倡导，至南宋有很大发展，是为南宋理学发展的鼎盛阶段。《宋史·杨时传》针对杨时南宋初年的活动及其影响认为："凡绍兴初崇尚元祐学术，而朱熹、张栻之学得程氏之正，其源委脉络皆出于时。"[③] 杨时为南宋道学（即理学）的兴盛是树立了功勋的，是为南宋理学的一代宗师，非常值得研究，这便是本书撰述的意向。

---

① 邓广铭：《邓广铭治史丛稿》，北京大学出版社1997年出版，第174页。
② 漆侠：《宋学的发展和演变》，河北人民出版社2002年出版，第32页。
③ 脱脱等：《宋史》卷四二八《杨时传》，中华书局1985年出版，第12743页。

第一章　龟山家世与生平事迹

　　杨时(1053—1135),字中立,世称龟山先生。宋福建路南剑州将乐县(今福建将乐)人。① 其先祖可追溯至后汉太尉杨震“四知堂”弘农杨氏,为望族。五世祖杨荣于唐末避地闽中,寓南剑州将乐县龙池,世代务农,至其父杨埴“始励子以学”,此后家世业儒。

第一节　时　代　背　景

　　任何人都是时代的产物,古今中外,概莫例外。杨时生长于辉煌而又复杂的两宋时代,他的学术研究、社会政治活动(包括发表的有关言论),自然打上了深刻的时代印记。

　　宋代上承汉唐,下启明清,处于一个划时代的坐标点。两宋320年中,物质文明和精神文明所达到的高度,在中国整个封建社会历史时期内已是顶峰,在世界古代史上亦占领先地位。正如当代史学大师陈寅恪先生所说:

---

　　① 《元丰九域志》卷九载,南剑州,治剑浦(延平,今南平),辖剑浦、将乐、尤溪、沙县、顺昌五县。王存:《元丰九域志》,上册,中华书局点校本,1984年出版,第403—404页。

华夏民族之文化,历数千载之演进,造极于赵宋之世。①

宋学泰斗邓广铭先生指出:

　　宋代是我国封建社会发展的最高阶段,两宋期内的物质文明和精神文明所达到的高度,在中国整个封建社会历史时期之内,可以说是空前绝后的。②

璀璨的宋文化乃我中古文化的黄金时代,无论是经济、生产、衣、食、住、行,民俗、风情,还是政治、道德、学术、文艺、科技、典籍、宗教等众多方面,都有其独特的成就。如果说唐朝是标志着一个时代的结束,宋代则主要标志着一个新时代的开端,影响深远。

从总体上说,宋文化学术的繁荣昌盛,有它的"活水源头":一是宋代社会的深刻变迁,这是时代洪流;二是中国传统文化巨流的汇合,这是历史的积累和创新;三是宋朝开明的文化政策与设施。③ 宋代科技、学术、文化的发展,就是在上述这个时代背景下形成和发展起来的。其中,一个很突出的学术繁荣和发展就是新儒学(即宋学),包括宋学及由宋学衍生出来的道学(宋室南渡后兴盛起来的理学)。大体上说,这个新儒学的产生和发展经历了四个阶段。从宋初经过太祖、太宗到真宗咸平二年(999)至仁宗天圣以前,可谓酝酿(或准备)阶段;自仁宗天圣(1023—1032)至庆历(1041—1048)之前,是为开创阶段,开端引绪的创立者范仲淹、胡瑗、孙复、石介、欧阳修、李觏等,是为此阶段的活跃人物。自庆历新政(1043)至神宗熙丰年间(1068—1085),是为大发展(或称繁荣)阶段。主要代表人物司马光、王安石、张载、三苏、二程等,他们代表着不同学派,各有自己的一套理论。自哲

　　① 陈寅恪:《金明馆丛稿二编·邓广铭〈宋史职官志考正〉序》,上海古籍出版社 1980 年出版,第 245 页。
　　② 邓广铭:《关于宋史研究的几个问题》,载《社会科学战线》1986 年第 2 期。
　　③ 参见杨渭生《宋代文化新观察·代前言》,河北大学出版社 2008 年出版,第 1—5 页。

宗元祐（1086—1093），尤其是从南宋高宗建炎（1127—1130），至孝宗淳熙年间（1174—1189），宋学趋向沉寂，由宋学（即新儒学）派生出来的道学（即理学）趋于兴盛。这个理学，是由二程道学（即洛学），经杨时等程门弟子南传，由杨时—罗从彦—李侗，至朱熹集理学之大成。与此同时，又产生了陈亮、吕祖谦、陆九渊、薛季宣、陈傅良、叶适等许多不同的学术流派，至南宋后期又有些变化。

以上两宋学术文化的大发展是由赵宋王朝自太祖推行"重文轻武"的基本国策，采取许多开明的文化政策，至太宗更以"兴文教，抑武事"，①崇尚文治，奖励儒术，重用文臣，强调文德致治，促进发展起来的。这从根本上说，是为巩固赵宋王朝的统治，在客观上不论是有意还是无意，都对宋代的学术文化发达起了很好的作用，由太祖、太宗、真宗、仁宗至神宗熙丰时期，学术文化获得了大发展。正是在这样的政治大气候和适应学术文化发展的大环境下，孕育了很多出类拔萃的专家学者和各类人才，产生了繁荣学术文化的许多学派，造就鸿儒巨匠，群星灿烂，人才辈出。二程（程颢、程颐）讲孔孟绝学，创立理学派，正是在熙丰之际，河、洛之士翕然师之。杨时于熙宁九年（1076）登进士第，调官不赴，即以师礼拜程颢于颖昌（今河南许昌），相得甚欢。其南归，程颢目送曰"吾道南矣"，杨时遂为道学南传第一人。程颢逝后，杨时又先后两次到洛阳拜师程颐。杨时从拜师二程，到南传道学，开创闽学新天地，成为"程氏正宗"、南宋理学一代宗师，就是在上述时代背景下进行的。

这是从时代背景的正面而言。这个时代背景也有其负面，突出的一个矛盾现象就是：经济科技、学术文化高度发达，而武功不竞，边患历来严重。造成这个现象有多种主客观原因，需要深入分析研究。其中有一点即赵宋王朝推行"重文轻武"的基本国策，历朝执行有偏差。这个所谓的"重文轻武"，"重文"是崇尚文治，重视学术文化，这是好的一面；"轻武"其实非是，

---

① 司马光：《稽古录》卷一七，北京师范大学出版社 1988 年出版，第 185 页。参见李焘《续资治通鉴长编》（以下简称"《长编》"）卷一八"太平兴国二年正月"条，中华书局点校本，第 394 页。

赵宋王朝自太祖、太宗开始,历朝宋帝都是非常注重武力的,太重视武装了。因为太祖继周创宋,是从"马背上得天下"的,深知军队的重要。宋初为结束唐末五代分崩离析的局面,消除军阀割据、武人干政的弊端,采取了一系列方针政策来整合统一,高度集权。宋人所说"国倚兵而立",正反映宋王朝之"重武"。"重文"从根本上说正是"重武"的另一种表现形式。《宋史·文苑传》把这个基本国策称作"艺祖革命"。这个基本国策对赵宋的集中统一起了极大的作用,这是好的最主要的方面。但军权过度集中,自太祖、太宗之后,便逐渐显露其缺憾,到后来导致"将不知兵","兵不知将",军力部署和指挥系统都出现了问题。这不能不说是赵宋"武功不竟"的源点。特别是到北宋末年徽宗时代,由于昏君荒淫、奸臣当道、贪腐横行,导致边防空虚,靖康之耻,北宋覆亡,这个负面大大刺激了当时广大的知识分子和人民大众,使之产生一种严重的忧患意识,并对他们的思想和活动产生极大的影响。杨时生活年代在北宋中后期到南宋初年,自然大大受制于时代的局限。研究杨时,应与这个时代背景密切关联在一起。

第二节　龟山生平的三个时期

一、早年时期(1053—1080)

杨时生于宋仁宗皇祐五年(1053)癸巳十一月二十五日(丙寅,1054 年 1 月 7 日)。① 天资聪颖异甚,四岁学诗书。七岁能诗,八岁能赋,②誉满乡里。小时就学家乡镛州含云寺。自七岁读书求学,少年时期想游学邵武,从学邹尧叟未成。《龟山集》中有《与邹尧叟书》、《邹尧叟哀辞》、《邹尧叟墓志铭》等三文,可知邹尧叟是邵武泰宁人,少有文名,尤工辞赋,壮游四方,对《六

---

① 西历据陈垣先生《二十史朔闰表》(中华书局 1962 年出版)所载日期推算,下同。

② 文天禅:《宋先儒杨文靖公画像赞》,《杨龟山先生集》卷首,清光绪九年(1883)木刻本,以下简称《龟山集》清光绪本。按:本书所引《龟山集》除特别注明版本外,均引自清光绪本,不再一一注明。

经》、百家之书很有研究,仁宗嘉祐中登进士第,是位有学问的先生。神宗元丰初(1078—1079),杨时弃官家居(即调汀州司户参军,不赴),邹尧叟适丁家难,寄居将乐杨时家乡,杨时始与邹交游,进而与邹成为朋友,殆一年,未尝一日相舍,讨论学术,研究学问。① 杨时在二十八岁(元丰三年,1080)以前,用功求学,潜心经史,读书应举,不急于仕进。熙宁九年(1076)二十四岁中进士第,调汀州(今龙岩长汀)司户参军,不赴,在家闭门攻读,钻研经史,人莫能测者近十年,为其后研究学问打下了坚实的基础。此为早年时期。

二、中年时期(1081—1123)

这个时期最长,名为中年,实为中老年时期。他拜师二程,传承洛学,弘扬道学于东南,兴学育才;任职州县,勤政安民,政绩卓著;不与权贵同流合污,不以功名富贵为意,实为践履职守的州县好官,学识渊博的理学大师。

元丰四年(1081)授徐州司法。时河南程颢及弟程颐讲孔孟绝学于熙丰之际,河洛之士翕然尊崇师之。杨时遂以师礼拜见明道先生(程颢)于颍昌(今河南许昌),这是龟山拜师程门关键的一步,从此,他的学术研究与程氏洛学紧密联系在一起。《伊洛渊源录》记载杨时至颍昌拜师程颢,大程说"吾道南矣"之后,有一段记述:"先是,建州林志宁出入潞公门下求教,潞公云:'此中无以相益,有二程先生者,可往从之。'因使人送明道处。志宁乃语定夫及先生,先生谓:'不可不一见也。'于是同行。时谢显道亦在。"② 可见杨时与游定夫等人拜见二程先生是早有议定的。明道先生逝世后,杨时在元祐三年(1088)、八年(1093)又先后两次赶赴洛阳拜师于伊川先生(程颐)。元祐三年,杨时与游定夫至洛阳拜见程颐时,颐偶瞑坐,杨时与游定夫侍立门外,颐觉,门外雪深一尺,有"立雪程门"的佳话,杨时终为程门首座大

---

① 《杨龟山先生集》卷二八,四川大学古籍整理研究所编《全宋史》卷二七〇二《杨时二八》,第 125 册,巴蜀书社 2006 年出版,第 131—132 页。
② 《伊洛渊源录》卷一〇《(杨时)遗事九条》第一条,《朱子全书》,第 2 册,中华书局点校本,2002 年出版,第 1061 页。按:"程门立雪"故事,以往均记于元祐八年。今依申绪璐考证,定于元祐三年(参见申绪璐《道南一脉考》,《中国哲学史》2012 年第 4 期)。有些问题待考。

弟子,"程氏正宗"。官徐州,后授虔州(今江西赣州)司法。精明干练,晓习律令,有疑狱,众所不决者,皆立断。与郡将议事,守正不倾。哲宗元祐五年(1090),父逝,解官居制,并作《先君行状》。① 元祐八年(1093)正月服除赴调,迁瀛州(原属河南,今属河北)防御推官。复授知潭州(今属湖南长沙)浏阳县。这年五月,第二次见伊川先生于洛阳。绍圣元年(1094)至三年(1096)知浏阳县事。时值饥荒,开仓赈民,又先后多次上书有司反映灾情,力主赈荒缓征,为民请命。在浏阳县,著有《归鸿阁记》和浏阳五咏诗文。明嘉靖《浏阳县志》②收录明正德元年(1511)浏阳《龟山祠记》,载有当年杨时在浏阳的事迹。当时,安抚使张舜民以客礼待之,竟遭漕使胡师文忌恶,劾以"不催积欠",杨时因此去职。张舜民入长谏垣,举荐杨时为荆南(即荆州)教授。自徽宗崇宁元年(1102)至四年(1105)在荆州任上,四方之士不远千里从其学。

次年(1106),知杭州余杭县。在余杭,勤政为民,关注农田水利,"简易不为烦苛,远近悦服",③政绩卓著。当朝权贵蔡京葬母余杭,迷信风水,要开湖以便"形势",杨时以征求地方父老意见为由,予以婉拒,得罪蔡京,在所不惧。清嘉庆十三年(1808)《余杭县志》卷五《学校》、卷一九《职官表》载有崇宁五年杨时官余杭的事迹,称其为先儒、名宦。民国《余杭县志稿》记载:"宋崇宁末杨时知县事,有遗爱于民,民请立(龟山)书院以祀之,延师教子其中。"④这个龟山书院在余杭县治南,人们至今还纪念他。

政和二年(1112),任越州萧山(今属浙江杭州)知县,关心民瘼,兴学校,修水利,缓解旱涝之苦,百姓怀念他,"邑人重其名,多画像事之"。明万历《萧山县志》,清康熙、乾隆以及民国时修的县志都载有杨时在萧山的事

---

① 《龟山集》卷二九,第 8 册,清光绪本。
② (明)萧敷、刘以身修纂:嘉靖《浏阳县志》,第 365 册,原北平国立图书馆甲库善本丛书,北京国家图书馆出版社,第 176—245 页。
③ 黄宗羲原著,全祖望补修:《宋元学案》卷二五《龟山学案》,第 2 册,中华书局 1986 年出版,第 945 页。
④ 见《浙江府县志辑》(五)、《中国地方志集成》本,江苏古籍、上海书店、巴蜀书社 1993 年出版,第 1144 页。

迹。民国《萧山县稿》还载有"道南书院",说"道南之脉实肇始于萧山。盖自游定夫、杨中立先生先后官此,罗从彦又从而学焉"。① 据《宋史》罗从彦本传记载,杨时官萧山,罗从彦由剑浦(延平,今南平)徒步来萧山拜师从学。杨时弟子千余人,从彦最醇笃,杨时喜曰:"惟从彦可与言道。"不过,据《宋元学案·豫章学案》黄百家按语之考证,罗从彦拜师杨时应在早于萧山之前的余杭。②

以上杨时历知浏阳、余杭、萧山三县皆有惠政,名声远扬。同时,从政和四年(1114)至宣和六年(1124),杨时曾在毗陵(今江苏无锡、常州、镇江一带)聚徒讲学,著书立说,为弘扬程氏道学(即理学)传承和发展理学作了不懈的努力,贡献良多,为学者尊信的导师。是时,宋使路允迪、傅墨卿出使高丽,国王问:"龟山先生安在?"使者返朝报告,因召都堂审察,以疾辞。③

三、晚年时期(1123—1135)

自71岁时被荐引入朝,至78岁正式退休,杨时在朝为官时间很短,但他以社稷为重,明知不可为而为,上奏章,进札子,讲经筵,针对时弊,猛烈痛斥时政,并提出一系列救急方略,力主抗金,反对和议割地,极尽为国为民效忠之诚。然而昏君、奸臣在上,当局不能用,实在无力回天,无法力挽狂澜于既倒,只好急流勇退。不过,他退而不休,退居家乡,仍著书立说,传承洛学、发展理论以终其身,不愧为当代理学大师。

宣和末靖康初(1124—1126),徽宗赵佶和蔡京等"六贼",昏君奸臣,荒淫腐败,北宋王朝已至覆灭的前夜。社会舆论以为事至此必败,宜力引耆德老成,置诸左右,"开导上意",庶几可以有救。奸臣一伙迫于形势举荐杨时(名由蔡京出面,实为蔡京之子蔡攸所荐),徽宗赵佶御笔召为秘书郎。杨时

---

① 张宗海等修:《萧山县志稿》卷一〇下,第2册,成文出版社影印本,第800页。

② 《宋元学案·豫章学案》百家按:(龟山)丁亥(1107)知余杭,壬辰(1112)知萧山,相去六年。而《余杭所闻》已有豫章(仲素)之问答,则其所学非始于萧山明矣。《宋元学案》,第2册,中华书局1986年出版,第1277页。按:丁亥(1107)是大观元年,罗从彦已在余杭,罗从彦师事杨时的时间可能早于余杭之前。

③ 见沈涵编《年谱》,《杨龟山先生全集》卷首附,清康熙四十六年(1707)刊本。

明知局势维艰,惧天下之人在涂炭之中,仍以社稷为重,出而为民请命。写了好多论时事札子,例如宣和七年(1125)三月所上札子,即有慎法令、茶法、盐法、转般、籴买、坑冶、边事、盗贼、择将、军制①等十余事。执政不能用,而金军已兵临城下。又上《论金人入寇》其一、其二札子,②指出今日之事,当以收人心为先。认为:"今日所急者,莫大于收人心。边事之兴,免夫之役,毒被海内,误国之罪,宜有所归,西城聚敛,东南花石,其害尤甚,宿奸巨猾,借应奉之名,豪夺民财,不可数计。天下积愤郁而不得发几二十年,欲致人和,去此三者。"③

靖康元年(1126),钦宗赵桓嗣位,杨时上殿进奏折,反复陈述治国平天下之说。指出:"修政事,振军律,练兵选将为战守之备,庶乎纲举而万目自张。"④又连续七次上疏,其一,乞肃军政,谨斥堠,明法令;乞责宰执不忠;乞罢阉寺防城;乞谨号令。⑤ 二月八日,除右谏议大夫兼侍讲,辞不允。二月十三日,又上殿进奏疏,反对割地议和,指出:"河朔为朝廷重地,三镇又为河朔之要藩,自周世宗迄于艺祖(太祖)、太宗,百战而后得之"。今一旦弃之虏廷,以二十州之地,贯吾腹中,距京城无藩篱之固,戎马疾驱不数日而至,此非经远之谋。⑥ 又指"太原为天下根本",必须固守。在杨时多次上疏谏议、主战派李纲坚持下,钦宗虽勉强诏示出师,但钦宗畏敌如虎,屡进屡却,无意抗金,甚至在权奸们的诬陷下罢掉李纲,引发广大民众的抗议怒潮。太学生伏阙抗争,乞留李纲、种世道,军民从之者数万(一说数十万)人。执政虑其生乱,揭榜告示,准备镇压。杨时挺身而出,上书说明:"士民伏阙,诟骂大臣,发其隐慝,无所不至,出于一时忠愤,非有作乱之心,无足深罪。李邦彦首画遁逃之策,捐金割地,质亲王以主和议,罢李纲而纳誓书,李邺奉使失

---

① 杨时:《龟山先生全集》卷四,明万历十九年(1591)刻本(以下简称"《龟山集》明万历本"),第一册。

② 《龟山集》明万历本卷四,第一册。

③ 李幼武纂集:《宋名臣言行录》外集卷八。

④ 《龟山集》卷一《上渊圣皇帝书》,《上钦宗皇帝书》其一、其二,清光绪本,第二册。

⑤ 同上。

⑥ 《龟山集》卷一《上钦宗皇帝书》其三、其五,参见胡安国《杨文靖公墓志铭》。

辞,惟敌言是听,此二人者国人之所同弃也。今数告中外,乃推平贼和议之功归此二人,非先王宪天自民之意,宣收还榜示,以慰人心。"①奏疏阐明事实,击中要害,痛斥权奸,保护士民,实是在危难关头为民立功。

或意太学生又将伏阙抗议,议论纷纷,吴敏乞用杨时以靖太学。召对,杨时说:"诸生伏阙纷纷,忠于朝廷,非有他意,但择老成有行谊者为之长贰,则将自定。"②钦宗遂命杨时兼任国子祭酒(国立大学校长)。接着,杨时又上书揭露奸臣蔡京,痛斥蔡京用事二十余年,蠹国害民,几危宗社,人所切齿,而论其罪者,莫知其所本也。③"蔡京以继述神宗皇帝为名,实挟王安石以图身利,故推尊王安石,加以王爵,配享孔子庙庭。然致今日之祸者,实安石有以启之也。谨按安石著为邪说,以涂学者耳目,败坏其心术者,不可缕数,故即一二事明之。昔神宗皇帝称美汉文罢露台之费,安石乃言:'陛下若能以尧舜之道治天下,虽竭天下以自奉,不为过也。'夫尧舜茅茨土阶,其称禹曰:'克俭于家',则竭天下者,必非尧舜之道。后王黼以三公领应奉司,号为享上,实安石自奉之说有以倡之也。其释《凫鹥》之末章则曰:'以道守成者,役使群众,泰而不为骄;宰制万物,费而不为侈。'按此章止谓能持盈,则神祇祖考安乐之,无后艰耳,而安石独为此说。后蔡京辈争以奢侈相高,轻费妄用,穷极淫侈,实安石此说有以倡之也,其害岂不甚哉!乞正其学术之谬,追夺王爵,明诏中外,毁去配享之像"。遂降安石从祀之列。④ 谏官冯澥力主王氏,上疏反对杨时之说,又因自熙丰以来较长时间推行荆公新学,士因科举得仕,学官纷争,这些既得利益者便跟着起哄,连太学生也起而反对。王安石虽被毁去配享之像,其他有旨皆罢,已无所作为。朝官反对,国子祭酒也罢。即上章乞出,除给事中,又四次上书力辞。以徽猷阁直学士提举西京崇福宫,又恳辞名不当得,改徽猷阁待制,皆辞。仍上书,乞为战守备。

杨时安于州县数十年,不求闻达。晚年(已七十多岁)应召赴阙,本想为

① 朱熹:《伊洛渊源录》卷一○《杨文靖公墓志铭》,《文渊阁四库全书》本。
② 脱脱等:《宋史》卷四二八《杨时传》,中华书局点校本,1985 年出版,第 12741 页。
③ 同上。
④ 《龟山集》卷一《上钦宗皇帝书》其七,清光绪本,第二册。参见胡安国《杨文靖公墓志铭》。

国为民尽忠尽职。朝廷设教官,盖欲教人修身齐家治国平天下之道。杨时到阙,多次反复上书,说的就是修身齐家治国平天下的大道理,谏诤有声。但昏君奸臣当道,疏讲安邦治国方略,等于对牛弹琴,虽竭尽忠诚,而无力回天,终成遗憾。胡安国自称与杨时"义兼师友",①确为杨时的知心好友。胡安国说:龟山之赴召,"乃惧天下之人在涂炭之中,而有恻然不忍之心,是以不屑去耳"。龟山上书言事,训释论辩,以辟邪说,见解独到,故在《杨文靖公墓志铭》"特载宣和末年及靖康之初诸所建白,以表其深切著明"。"备载所论当时时事十余条,此事它人不能言,而龟山独能言之,又时然后发,所以尤可贵耳。当时宰执中若能听言……决须救得一半,不至如后来大段狼狈。若龟山此举,可谓老婆心切矣"。② 其后朱子(朱熹)说:"惟文定之言曰:'当时若能听用,须救得一半。'语最当。"③"故安国于龟山宣和、靖康中诸所建白,详载其本末,所以致其区区之意,破纷纷之议,使天下后世疑谤者莫不自消释矣。"④

北宋灭亡,徽、钦二宗被掳北去,宋室南渡。建炎元年(1127)五月,徽宗之子康王赵构在爱国名将宗泽等拥戴下嗣位于南京(今商丘),是为南宋开国皇帝。初时,吕本中的父亲吕大原在政府首荐杨时之贤,除工部侍郎。陛对,论"自古贤圣之君,未有不以典学为务者,以君德在是故也"。这正适合赵构的政治需要,除兼侍读。建炎二年(1128),以老疾连章乞出。除龙图阁直学士,提举杭州洞霄宫。四年(1130),上章告老,获准。转朝请大夫,仍除龙图阁直学士致仕,返乡。

杨时自熙宁九年(1076)中进士至建炎四年(1130)正式退休,凡五十四年。在地方任职、讲学四十八年,在朝廷中央机关不到五年,居谏垣仅九十天。不论何时何地,他都以社稷为重,以民为本,以传道讲学为先务,践行理学"内圣外王"最高理想而奋斗,堪为一代醇儒和宗师。

---

① 《宋元学案》卷三四《武夷学案序录·(全)祖望案》,第二册,中华书局点校本,第1170页。

② 胡安国(胡文定公):《杨文靖公墓志铭》并《答陈几叟书》,见(宋)朱熹《伊洛渊源录》卷一〇,《朱子全书》,第12册,中华书局点校本,2002年出版,第1053、1057—1058页。

③ 《宋元学案》卷二五《龟山学案》,第二册,中华书局点校本,第957页。

④ 胡安国:《答陈几叟书》,见朱熹《伊洛渊源录》卷一〇,《朱子全书》,第12册,中华书局点校本,2002年出版,第1058页。

这里有两个问题需要说明：

1. 关于晚年应召履新任

杨时晚年应召赴阙，先后数十次上书奏事，苦口婆心论时事，其用意上文已记述。他的诸多谏诤与建白虽不能用，甚至被称作"迂"（朱熹叫作"做不到底事"）。但客观事实俱在，他对这段历史还是卓有贡献的。特别是在传承道学、为二程洛学争学术地位是立了大功的。清《四库全书》馆臣把南宋名将宗泽的《忠简集》与杨时的《龟山集》先后排在一起，说杨时①入南宋日浅，故旧皆系之北宋末。然南宋一代之儒风与一代之朝论，实皆传时之绪余。故今编录南宋诸集，冠以宗泽，著其说不用，而偏安之局遂成。次之以时，著其说一行而讲学之风遂炽。观于二集，以考验当年之时势，可以见世变之大凡矣，②可谓说到了点子上。

2. 关于批判王安石新学

杨时早年也曾欣赏王安石的诗文成就，称其博洽而富有才华。但自拜师明道先生（程颢）之后，禀承师说，崇奉洛学，即改变了观点。二程洛学与王安石新学从来就是对立的学派。自北宋熙丰之后，王氏新学作为变法的理论基础，占据了官方统治地位，洛学、蜀学等其他学派多被排斥。二程指责王安石新学"为害最甚"，"坏了后生学者"，一直主张"先整顿介甫之学"。程颢本人就与王安石有许多争论，每事一出，章数十上，激烈争辩。不过，他们当时还是"心平气和"讨论，王安石对此也很感动，并说程颢"忠信"。③ 二程批判王安石新学，主要集中在两点上，一是说王安石"不知道"，即言多不中理，不懂天下根本道理；二是说新学"支离"。杨时作为程门高第，狠批王安石新学也就是根据这两个基本点从多方面进行驳论。诸如关于王霸义利，关于人性论，关于天人合一，关于古代经典的解释，等等。批判王安石虽

---

① 《四库全书总目·龟山集提要》说杨时"卒于建炎四年"，误也。

② 永瑢、纪昀等：《四库全书总目》卷一五六《集部·别集类九》，下册，中华书局本，1965 年出版，第 1344 页。

③ 程颐：《明道先生行状》，《二程集》（"理学丛书"本）卷一一，上册，中华书局点校本，1981 年出版，第 630—639 页。

"力学"(学识广博),但都"不知道"。指责新学对社会治乱于世"无补",且有"大害"。全面否定王安石的《三经新义》,批判王安石以私智曲说蒙蔽学者,主张黜新学,毁经版,消除新学的影响。他的许多论辩文章,都围绕这些重点展开,晚年在老家整理《三经义辨》、《日录辨》、《字说辨》等书。他对王安石新学早就有过不少批评,在与友人书信中曾多次讨论王学,多所论辩,并非到南宋高宗赵构上台,杨时才"变"而批王,他从学术上多方面分析王安石不知道、不知性、重财利、倾向佛道、危害治道,他给予的批判是一以贯之的,逐步深入的,不是"变了"。这种批判,体现了洛学与新学两个对立学派的学术思维和政治见解的重大分歧。程颢说:"杨时于新学极精,今日一有所问,即能知其短而持之。介甫之学大抵支离,伯淳常与杨时读了数篇,其后尽能推类以通之。"①(见《程氏遗书》)杨时批判王安石新学,以"不知道"予以否定,以提高洛学的政治地位和学术影响。这种不同学派、不同政治派别之间的激烈争辩,甚至持有门户之见,是可以理解的。胡安国崇尚洛学,与杨时"义兼师友",观点相同。胡安国说:杨时批王学是"取王氏心肝底剑子手段",意即批到要害处。但杨时在揭露和批判蔡京、王黼等"六贼"罪行时,把罪恶之源归结到王安石变法和王氏新学,这就过于偏激了,批过了火,是错误的,因为北宋覆灭在于徽宗、蔡京等昏君奸臣荒淫无道,大失人心,一切积重难返,不能归罪于王安石。王安石倡导革新变法其原意是好的,并非邪说;蔡京一伙以绍继熙丰之法为名,实挟王安石以图身利,无恶不作,这与变法和新学完全是两回事,把它们凑在一起是很不公正,也是荒唐的!当然,我们也不能因为杨时批新学有批错之处,便全面否定杨时对王安石新学的批判。新学有其优点,但不等于不可批评。不能因批新学,便否定杨时批新学、颂洛学,传承和发展程氏洛学,前后贯通,造就一代儒风所作的贡献。自南宋高宗开始,程氏洛学逐渐发展起来,以至一跃成为官方正统的意识形态。尽管整个过程中,理学与反理学的斗争始终存在,也有过反复,但总的

---

① 朱熹:《伊洛渊源录》卷一〇《遗事》第二条,《朱子全书》,第 12 册,中华书局点校本,2002 年出版,第 1062 页。

趋势是向上发展。寻根溯源,盖出于杨时努力开辟的端绪。

杨时自建炎四年(1130)致仕返乡,退而不休,仍笔耕不辍,著书立说。直至逝世前一天,还作书与李纲论性善之旨。绍兴五年(乙卯)四月二十四日(1135年6月7日)寿终正寝,享年八十三岁。同年十月二十三日(1135年11月29日),葬于鐮州水南之原鸟石排(将乐县水南鸟石山)。宋高宗敕赐杨时为左太中大夫,又赠太师,大中大夫,谥文靖。绍兴十二年(1142)追封为吴国公。宋度宗咸淳三年(丁卯,1267)八月,在将乐县封山支脉龟山脚下建"龟山书院"以纪念杨时,度宗赵祺亲笔题匾。同年,在龟山书院之左建"龟山桥"。① 杨时墓历宋、元、明、清、民国到新中国成立,基本上保存下来。1985年10月,福建省人民政府授予杨时墓为第二批省级文物保护单位。

杨时一生尽忠为国,专精学问,多所建树。天性至孝,幼丧母,哀毁如成人,事继母尤谨。夫人余氏,赠硕人(旧称有盛德的妇人),先卒。有子五人。长子杨迪(字遵道),很有才华,尤精诣《易》、《春秋》。曾师事程颐,并与颐有书信往来,研讨学问。程颐给杨时信中说:令子(迪)"好学质美,当成远器"。同时还附有《答杨迪书》。② 可惜,杨迪英年早逝,享年仅二十三岁。这对杨时打击很大。另有四子迥、遹、适、造,均已仕。女四人,长适陈渊,③次陆棠,次李郁,次未嫁。孙男七人,孙女五人,曾孙一人。④ 其身后,子孙更兴旺发达。自宋、元、明、清以来,龟山一系人丁兴旺,代有名人涌现。

杨时天资夷旷,学问渊博,德器早成,名扬中外。桃李遍天下,当时及后世学者多尊信他,是位非常值得研究的理学大师。

---

① 沈涵:《杨龟山先生全集》卷首附《年谱》,清康熙四十六年(1707)刊本。这是沈涵于康熙四十五年编撰的年谱。清光绪九年(1883)木刻本《杨龟山先生集》同此。

② 程颐:《答杨时书》、《答杨迪书》,《二程集》卷九,中华书局点校本,1981年出版,第615—616页。朱熹《伊洛渊源录》卷一〇《遵道墓志铭略》。

③ 陈渊,南剑州沙县(今属福建)人,杨时大弟子。《宋元学案》卷三八有《默堂学案》;《四部丛刊三编》有《默堂先生文集》(影宋钞本)。

④ 以上主要依据胡文定公(胡安国)撰《杨文靖公墓志铭》,并《龟山志铭辩》、《答陈幾叟书》,朱熹《伊洛渊源录》卷一〇、《朱子全书》,第12册,中华书局点校本,2002年出版,第1048—1058页。

第二章　倡道东南的历史功绩

——龟山述论之一[①]

　　杨时自颍昌从学,明道甚喜,每言曰:"杨君最会得容易。"及归,目送出门,谓客曰:"吾道南矣",[②]遂为道南第一人。他是道学由北传南的关键人物,是倡道东南、开启和发展闽中理学的第一功臣。

　　他的主要贡献在学术方面。"其上接濂、洛之传,下开罗、李、考亭之绪",[③]为伊洛道学南传的关键人物,北宋末南宋初最有影响的道学家、学术大师,在中国学术史上占有重要地位。然而,国内对杨时的系统研究却较少。现有的几部哲学史、思想史著作在论述程朱学派时,几乎没有例外地忽略了从二程到朱熹这一历史链条的最主要环节——杨时,或一笔带过,或只字不提。有的论著为了颂扬朱子,则把祖师给遗忘或掩盖了,这既不符合历史实际,也很不公允。为此,今试就杨时的学术思想略作探索和评述,撰为《龟山学术述论》,本文即《述论》之一。

---

　　① 本文原题《杨时与道学》,是 20 多年前发表的一篇论文。收入本书,现改今题。除增加第一节"二程洛学",并按本书体例改章节、注释,改动开头几句话外,全文维持原状不作修改,留作纪念。

　　② 程颢、程颐:《二程集》("理学丛书"本)卷一二,上册,中华书局 1981 年出版,第428—429页。

　　③ 《杨龟山先生文集》(以下简称"《龟山集》")卷首,张伯行《杨龟山先生全集序》,清光绪本。

第一节 二程洛学

程颢（1032—1085），字伯淳，后人称明道先生，亦称大程子。程颐（1033—1107），字正叔，后人称伊川先生，亦称小程子。二程两人为亲兄弟，祖籍安徽徽县，后迁中山博野。至其高祖程羽，"赐第京师，始居开封"，后迁洛阳，故称"河南人"、"洛阳人"。

程颢于仁宗嘉祐二年（1057）中进士第。次年，调京兆府鄠县主簿。程颢一生任官十五六年，均为州县地方官如主簿、知县等，未任大官，大部分时间是读书、讲学、授徒，创立和发展"洛学"学派及其思想。他自称"吾学虽有所受，天理二字却是自家体贴出来"。① 朱熹《伊洛渊源录》载有范祖禹的一段记叙："先生以亲老，求为闲官。居洛阳殆十余年，与弟伊川先生讲学于家，化行乡党……士之从学者不绝于馆，有不远千里而至者。先生于经，不务解析为枝词，要其用在己而明于天。其教人曰：'非孔子之道，不可学也。'盖自孟子没而《中庸》之学不传，后世之士不循其本而用心于末，故不可与入尧、舜之道。先生以独智自得，去圣人千有余岁，发其关键，直睹堂奥，一天地之理，尽事物之变。故其貌肃而气和，志定而言厉，望之可畏，即之可亲，叩之者无穷，从容以应之，其出愈新，真学者之师也。成就人才，于时为多。"② 这是从学术上对程颢后期活动及学说（即程氏"洛学"）的很好概述。

程颢亲弟程颐，虽同出身于世代官宦之家，但没有考取进士。他天资聪慧过人，少年时随父宦游。仁宗皇祐二年（1050），年十八，即写成《上仁宗皇帝书》，陈述切中时弊的政治见解。嘉祐四年（1059），程颐得赐进士出身。程颐一生做官时间很短，大部分时间著书立说，讲学授徒，其弟子较有

---

① 《河南程氏外书》卷一二《二程集》，中华书局点校本，1981 年出版，第 424 页。
② 《伊洛渊源录》卷二《门人朋友叙述》，见《朱子全书》，第 12 册，2002 年出版。

名者八十余人。嵩县程村程祠里保存了两块石碑,镌刻二程弟子九十名姓氏,他们来自全国四十多个府、州、县,远自福建、浙江、江西,因为"洛学"得到了广泛的传播。① 其实,二程弟子众多,决不止碑上所刻之九十名。

《宋元学案·明道学案》黄百家案:"……顾二程子虽受学濂溪,而大程德性宽宏,规模阔广,以光风霁月为怀;二程气质刚方,文理密察,以峭壁孤峰为体。其道虽同,而造德自各有殊也。"②

和张载的"关学"一样,二程"洛学"是北宋"宋学"(即新儒学)勃兴思潮中的一支,即一个学派。如众所知,宋代新儒学的形成和发展,是当时社会经济、政治结构的深度变化,自中唐以来儒、道、佛诸家思想相互对抗、斗争又互为融合发展,以及民族矛盾等多种因素互相作用的产物,也是该时代社会知识和自然知识的综合和概括。二程"洛学"(即道学)就是其中的一支,并有自己的发明。不过二程始终以反佛自居,视佛教为"夷狄",不承认与佛有融合的有益思想成分。

在北宋时,二程"洛学"曾一度与张载"关学"、王安石"新学"鼎足而三,颇有影响。③ 其后,王安石变法,"新学"成为变法的理论基础,占统治地位,"关学"、"洛学"便处于被压抑的状态。至北宋末年奸臣蔡京当政,"洛学"更被压制,小程子(程颐)晚年遭贬,学徒被逐。不过,二程弟子甚众,奋力抗争,广泛传播,"洛学"才得以存在并大有发展。

清代学者王夫之将"关学"与"洛学"相比较而评述道:"学之兴于宋也,周子得二程子而道著。程子之道广,而一时之英才辐辏于其门。张子教学于关中,其门人未有殆庶者。而当时钜公耆儒如富、文、司马诸公,张子皆以素位隐居而末由相为羽翼,是以其道之行,曾不得与邵康节之数学相与颉颃,而世之信从者寡,故道之诚然者不著。贞邪相竞而互为畸胜。"④这就是

---

① 以上参见张立文《宋明理学研究》,中国人民大学出版社 1985 年出版,第 270、283 页。
② 《宋元学案》卷一三《明道学案》(上)百家谨案,第 1 册,中华书局点校本,1986 年出版,第 540 页。
③ 张立文:《宋明理学研究》,中国人民大学出版社 1985 年出版,第 174 页。
④ 王夫之:《张子正蒙注序论》,见《张载集》,中华书局 1978 年出版,第 409 页。

说,"关学"后来之所以不能与"洛学"相鼎足,是因为"洛学"得到富弼、文彦博、司马光等巨公耆儒的大力支持而壮大,张载在当时变法与反变法斗争中,大部分时间隐居在乡间,得不到司马光等大儒相为羽翼。还有另一个重要因素,张载学生较少,张载逝后,有些学生如吕大忠、吕大钧、吕大临、苏昞等又改师事二程,成为程门高足,由此"关学""再传寥寥",而"洛学"则处于独盛的地位。①

二程"洛学"由于学生众多、广泛传播、力争学术正统地位等诸因素而兴盛起来,至南宋高宗朝开始,则成为具有很大影响力的理学学派,占上官方哲学地位。这与当时政治、经济、社会诸多因素的变化,与当朝统治者的政治需要密切相关。

第二节　拜师程门皈依道学

杨时自幼潜心经史,绚丽多彩的中国古代传统文化给他以丰富的滋养,上自孔、墨诸子百家之说(包括佛教、道教的某些合理思想成分),下至当代学者的言论和学术见解,他都有所选择地吸取,尤特偏重自宋初以来逐渐酝酿形成的道学。

熙宁九年(1076),杨时二十四岁登进士第,授官不赴,屏居治学。"自悲其欲求有道者而未之得"。元丰三年(1080),二十八岁调官至京师,获闻程颢的学术,翌年遂赴颍昌(今河南许昌)拜程为师。② 深得其师的赏识,每言"杨君最会得容易"。学成南归,程颢说"吾道南矣"。③ 程颢死后,杨时又在元祐三年(1088)、元祐八年(1093)先后两次赴洛阳,师礼于程颐门下。杨时三十六岁第一次见程颐,并在程颐的指点下到清河县(今洛阳市孟津)会见游酢,又与游酢一起至洛阳拜见伊川先生。"程门立雪"的故事即发生

---

①　参见张立文《宋明理学研究》,第 259、281—283 页。

②　《龟山集》卷一六《见明道先生》。参见同书卷首《年谱》。

③　朱熹:《伊洛渊源录》卷一〇《杨时·遗事》第一条。

在此时。① 杨时四十一岁，知浏阳县。不久，程颐"复以罪流窜涪陵，其垂言立训，为世大禁，学者胶口无敢复道"。② 杨时始终如一，恪守师道，不愧为程门大弟子。程颐自涪归，见当时学者凋落，多从佛学，独杨时和谢良佐不变，因赞叹曰："学者皆流于夷狄矣！唯有杨、谢长进。"③胡安国写道："……河南二程先生得孟子不传之学于遗经，以倡天下，而升堂睹奥，号称高第者，在南方则广平游定夫、上蔡谢显道与公（杨龟山）三人是也。"④

杨时自师礼二程之后"沉浸经书，推广师说，穷探力索，务极其趣，涵蓄广大，而不敢轻自肆也"。⑤ 他皈依道学，其理念与行止围绕着一个中心，即阐扬道统、昌明道学、弘扬传统的学术文化。

所谓"道学"，是与王安石"新学"同时兴起而又与其对立的学派。这是在宋代新的历史条件下产生并发展起来的。如众所知，经过魏晋南北朝以来儒、道、佛的相互斗争和融合过程之后，出现了发于晚唐五代、兴盛于北宋中期的新儒学。这个新儒学，百家争鸣，有各个不同的学派。其共同特点是：吸收佛、道的合理思想成分，以改造、充实和发展儒学，不过也有些学者（如二程等人）讳而不肯承认三者"糅合"的事实，始终标榜排斥佛、道；新儒学各派均以探求义理，注意经世致用，反对汉儒以来烦琐的章句笺注之学，一变学风，疑经驳传，形成一股疑古思潮。这个新儒学，邓广铭先生称之为宋学，并作了精辟的论述。⑥

王安石新学就是新儒学中独树一帜的新学派。它以儒为宗，兼取佛、道、法以至诸子百家之说融会而成，源于传统又不囿于旧传统。新学富有革新开拓的时代精神，把力求义理、通经致用，与王氏倡导变法的事业联

---

① 参见申绪璐《道南一脉考》，《中国哲学史》2012 年第 4 期。详见本书第九章《杨龟山先生年表简编》元祐三年条。
② 《龟山集》卷二五《中庸义序》。
③ 《宋元学案》卷二五《龟山学案》，第二册，中华书局 1986 年出版，第 955 页。
④ 《龟山集》卷首《龟山先生墓志铭》。
⑤ 《龟山集》卷首《（杨时）行状略》。
⑥ 邓广铭：《略谈宋学——附说当前国内宋史研究情况》，《宋史研究论文集》，浙江人民出版社 1986 年出版，第 2—3 页。

系起来。因此,新学从一开始就遭到道学者的反对和诋毁,随着政争的兴替,几经崇黜,历六十年才被禁废。但新学在当时和以后的影响及其在中外学术的地位是不可抹杀的。拙文《王安石新学简论》已有论及,此不赘述。

与新学对立的道学,同样是上述新儒学发展趋势中的不同学派。北宋道学的代表人物,按照朱熹的说法,有周敦颐、程颢、程颐、邵雍、张载、司马光等"六先生"。后来朱熹囿于"洛学"的门户之见,又把司马光去掉,剩下所谓"北宋五子"。① 其实,这道学六先生在学术上是各有异同的,又分有不同学派,如周、程、邵、张、司马便有五派(或四派)。这道学,即其后发展的理学。二程洛学一派更多地讲"道"求"理",宣扬天理论,并把他们倡导的道学与"道统"联系起来。所谓道统,最早是唐儒韩愈提出的。韩愈认为,一脉相承的道统是由尧、舜、禹、汤传之文、武、周公,文、武、周公传之孔子,孔子传之孟轲,轲之死,不得其传。② 这种"道统论"适应于宋代"三教合一"潮流中争正宗地位的需要,故为宋儒所承认,并加以发展。二程则制造舆论,以道统传人自居。程颐在为其兄程颢作墓表写道:"周公殁,圣人之道不行;孟轲死,圣人之学不传。道不行,百世无善治;学不传,千载无真儒……先生生于千四百年之后,得不传之学于遗经,志将以斯道觉斯民,……使圣人之道焕然复明于世。"③三朝元老文彦博给程颢题墓表为"明道先生",意在继统有人,即明这个"道"。程颐在所撰《易传序》《春秋传序》中亦自诩自己的著作是千载之后复明之学。

杨时拜师程门,闻其所闻,发挥其所未闻,自以昌明道学为己任,且把道学与道统传承结合起来论证。他用《论语·尧曰篇》"允执其中"等语,来说明尧、舜、汤、武、孔、孟相承的道统和圣人之学④(下详)。同时,又认为二程

---

① 《朱子大全》卷八五《六先生画像赞》。参见《伊洛渊源录》。

② 韩愈:《韩昌黎全集》卷一一《原道》。

③ 朱熹:《伊洛渊源录》卷三《程颢》条。参见《宋史》卷四二七《程颢传》。

④ 朱熹:《四书集注·论语》卷一〇《尧曰篇》,上册,中华书局聚珍仿宋版印,1957 年出版,第258 页。

上承孟子,得其道统。他说"道之无传也久矣! 孟子殁千有余岁,更汉历唐……宋兴百年……得圣人之道而传之者于吾先生",称程颢为"万世之师",①又称程颐的《易传》也是不传之学。后来朱熹继承二程、杨时之说,从《论语·尧曰篇》和《尚书·大禹谟》找出"允执其中","人心唯危,道心唯微,唯精唯一"②等十六字,标为"道统心传"。这是一个发展,也是杨时对道学的贡献。《宋史·道学传·总论》录袭宋儒的解释,对道学的起源、道统的传承、两宋主要道学家的轮廓作了简略的说明。《道学传》载程颢讲"吾道南矣",亦即说杨时是得其道统心传的,是程门弟子的正宗。

第三节　传授道学的主要内容和途径

杨时信"道"最笃,自以传道、昌明道学为己任。他传道的主要内容及其途径,大致可概括为下列三个方面。

一、力排"新学"以倡道

新学与道学是水火不相容的对立学派。尤其是由新学而行新法,如同霹雳巨响,惊骇了反对派和道学先生们,新学遂被目为异端邪说,横遭二程等道学派的责难,他们竭力贬低新学的影响。杨时承袭师说,欲倡道学,必然力排新学。杨时写道:

> 以王氏之博物洽闻,某虽穷日夜之力以终身焉,不敢望其至也。若以知道者如王氏而止,则某不敢与闻焉。③

他认为王安石"不知道",意在抓住他们所主张的根本点("道")以贬低

---

① 《龟山集》卷二八《哀明道先生》。
② 朱熹:《四书集注·中庸》卷首《中庸章句序》,上册,中华书局 1957 年出版,第 7 页。
③ 《龟山集》卷一七《答吴国华》。

新学,为其倡道立论。他说"然以其(王安石)博极群书,某故谓其力学,溺于异端以从夷狄(指佛教),某故谓其不知道",①其实"醉翁之意不在酒"。这里并非反佛,而是斥新学为"异端"。杨时指出:"朝廷议更科举,遂废王氏之学。往往前辈喜欢其非,然而真知其非者或寡矣。"②他认为新学过去立于学官,作为科举考试课本,现在一下子更改科举废新学,恐士子无所依归。他针对新学的理论基础《三经新义》和王安石的有关著作,系统地进行"剖析",撰有《周礼辨疑》《毛诗辨疑》《书义辨疑》,即《三经义辨》。③ 在杨时看来,"王氏之学,其精微要妙之义多在《字说》",故又撰《王氏〈字说〉辨》。④ 他在解经的许多语录中,不厌其烦地对新学的一些论点加以驳难。在上钦宗的奏章中,他更极言王安石新学为"邪说",其目的在于要从根本上消除新学的影响,即所谓"使淫辞不为学者之惑"。⑤ 胡安国撰龟山墓志,记载了这个奏章。胡的学生五峰(胡宏)问:"此章直似迂阔,何以载之?"胡答:"此是取王氏心肝底刽子手段,何可不书? 书之则王氏心肝悬在肉案上,人人见得,而被淫邪遁之辞皆破矣。"⑥足见论敌对新学的高度重视。唯其视之重,才更要贬之刻。这与程颢所谓"介甫之学坏了后生学者","却要先整顿"⑦的用意是一致的。所以,二程称杨时"于新学极精"。⑧ 杨时力排新学,这是道学与新学迭相崇黜的具体表现。它既是围绕王安石变法及其后的政争中,不同政治派别、不同政治主张的斗争在思想战线上的反映,又是北宋中期以来不同学派、不同学术见解的论争。从政治上说,杨时不仅批评王安石变法,而且连后来蔡京、王黼等人的罪责亦推及王安石身上横加诋毁,那是不可取的,是政治偏见,从学术上看,道学与新学在许多问题上有不

①　《龟山集》卷一七《与吴国华别纸》、《答吴国华》。

②　《龟山集》卷一七《与吴国华别纸》。

③　按:《龟山集》卷六、卷七载有《三经义辨》、《神宗日录辨》的内容,但似未全文收入。

④　《龟山集》卷一七《答吴国华》;同书卷七《王氏〈字说〉辨》。

⑤　《龟山集》卷一《上钦宗皇帝其(七)》;《宋元学案》卷二五《龟山学案》,第二册,中华书局1986 年出版,第946 页。参见《(宋)国朝诸臣奏议》卷八三《上钦宗论王安石学术之谬》。

⑥　《宋元学案》卷二五《龟山学案》,第二册,中华书局1986 年出版,第956 页。

⑦　《河南程氏遗书》卷二《二程集》,第一册,中华书局1981 年出版,第38 页。

⑧　《河南程氏遗书》卷二《二程集》,第二册,第28 页。

同看法,为了倡道学必排新学也是可以理解的。杨时说:"某于程氏之门,所谓过其藩而未入其域者也,安敢自附为党与以攻王氏学?夫王氏之学,其失在人耳目,诚不待攻,而攻之者亦何罪耶?"①杨时新学之"辨",有些地方虽不免失之偏颇,但就学术而论,也有些是言中的。比如说王安石《字说》有的解词释字不通,注经有牵强附会之处,这确是存在的。从学术争论上言,杨时言必称荆公、金陵,对新学(尤其对安石本人的学问)的评述,有些地方还是比较客观的。例如,对所谓王安石非儒而黜《春秋》事,杨时写道:

> 熙宁之初崇儒尊经,训迪多士,以谓《三传》异同无所考正,于《六经》尤为难知,故《春秋》不列于学官,非废而不用也。②

至于杨时为什么力排新学?除不同政见相互斗争的政治需要外,其"首座"大弟子(也是其爱婿)陈渊,在同宋高宗面程、王学术同异时有一段对话足以说明。高宗说:"杨时《三经义辨》甚当理则。"陈渊对曰:"杨时始宗安石,后得程颐(按:疑此字当为颢)师之,乃悟其非。"高宗说:"安石穿凿。"对曰:"穿凿之过尚小。道之大原,安石无一不差。"高宗说:"差者何谓?"对曰:"圣贤所传,止有《语》《孟》《中庸》。《论语》主仁,《中庸》主诚,《孟子》主性。爱特仁之一端,而安石遂以爱为仁。其言《中庸》,则谓中庸所以接人,高明所以处己。《孟子》发明性善,而安石取扬雄'善恶混'之言,至于'无善无恶',又溺于佛,其失性远矣!"③陈渊所说,除"杨时始宗安石"一事外,《龟山文集》中均有论述。这充分反映了程门道学对王氏新学的不同学术观点,故力排新学以倡道。

二、著书立说以明道

杨时以传道为己任。在他看来,要传授道学,宣扬师说,二程的论著是

---

① 《龟山集》卷一七《答吴国华》。
② 《龟山集》卷二五《孙先生〈春秋传〉序》。
③ 《宋元学案》卷三八《默堂学案》,第二册,第1264—1265页。

最主要的理论基础,因而致力于整理、编辑二程语录和校订他们的著作。如所编《河南程氏粹言》(即《二程粹言》),共上、下两卷,分为论道、论学、论书、论政、论事、天地、圣贤、君臣、心性、人物等十篇,涉及二程性理之学的各个研究领域。开卷第一条语录:"道外无物,物外无道。"①依此立论,使《二程粹言》的内容和篇章结构保持哲理、伦理和政治三论相结合,一如二程。杨时又整理订正程颐的《伊川易传》,写了《校正〈伊川易传〉后序》,说明本书编校经过及其重要性。他指出:程颐"先生道学足为世师,而于《易》尤尽心焉。其微辞妙旨,有书不能传者"。② 他编集二程的论著,既是实录,又是其心领神会的"再创作",体现了二程的治学道路,这对道学的传承和此后学术发展所起的作用,是不可磨灭的。

杨时还将自己研讨中国古代文化典籍和从二程师承下来的思想融会贯通,辨证论述,著书立说,以传后学。他一生著述宏富,奏章、论辩、杂著、题跋、序文、书信、诗歌、赞颂、墓铭、祭词、语录等论著,达数百篇(首),有《杨龟山先生文集》(四十二卷本及其他不同版本)和《龟山先生语录》(四卷,附《后录》二卷)传世。

杨时的著述,从道学的传授上说,有三个要点:

1. 宣扬道学与道统

如上所述,杨时的著述总是围绕宣扬道学与道统来进行。他认为韩愈虽有志于"道",但"其所学,则不过乎欲雕章镂句,取名誉而止耳"。③ 即不承认韩愈是道统的传人,得"圣人不传之学"者只能是他的老师二程。更有甚者,杨时还把张载的学术也说成是出于程氏。他说:"横渠之学,其源出于程氏,而关中诸生尊其书,欲自为一家,故余录此简以示学者,使知横渠虽细务必资于二程。"④张载的学术与二程有相同之点,而更有所不同。杨时自己的学术思想亦有些成分是从张载那里"引进"过来并加以融会发挥的,这

---

① 《二程粹言》卷第一《论道篇》。
② 《龟山集》卷二五《本序》。
③ 《龟山集》卷二五《与陈传道序》。
④ 《龟山集》卷二六《跋横渠先生书及康节先生人贵有精神诗》。

倒是事实。说张载之学源于二程则非是,张载比二程年长十二三岁,属于长辈。张载是关学,二程为洛学,不存在张载之学出于程氏的问题。杨时此说,无非为程门争道统"正位"而已。其实,从道学的渊源上说,韩愈以及和韩愈并时齐名的李翱,可说是先驱者。韩的《原道篇》和李的《复性书》所说的"道"、性理之论虽不成熟,却有先导之功。宋之二程、杨时、朱熹等人则将其理论道学化了。程、朱均以道统嫡传者自居,中间环节的杨时起着很重要的作用。

2. 阐明学"道"之方

杨时认为,道之不行已久。他说:"志学之士当知天下无不可为之理,无不可见之道。思之宜深,无使心支而易昏,守之宜笃,无使力浅而易夺,要当以身体之,以心验之。"①只有这样,才能达到"至道之归"。② 在他看来,"然则士固不患不知有志乎圣人,而特患乎不知圣人之所以学也"。③杨时的著述针对当时学者存在的问题而发,反复阐述学道之方、至道的途径。他的老师二程曾经指出:"今之学者有三弊,溺于文章,牵于训诂,惑于异端。苟无是三者,则将安归? 必趋于圣人之道矣。"④杨时在著述中反复论证的,既是推广师说,更是教人"必趋于圣人之道"的方法,在理论上有所发展。他强调要窥圣人之学,必先入门,然后可以"登堂睹奥",否则将一事无成。这对当时及其后道学的传承起着重要的催化作用,是杨时传道的贡献之一。

3. 倡纳《大学》《中庸》《论语》《孟子》四书要旨于道学(即理学)轨辙

这是杨时著述的核心,也是他对道学理论发展的重要贡献。杨时说:"夫学道者,居先圣之书,何求哉? 譬之适九达之衢未知所之,《六经》能指其攸趣而已。"⑤他认为:"《六经》,先圣所以明天道,正人伦,致治之法也。

---

① 《龟山集》卷二七《劝学》。
② 《龟山集》卷一七《寄翁好德》其一。
③ 《龟山集》卷二五《与陈传道序》。
④ 《二程粹言》卷第一《论学篇》。
⑤ 《龟山集》卷二〇《答胡康侯》。

其文自尧舜历夏周之季,兴衰、治乱、成败之迹,救敝通变、因时损益之理,皆焕然可考。"①要学道、传道,必先学圣人之书,《六经》即是指路的界标。同时,他又指出,要入"圣学"之门,进而学道、传道,《大学》《中庸》《论语》《孟子》这四书是最重要的,并借此加以阐扬发挥,杨时写道:

> 《大学》一篇,圣学之门户,其取道正径,故二程多令初学者读之。②
>
> ……故余窃谓《大学》者,其学者之门乎,不由其门而欲望其堂奥,非余所知也。③
>
> 《中庸》之书,盖圣学之渊源,入德之大方也。……《孟子》之书,其源盖出于此。则道学之传,有是书而已。④
>
> 夫《论语》之书,孔子所以告其门人,群弟子所以学于孔子者也,圣学之传其不在兹乎!⑤
>
> 《论语》之书,皆圣人微言,而其徒传守之,以明斯道者也。故于终篇,具载尧舜咨命之言,汤武誓师之意,与夫施诸政事者,以明圣学之所传者,一于是而已。所以著明二十篇之大旨也。《孟子》于终篇,亦历叙尧、舜、汤、文、孔子相承之次,皆此意也。⑥
>
> 《孟子》一部书,只是要正人心,教人存心养性,收其放心。⑦
>
> ……孟子之功不在禹下……世之学者因言以求其理,由行以观其言,则圣人之庭户可渐而进矣。⑧

---

① 《龟山集》卷二五《送吴子正序》。
② 《龟山先生语录》卷二《余杭所闻》;参见《龟山集》卷一〇。
③ 《龟山集》卷二六《题萧欲仁〈大学〉篇后》。
④ 《龟山集》卷二五《中庸义序》。
⑤ 《龟山集》卷二五《论语义序》。按:康熙本《杨龟山先生文集》此处有异文(似刊印时乱板之故)。
⑥ 《四书集注·论语》卷一〇《尧曰篇》注引"杨氏曰"(杨时语),上册,中华书局1957年出版,第260页。
⑦ 《龟山先生语录》卷三《余杭所闻》。
⑧ 《龟山集》卷二五《孟子义序》。

　　这样,杨时便从昌明道学的总体上把《四书》串起来,视为学道、传道的最主要经典。在《四书》中,杨时特别注重《中庸》。他说:"孔子殁,群弟子离散分处诸侯之国,虽各以其所闻授弟子,然得其传者盖寡……独曾子之后,子思、孟子之传得其宗。""然子思之《中庸》,圣学所赖以传者也。考其渊源乃自曾子,则传孔子之道者,曾子而已。"①"余以谓圣学所传,具在此书,学者宜尽心焉。"②很明显,杨时是以道统辑合《四书》,诠解《四书》,把《四书》纳入道学的轨道的。尤其是他对上述《论语·尧曰篇》"允执其中"那段语录的阐发,更是对道统论的新发展。朱熹说杨时"理阐性命,学悟执中"③即指此。同时,杨时又把"正心诚意"作为贯穿《四书》的主要思想加以论证发挥。他说:"盖《大学》自正心诚意至治国平天下,只一理。此《中庸》所谓合内外之道也。"④《论语》没讲诚,是因为"《论语》之教人,凡言恭敬忠信所以求仁,而进德之事莫非诚也。《论语》示人以其入之之方,《中庸》言其至也。盖《中庸》子思传道之书,不正言其至则道不明,孔子所罕言,孟子常言之,亦犹是矣。"⑤他认为,"《大学》之修身、齐家、治国、平天下,其本只是正心诚意而已"。而这与《孟子》书上所讲的"正人心,教人存心养性,收其放心",⑥也是一个道理。这对《四书》的诠释,可谓恰到好处。杨时围绕《四书》写了《题萧欲仁〈大学〉篇后》《中庸义序》《论语义序》《孟子义序》《孟子解》,在经筵讲义中又写了《论语讲义》,还在书信和回答问题的众多语录中,不断辨证、阐明《四书》的精义所在。杨时的这些著述,上承北宋道学诸先生⑦的学术成果,下启吕本中、罗从彦、李侗、朱熹、张栻等对《四书》之重视和研究。吕本中说:"学问以《孝经》《论语》《中庸》《大学》《孟

---

① 《龟山集》卷二五《中庸义序》;同书卷一〇《语录·荆州所闻》。
② 《龟山集》卷二六《题〈中庸〉后示陈知默》。
③ 《龟山集》(清光绪本)卷首,《宋先儒杨文靖公画像赞》朱熹题赞。
④ 《龟山集》卷一〇《语录·余杭所闻》。参见《龟山先生语录》卷二。
⑤ 《龟山先生语录》卷二《京师所闻》。参见《龟山集》卷一一。
⑥ 《龟山先生语录》卷三《余杭所闻》。
⑦ 按:《宋史》卷四二七《道学传·总论》把"表章《大学》《中庸》二篇,与《语》《孟》并行"归始于二程。此说囿于以二程为"正统"之论,似可研究之。

子》为本,熟味详究,然后通求之《诗》《书》《易》《春秋》,必有得也。既自作主张,则诸子百家长处,皆为吾用。"①这可说是比较确切地表述了杨时重视《四书》的学术真谛。杨时对《四书》的表章和诠解,对朱熹影响更深。朱熹的《四书集注》就是对杨时倡纳《四书》要旨于道学轨辙之思想的继承和发展。《四书集注》中引证了杨时的许多言论和观点。据陈荣捷统计,《四书集注》共引用三十二个学者的七百三十条语录,其中二程二百二十五条,尹焞九十条,杨时七十三条(占第三位)。② 朱熹所撰《四书集注》以道统传承为主干,以正心诚意作主线串连起来,这实际上是杨时思想的发挥。朱熹在《四书集注》终篇,即《孟子》卷七之终末有一段说明。朱熹认为,孔孟之道一千四百年之后,传之于明道先生(程颢),道统并未中断。言下之意是他自己又得自二程的嫡传。"故于篇终历序群圣之统,而终之以此,所以明其传之有在,而又以俟后圣于无穷也"。③ 这与上述杨时对《论语·尧曰篇》所叙道统的次序,是一脉相承的。

由此可见,杨时著书立说,是他传道的主要方式和内容,是二程"立言以明道"④的体现,且有新的发展。杨时的著述,表明他力图建立一个"一以贯之"的道学理论体系。这对道学理论的发展是很有贡献的。宋人胡安国自称与杨时"谊兼师友",说杨时"诚蒸民之先觉,乃继道之真儒"。⑤ 这是不为过誉的,至少当时学者是这个看法。

三、收徒讲学以传道

杨时一生嗜学如命,潜心经史,精于道学。他除以著书立说来传播道学外,其传道的主要途径就是收徒讲学。杨时早年曾讲学于家乡含云寺。拜师程门之后,辗转东南,聚徒讲学,以传道为己任。他说:"国家开设学校,建师

---

① 《宋元学案》卷三六《紫微学案·西垣童蒙训》,第二册,第1234页。
② 《从杨时到朱熹:宋代理学的传授和继承问题》,《中国史研究动态》1984年第7期,第28—32页,引陈荣捷统计。按:《四书集注》中有关杨时言论的条数,尚可再作统计。
③ 《四书集注·孟子》卷七篇终朱熹所注,下册,第352页。
④ 《二程粹言》卷第一《论道篇》。
⑤ 《龟山集》(清光绪本)卷首《宋先儒杨文靖公画像赞》胡安国题赞。

儒之官,盖将讲明先王之道以善天下,非徒为浮文以夸耀之也。"他讲学的内容、研讨学术的问题均以此为出发点。杨时曾在常州无锡县东门讲学多年,明代著名的东林书院就是他当年讲学的地方。顾宪成《请复东林书院公启》写道:"有宋龟山杨先生受业二程夫子,载道而南,一时学者翕然从之,尊为正宗。考锡乘,先生常讲学是邑十有八年,建有东林书院。"为人们所景仰。

杨时讲学地方多,常州、慈溪等地的龟山书院也是他讲学的旧址。他一生做官时间不长,无论是任学官(如荆州州学教授),或任地方(如余杭、萧山等县)长官,他都利用官学来传播道学,兴办地方文化教育事业,亲自授课,培育了不少人才。他认为培养人才是治国平天下的根本,这也正是他热心于教育、讲学的用意所在。他晚年以七十四岁高龄出任国子祭酒,稳定太学,教导学生,极力提倡道学,培养国家栋梁之材。他通过书院聚徒讲学,或在官学任教,同时又常以书信方式答复学者问学,退休在家,仍与学者、门生研讨学术,直至逝世前一天还在同李纲论性善之旨。他讲学传道,数十年如一日,所涉知识极广,诸如天人合一的宇宙观、理一分殊的天理论、致知格物的认识论、民为邦本的政治论、至善的伦理道德观等。他为人师表,使人"望之则乔岳泰山,即之则温恭和煦",①如坐春风,因而享有盛誉,从学者众,他的学生达一千多人,著名的有陈渊(别见《宋元学案·默堂学案》)、吕本中(见《紫微学案》)、关治(见《陈邹诸儒学案》)、罗从彦(见《豫章学案》)、张九成(见《横浦学案》)、胡寅(见《衡麓学案》)、胡宏(见《五峰学案》)、刘勉之(见《刘胡诸儒学案》)等。杨时的门生及其再传、三传、四传弟子,后来大多成为名流、学者,有的自成学派,影响很大。

第四节　道南理窟的开山祖师

如上所述,杨时与道学关系极为密切。他对道学理论(包括道统论)的

---

① 《龟山集》(清光绪本)卷首《宋先儒杨文靖公画像赞》胡安国题赞。

阐扬和发展,对道学的传授,对伊洛之学南传和福建闽学道学化,均有继往开来之首功。从师承上看,南宋理学朱、张、吕三大学术流派皆自杨时传来。他是洛学道南系的开山祖师,这是宋、元、明、清以来的学者一致公认的事实。宋人李侗称赞杨时"修齐治平,格致诚正。道统纲维,力学己任。教倡来兹,功追往圣"。真德秀说,"屹屹龟山,渊源伊洛,如星之斗,以表后学"。文天祥颂其"鼻祖为祖,毁弃《三经》(指上述《三经新义》),和议排阻,邹鲁鸿传,道南有补"。① 元人所撰《宋史》指出,"朱熹、张栻之学得程氏之正,其源委脉络皆出于(杨)时"。② 明人杨四知说,杨时"倡道海滨","闽称邹鲁,公则鼻祖"。③ 清人全祖望写道:"龟山独邀耆寿,遂为南渡洛学大宗,晦翁、南轩、东莱皆其所自出。"④所以说,杨时是"以伊洛正传,开南宋道统",⑤对宋代道学的发展,贡献卓著。在我们今天看来,宋代道学及其后发展的理学似乎是落后甚至是反动的东西。其实不然,道学(理学)在刚开始时,是一种新儒学,是对汉唐以来经学研究的革新,对儒家学说的一种新发展。就学术思想发展而言,是一种学术进步,不能低估其历史作用和学术价值。对杨时的学术思想及其对道学的传播和发展所作的贡献,亦当作如是观。

还有一点应当说明,即杨时是"闽学"道学化的奠基者。所谓闽学,原为上述北宋新儒学中带有地区性特点的学术文化派别。闽学有其自身产生、发展和完成的历史过程。闽学可溯源于北宋"古灵四先生"陈襄、郑穆、陈烈、周希孟等学者(别见《宋元学案·古灵四先生学案》)。⑥ 如众所知,北宋仁宗庆历之际,新思潮勃兴,学派四起。"宋世学术之盛,安定(胡瑗)、泰山(孙复)为之先河,程、朱二先生皆以为然",⑦古灵四先生讲学于闽

① 均见《龟山集》(清光绪本)卷首《宋先儒杨文靖公画像赞》。
② 《宋史》卷四二八《杨时传》。
③ 《龟山集》卷首《龟山先生像赞》。
④ 《宋元学案》卷二五《龟山学案》,第二册,第944页。
⑤ 《龟山集》卷末将乐县知县夏子络跋语。
⑥ 《宋元学案》卷五《古灵四先生学案》,第一册,第223—248页。
⑦ 《宋元学案》卷首《宋元学案·序录》,第一册,第1页。参见同书卷一《安定学案·序录》,第一册,第23页。

海,实与"安定、泰山并起之时"。全祖望认为,"其所得虽未能底于粹深,然而略见大体矣,是固安定、泰山之流亚也。宋人溯异源之功,独不及四先生,似有阙焉"。① 这个看法是符合实际的,也较公允。古灵四先生之前,还有蔡襄等人。蔡为有宋一代名臣、学者,"庆历新政"的台柱之一。蔡襄很重视教育,认为"训励生徒,兴明儒术"是治国平天下的重要事业。蔡在两知福州、知泉州时,都积极提倡兴办儒学,亲自过问教学内容。蔡襄荐举周希孟、刘柯述等人充任福州州学教授。② 其时,闽士多好学,而专用诗赋以应科举。蔡襄认为,这在培养人才方面有缺陷,要改革。蔡襄再知福州时,延见处士陈烈,尊以师礼。招聘周希孟等学者专讲经术,学者数百人。比如周希孟开《周易》讲座,一次竟有三五百人听讲,影响颇大。蔡还经常亲至学舍,执经讲问,为诸生率。而陈襄、郑穆等人,当时方以"德行著称乡里",蔡襄以礼待之。③可见,古灵四先生与蔡襄关系密切。四先生后来成为名学者,形成学派,蔡襄实有先导之功。闽之有学源远流长,宋代福建人才辈出,学术文化昌明(包括有不同观点学派),这是客观存在的史实。仅据《宋史·道学传》和《宋史·儒林传》统计,闽籍知名学者即有二十七人。④ 又据美国学者贾志扬(查菲)教授根据方志名录统计,宋代福建路有进士七千一百四十四名(北宋二千六百人,南宋四千五百二十五人,未明朝代者十九人),为宋代各路进士数第一(如果把两浙东西路加起来,福建路即为第二位)。从学校数目上看,宋代福建路有州学八所,占该路州数百分之百;有县学四十八所,亦占县数百分之百;有书院五十二所、精舍十五所、其他私学十八所,共有私学八十五所,占各路第二位。科举成绩占全国名次,北宋时为第二名,南宋时则是第一名。⑤ 大量事实证

---

① 《宋元学案》卷五《古灵四先生学案·序录》,第一册,第225页。

② 《端明集》卷二五《奏乞收录本州儒士周希孟状》、《举刘柯述福州学教授状》。

③ 《欧阳文忠公集·居士集》卷三五《端明学士蔡公墓志铭》。参见《长编》卷一八七"嘉祐三年"条;《东都事略》卷七五《蔡襄传》。

④ 据《宋史》卷四二七至四二八,第36、37册,中华书局点校本,1985年出版,第12709—12995页统计。按:另一说《道学传》与《儒林传》中有闽人十八个,不确。

⑤ 以上据《棘闱:宋代科举研究》(中译本),第六章《登科者的地理分布》表二一《宋代各路进士总数》、表二二《官学的地理分布》、表二三《私学的地理分布》。按:因各州县资料本身不全,统计数字尚有差距,但从方志中考订各路、州、县的登科人数和官、私学数,很有意义,且基本上能反映其概貌。

明，并非在朱熹时才有闽学，才改变了福建"文化落后"的状况。

闽学从一开始即以注重兴学育才为特色。闽学学者倡导以天下为己任的爱国传统，讲究通经致用，探求义理，则又反映当时的时代精神，为新儒学所共有的相同点。闽学强调"内圣外王"，则与道学相似，也是往后逐渐趋向道学化的内在因素。从时间上说，闽学早于二程的洛学（二程既是周濂溪的门生，程颐又是胡安定的门人）。《宋元学案》列陈襄为"安定同调"，举北宋道学先生司马光、张载为"古灵同调"，这是很有见地的。闽学与安定的"湖学"基本上同时。其后，经多年的演变发展，到北宋末南宋初（即杨时"载道而南"，在东南传道期间），随着道学南传，逐渐趋向于洛学闽化、闽学道学化，或谓闽学与道学（理学）的结合。在这过程中，在闽有杨时的龟山学派（见《龟山学案》）、胡安国的武夷学派（见《武夷学案》）和刘勉之等人的刘胡学派（见《刘胡诸儒学案》）。这三派上与二程有师承，下则二传、三传以朱熹为归结。中间环节的关键是杨时，三派都同杨时有密切关系。杨时龟山学派为"南渡洛学大宗"，而"南渡昌明洛学之功，文定几侔于龟山"。① 经杨时，一传而得罗从彦，二传而得李侗，三传而得朱熹，遂集宋代道学（理学）之大成。这个道学，则为闽、洛之学相结合。故谓杨时不仅是洛学道南系的开山祖师，且为闽学道学化的奠基人。杨时是合闽洛南北之殊，绍濂、洛、关、闽之绪的继往开来第一人。这是闽、洛之学发展的史实所证明了的。朱熹是洛学道南系的嫡传，朱子对闽学有巨大贡献，这是完全肯定的。如果说，朱熹集宋代闽学发展之大成自无不可，若谓朱熹"开创"了闽学则差矣！把朱子学等同于闽学则更不确切。正如人们常说朱熹集宋代理学之大成，但不能说宋代道学（理学）创始于朱熹一样。澄清这一点，对重视和研究伊洛之学南传最主要的中介环节——龟山道南学系，探究宋代闽学历史发展的全过程及其学术传统，都是必要的和有益的。而这正是探讨杨时与道学这一论题应当说明的。

综上所述，杨时是北宋末南宋初最有影响力的学术大师。李纲称赞杨

---

① 《宋元学案》卷三四《武夷学案·序录》，第二册，第1170页。

时是"儒林仪表,国家栋梁。风云翰墨,锦绣文章"。朱熹称其"继统而兴,理阐性命,学悟执中。天开长夜,人坐春风"。朱熹还从维护道学和道统的角度,肯定杨时力排新学对传播道学的作用。朱熹对杨时学道、传道,为道学所作的贡献,给予很高的评价,说杨时"功符孟氏,德续先声"。① 对杨时在学术史上乃至整个中国古代史上的历史地位,是肯定的、不可磨灭的。当然,杨时及其所宣扬的道学有其阶级和时代的局限性,那也是不言而喻的。我们的研究是想以历史唯物主义的观点做实事求是的分析,还其历史的本来面目,取其精华,弃其糟粕,但亦不苛求于古人。②

——原载《国际宋史研讨会论文选集》,河北大学出版社 1992 年出版,第 158—174 页。又收入《慎思轩文存》,浙江大学出版社 2017 年出版,第 311—322 页。

---

① 以上见《龟山集》卷首《宋儒杨文靖公画像赞》李纲、朱熹题赞。
② 本文原题《龟山学术述论》,全文共有五个部分,各自独立为一篇文章。限于篇幅,这里仅是其中的第一部分。

第三章　推广师说发展理论的诸多贡献

　　程颢、程颐兄弟讲孔孟绝学于熙丰之际，正是宋代新儒学（即宋学）兴盛发展、各种不同学派蜂起之时。二程兄弟把儒家学说向着抽象和玄妙精深的方向以及专从事于个人身心修养的方向推进，创立富有广大精深的"洛学"，即道学（南宋后为理学）学派。其学生众多，流传广泛，影响深远。杨时自拜师二程，成为程门高弟，即矢志以传承道学、弘扬师说为己任。他聚徒讲学，著书立说，书信问答等都围绕着这个中心进行，作出很多贡献，起着无可替代的作用。

第一节　传承二程道学的基本理论

　　二程道学包含着极为广泛而精深的内容。杨时秉承师说，专心致志深研体会，内容极广。这里仅概述几点：

一、关于"道统论"

　　如上所述，二程"洛学"以其独盛的地位而广为流传。程颢逝世后，"士大夫识与不识，莫不哀伤焉。文彦博采众论，题其墓曰明道先生。其弟颐序之曰：'周公殁，圣人之道不行；孟轲死，圣人之学不传，道不行，百世无善治；学不传，千载无真儒。无善治，士犹得以明夫善治之道，以淑诸人，以传诸后；无其儒,则贸贸焉莫知所之,人欲肆而天理灭矣。先生生于千四百年之后,得不传之学于遗经,以兴起斯文为己任,辨异端,辟邪说,使圣人之道焕然复明于世,盖自孟子之后,一人而已。然学者于道不知所向,则孰知斯人之为功;不知所至,则孰知斯名之称情也哉。'"① 程颐在《明道先生墓表》中又写道:

> ……道之不明也久矣,先生出,倡圣学以示人,辨异端,辟邪说,开历古之沉迷,圣人之道得先生而后明,为功大矣。②

孟轲死后,"道不行","学不传",程颢得"不传之学",行"圣人之道",将程颢推到了孔孟再世的地位。这实际讲的就是道学家(即理学家)们所推崇的"道统论"。杨时拜师程门,闻其所闻,发挥其所未闻,自以倡明道学与道统为己任,极力宣扬这个"道统论"。杨时说:"道之无传也久矣!孟子殁千有余岁,经汉历唐……宋兴百年……得圣人之道而传之于吾先生",称程颢为"万世之师"。③ 他又称程颐的《易传》是不传之学。他用《论语·尧曰篇》"允执其中"等语来说明尧、舜、汤、文、武、周公、孔、孟相承的道统和圣人之学。他宣扬程颐在《程颢墓表》中提出的"道统论",又认为二程就是上承孟子,得其道统的道学大师。杨时说:"《论语》之书,皆圣人微言,而其徒传守之,以明斯道者也。故于终篇具载尧舜咨命之言,汤武誓师之意,与夫施诸政事者,以明圣学之所传者,一于是而已,所以著明二十篇之大旨也。《孟子》于终篇亦历叙尧舜、汤文、孔子相承之次,皆此意也。"④ 自程颐开始,经杨时宣传,二程系统的弟子们都极力宣扬这个"道统论"。杨时认为,"得圣人不传之学"者,只能是他的老师二程。为了强调这个"道统论",甚至将比二程年长十二三岁的前辈学者张载的学术也说成是出于程氏,未免有所

---

① 脱脱等:《宋史》卷四二七,第 36 册,第 12717 页。按:《宋史·程颢传》这段文字实出于朱熹《四书集注·孟子》卷七终篇所注,下册,第 352—353 页。

② 《河南程氏文集》卷一一《二程集》,第 640 页。参见张立文《宋明理学研究》,中国人民大学出版社 1985 年出版,第 372 页。

③ 《龟山集》卷二八《哀明道先生》。

④ 《四书集注·论语》卷一〇《尧曰篇》引"杨氏曰",第 260 页。

偏向。

南宋初年，程门弟子胡安国曾奏应加周敦颐、张载、二程四人封号，载入祀典。胡安国说："孔孟之道不传久矣，自颐兄弟始发明之，而后其道可学而至也。"①朱熹推崇二程，特强调这个"道统论"。他说："夫以二先生倡明道学于孔孟既殁，千载不传之后，可谓盛矣。"②"实得孔孟以来不传之学。"③二程创立洛学（即）道学，得"道统"，经中间环节杨时传播倡明，至朱熹遂为程朱理学正统地位。

二、关于"天理"论

程颢说："吾学虽有所受，天理二字却是自家体贴出来。"④程颢这个观点，曾被其弟程颐接受并加以发挥，而成为二程洛学的出发点和终结点，亦为宋明理学的核心命题。这个"理"，周敦颐在《通书·理性命》章，邵雍（邵康节）在《观物篇》，张载在《正蒙·太和篇》虽已提及，但确定"理"在理学中地位的，却是二程兄弟。就此而言，这个"理"或"天理"是具有创造性的。无论"理"或"天理"，在先秦和两汉均已有记载，而二程把这个"理"提升到他们哲学逻辑结构的最高范畴，这是一个创新，所以叫做"自家体贴出来"的。如果说，程颢"体贴"出这个"理"，还尚未详细论证的话，程颐接受这个观点，却大加发挥，还借撰《易传》阐述宇宙生成论，并引入"气"这个范畴，作为"理"生"物"的中间环节，别有见地。

二程说："道外无物，物外无道。在父子则亲，在君臣则敬。有适有莫，于道已为有间，又况夫毁发而弃人伦者乎？""立言，所以明道也"⑤这个"理"，在二程的哲学逻辑结构中相当于"道"与"天"，简称为"理"，为形而上学的最高范畴，有别于张载以"气"为最高范畴。⑥ 这个"理"、"道"，是二

---

① 朱熹：《伊洛渊源录》卷四。

② 朱熹：《晦庵先生朱文公文集》卷七五《程氏遗书后序》，四部丛刊初编本（据明嘉靖刻本影印）。

③ 《朱文公文集》卷一一《壬午应诏封事》，四部丛刊初编本。

④ 《河南程氏外书》卷一二《二程集》，第424页。

⑤ 《二程粹言》卷第一《论道篇》，《二程集》，第四册，第1169页。

⑥ 参见张立文《宋明理学研究》，第286—287页。

程道学(即理学)的根本理论,包含极广泛的内容。杨时作为程门高弟,全面继承并极力传播弘扬这一理论。"万物皆只是一个天理"。他把"理"视为主宰万事万物的最高范畴,"盖天下只是一理"。"理"才是万事万物的源头,无所不包,无所不在,上至自然之理,下至人伦纲常。"理"永恒不变,永世长存,以此来论证万事万物之所以然。杨时又把"理"称作"太极"。"既有太极,便有上下;有上下,便有左右前后;有左右前后,便有四维,皆自然之理也"。① 这就是说,"理"包含上下、前后等对立变化之理。这是对二程所说:"质必有文,自然之理也。理必有对,生生之本也。有上则有下,有此则有彼,有质则有文,一不独立,二则为文。非知道者,孰能识之?"②的继承和发挥。他认为"理"存在于万事万物不可分离,"理"是无形的,离不开实物的;物是有形的,受"理"支配。"理"与物是统一的,这就将"理"融入现实世界中来。"理"又体现在人们的现实生活中,"如寒而衣,饥而食,日出而作,晦而息",③这都是"理"的表现,是理所当然的事。而作为德性的"理",属于道德伦理纲常,则是不可违背的。他认为:"凡是求可,功求成,取必于智谋之专,而不循天理之正者,非圣贤之道也。"④"天理即所谓命。"依"天理"之正而行即为顺天命,不遵循天理行事,就不是求道之方,不能达到圣贤的途径。"天理"无所不在,无所不包。"盖《大学》自正心诚意至治国平天下只一理,此《中庸》所谓合内外之道也,若内外之道不合,则所守与所行自判而为二矣"。⑤ 杨时继承并发挥二程关于"天理"论这一根本理论,卓有贡献。

如上所述,"天理"论包含了极广博的内容。张立文同志在《宋明理学研究》一书中,对二程"理"、"道"的理论从多方面作了精辟的论证,⑥二程理学的理论确为中国儒学发展中广大而精深的学问。这是从正面、光明的

---

① 《龟山集》卷一三《语录·南都所闻》。

② 《二程粹言》卷第一《论道篇》,《二程集》,第 1171 页。

③ 《龟山集》卷二〇《答胡康侯其一》。

④ 《龟山集》卷一二《语录·余杭所闻》。

⑤ 同上。

⑥ 参见张立文《宋明理学研究》,第 286—312 页。

一面而言。"天理"论也有其负面,即黑暗面,例如:所谓"存天理,灭人欲","饿死事小,失节事大"等言论,就是极端之论,危害性极大,不可取。《宋明理学研究》一书已经提到,清代学者戴震就曾对此严厉痛斥,此为"以理杀人"。"物极必反",这是一条真理。走极端,正面就走向反面,这是必然的法则。其实,杨时研究《中庸》篇,极力主张适中、用中、"中庸"为善,也是反对走极端的。所以,我们研究这个问题,应持取其精华、去其糟粕的批判态度。

三、关于"格物致知"认识论

《大学》第一章曰:"致知在格物,格物而后知至。"①"格物致知"始见于此,原是作道德伦理修养的命题。宋儒特别是二程等理学家们把它从原来的伦理道德修养中分离出来,赋予认识论的意义,进行系统研究。二程把"格物致知"与"天理"论联系起来,作为认识"理"这个本体论的方法,以达到"穷理"的目的。二程说:"涵养需用敬,进学则在致知。""诚意在致知,致知在格物。"②所谓"格物",二程认为:一是"至",二是"穷"。"格"是"至","格犹穷","物犹理","穷其理而已"。"格物"即"穷理","穷理"才能"致知",回到本体"理"。"格物穷理"过程,须是一件一件的来,"积习"多了,就豁然贯通了。

杨时继承二程的观点,认为"格物致知"是达到"道"(即"理")的途径,非"格物致知",怎能知其"道"呢? 他认为:"致知必先于格物,格物而后致至,知至斯知止矣,此其序也。"这是杨时继承程颐主张从外在到内在的认识路向,他对"格物致知"向外求索的这一路向虽有所强调,但他又吸纳程颢在这个问题上的思维路向,即天理在心,"反身而诚"的认识路向。在论证"格物致知"过程中,杨时始终贯穿着一个"诚"字。"诚"就是专心诚意,真实,实在。杨时说:"盖格物所以致知,格物而至于物格,则知之者至矣。所谓止

① 《四书集注·大学篇》第一章,第8—9页。参见张立文《宋明理学研究》,第60—61页。
② 《河南程氏遗书》卷一八《二程集》,第286—312页。

者,乃其至处也。自修身推至于平天下,莫不有道焉,而皆以诚意为主。苟无诚意,虽有其道,不能行。《中庸》论天下国家有九经,而卒曰'所以行之者一',一者何也? 诚而已。盖天下国家之大,未有不诚而能动者也。然而非格物致知,焉足知其道哉!《大学》所论诚意、正心、修身、治天下国家之道,其原乃在乎物格,推之而已。若谓诚意便足以平天下,则先王之典章法物皆虚器也。故明道先生尝谓'有《关雎》、《麟趾》之意,然后可以行《周官》之法度',正谓此尔。"①杨时又进一步论证这个认识过程。他说:"学始于致知,终于知至而止焉。致知在格物,物固不可胜穷也,反身而诚,则举天下之物在我矣。《诗》曰:'天生烝民,有物有则。'凡形色之具于吾身,无非物也,而各有则焉。目之于色,耳之于声,口鼻之于臭味,接于外而不得遁焉者,其必有以也。知其体物而不可遗,则天下之理得矣。天下之理得,则物与吾一也,无有能乱吾之知思,而意其不有不诚乎? 由是而通天下之志,类万物之情,赞天地之化,其则不远矣,则其知可不谓之至矣乎? 知至矣,则宜有止也。譬之四方万里之远,苟无止焉,则将焉归乎? 故'见其进,未见其止',孔子之所惜也。古之圣人,自诚意,正心至于平天下,其理一而已,所以合内外之道。世儒之论,以高明处己,中庸处人,离内外,判心迹,其失是矣。故余窃谓《大学》者,其学者之门乎! 不由其门,而欲望其堂奥,非余所知也。"②杨时传承二程"格物致知"认识论,介于两个认识路向之间来阐发这一理论,从外表上看似有点矛盾或有所不同,其实从本质上讲是相同的,也可谓同中有异,没有什么不对。其后,朱熹就"格物致知"至"反身而诚"观点有所批评,似属一种偏见。

四、关于人性论

人性问题,在我国春秋时期,孔、墨争论中早已提出。当时孔子虽未明确提出以善恶论性,但孔子在《论语·阳货》篇上说:"性相近"、"习相远",

---

① 《宋元学案》卷二五《龟山学案》,引《龟山文集·答学者》,第953页。
② 《龟山集》卷二六《题萧欲仁〈大学〉篇后》。参见《宋元学案》卷二五《龟山学案》,第954页。

实已表明他对人性的基本看法。其后，孟子、荀子关于性善恶展开了讨论。自先秦以来，经汉历唐，历代思想家们都很重视并进行了激烈的争论，"性善"、"性恶"、"善恶混"、"性三品"等观点，各说各的，莫衷一是，体现争鸣的气氛。宋儒特别是新儒学（即宋学）思潮兴起之后，各家各派学者，诸如司马光、王安石、张载、程颢、程颐等，都先后发表自己的见解，以图解决先秦以来的争论和"善"、"恶"来源问题。张载提出"天命之性"与"气质之性"的命题。程颐吸纳张载的提法，又把这个命题与其"天理"论联系起来论证，提出"性即理"的思想。这对人性论来说，是一个发展。

杨时继承二程（主要是程颐）和张载的性善论，认为人的天性与"理"相通，"一阳一阴之谓道，阴阳无不善，而人受之以生，故也然"。"人所资禀固有不同者，若论其本，则无不善"。① 他说："《孟子》一部书只是要正人心，教人存心养性，收其放心，至论仁义礼智，则以恻隐羞恶辞让是非之心为端，论邪说之害，则曰生于其心，害于其政，论事君格君心之非，正君而国定，千变万化，只说从心上来。"②这就是说，人心本来就有仁义礼智等善性，人之所以有不善，是因为受到外界的影响而失去本心，故要强调"养性"，不使原有的善性丢失。

杨时对性善论的阐述，是以程颐提出的"性即理"，"理则自尧舜至于涂人一也"，③是"天命之性"，尧舜与涂人都普遍具有善性来进行宣讲的。对人性善恶的区别，则是以程颐所说的"生之谓性"为基础，又与张载的"变化气质说"融合起来论证。他说："天命之谓性，率性之谓道，性、命、道三者一体而异者，初无二致也。故在天曰命，在人曰性，率性而行曰道，特所从言之耳。"④这个"天命之性"本来是善的，具有普遍意义。所以他认为"人性上不可添一物，尧舜所以为万世法，亦只是率性而已。所谓率性，循天理是也。外边用计用数，假饶立得功业，只是人欲之私，与圣贤作处，天地悬隔"。⑤

---

① 《龟山集》卷一二《语录·余杭所闻》。
② 《龟山集》卷一一《语录·余杭所闻》。
③ 《河南程氏遗书》卷一八《二程集》，第204页。
④ 《龟山集》卷一四《答胡德辉问》。
⑤ 《龟山集》卷一一《语录·余杭所闻》。

人性善是在正常情况下而言,在不正常的状况下就会有不善的表现。杨时说:"人所资禀固有不同者,若论其本,则无不善。盖一阴一阳之谓道,阴阳无不善,而人则受之以生也,然而善者其常也,亦有时而恶矣,犹人之生也,气得其和,则为安乐人,及其有疾也,以气不和,则反常矣。其常者性也,此孟子所以言性善也,横渠说气质之性,亦云人之性有刚柔缓急、强弱昏明而已,非谓天地之性然也。今夫水清者,其常然也,至于沽浊,则沙泥混之矣。沙泥既去,其清者自若也。是故君子于气质之性,必有以变之,其澄浊而水清之议欤。"①这就是人性本善,之所以不善,即恶,是由于受外界环境的影响。要使之改恶为善,就必须通过变化气质来实现,即要通过学习教育,提高道德修养,来去恶从善,回归到本善。

　　上述杨时所讲人性论,实际上是围绕二程"天命之性"和张载"气质之性"融会宣讲和发挥的,从学术理论上说是有贡献的。而对二程的"天命之性"和张载的"气质之性",朱熹在《朱子语类》中对此有很高的评价,认为二程、张载人性论命题的提法,"极有功于圣门,有补于后学"。又说:"伊川'性即理也'四字,颠扑不破。"可见朱子对人性论研究的重视。

第二节　推广师说的突出贡献

　　杨时是道学由北传南的中间环节,他融汇北宋诸子思想,维护和传播程氏洛学,有着继往开来的先导之功,贡献良多,特别在推广师说、发展理论方面有诸多突出贡献。主要有以下几个方面:

一、编订《二程粹言》

　　杨时弘扬洛学,推广师说,十分重视搜集、整理洛学文献,《二程粹言》就是杨时自洛归闽后搜集整理二程平时讲学问答的语录,"变语录而文之者",

---

① 《龟山集》卷一一《语录·余杭所闻》。

"是书成于龟山先生"。"龟山,河南(即二程)之门高第也,必得夫心传之妙。苟非其人,差毫厘而千里谬矣"。① 这个"变语录而文之",北京中华书局编辑部的《出版说明》写道:"即用比较文雅的语言将二程(主要是程颐)的语录加以改写而成。"杨时编订《二程粹言》大约在绍兴四年(1134)。三十二年后的乾道丙戌(1166),张栻把它编次为十篇。现在通行的《二程粹言》二卷分为十篇。卷一为论道、论学、论书、论政、论事等五篇;卷二为天地、圣贤、君臣、心性、人物等五篇,上下两卷共十篇。

《二程粹言》初始两种版本在宋元时都曾单独刊行,明清两代,人们才把他们和程氏《遗书》《外书》《文集》《易传》合并刊行为《二程遗书》。

清康熙时,张伯行把《二程粹言》收入福州《正谊堂丛书》并作《序》,对《二程粹言》有很高的评价。张伯行写道:

> 《二程粹言》者,河南二程先生与其徒平居讲论之词,而门人记之者也。仿佛乎《语》《孟》,贯穿乎六经,包括乎百家诸子。举凡天地之所以覆载,大道之所以流行,彝伦之所以周敦,身心性命之所各正,天下国家之所以久安长治,莫不具于斯矣。其为词也易简,其为理也广大而精微,所谓至精至粹而不可易者也。于是龟山先生自洛归闽,爰采择而编次之,以传于后。

> ……《粹言》共十篇。……上下古今,了如指掌,内圣外王,体用一贯,尧、舜、禹、汤、文、武、周公、孔、孟之统寄于是矣。即取而跻与《语》《孟》六经之列,夫何愧焉。②

充分说明龟山先生所编《二程粹言》对推广师说的突出贡献。清《四库全书》馆臣所撰《二程粹言·提要》指出:"是书乃其自洛归闽时以二程子门人所记师说,采撮编次,分为十篇。""然当时记录既多,如《遗书》《外书》《雅

---

① 张栻(南轩):《河南程氏粹言·序》,《二程集》,第四册,第1167页。
② 康熙四十七年戊子(1708)冬十月张伯行《原序》,《丛书集成初编》(原《正滨堂丛书》本),上海商务印书馆排印本,1936年出版。

言》《师说》《杂说》之类,卷帙浩繁,读者不能骤窥其要;又记者意为增损,尤不免抵牾庞杂。""惟时师事二程,亲承指授,所记录终较剽窃贩鬻者为真。程氏一家之学,观于此书,亦可云思过半矣。"①

二、校正《伊川易传》

杨时以维护和传承洛学正统为己任。他在《与游定夫书(其六)》写道:"先生之门,所存惟吾二人耳,不得不任其责也。"②搜集、整理和校正《伊川易传》,就是杨时为弘传师说的一件至关重要的工作。如众所知,二程以"天理"立论,以继道统自居,很重视以其理学的思想来重新解释儒家经典,构建理论体系。程颐尤其重视对《易经》的解注。杨时说:"先生道足为世师,而于《易》尤尽心焉。"程颐所作《伊川易传》,就是以理学思想概念来重新解释儒家经典,即"以义理为之传"的一部重要著作。这在程氏洛学中有着极重要的学术价值。《伊川易传》"方草具未及成书",伊川先生得病,是以将"其书授门人张绎",而张绎又在伊川逝世之后不到一年也去世了。即"未几而绎卒,故其书散广"。所以,杨时要校订《伊川易传》便无善本可依,即所谓"旧本西人传之以多","学者无善本"。后从程门大弟子(杨时的学友)谢显道(谢良佐)处得见程颐的手稿。杨时在《校正伊川易传后序》写道:"政和之初,予友谢显道得其书,于京师示予。"③其间不知经历了多少辗转,以致书稿"错乱重复,几不可读"。杨时用了一年多时间整理校正。整理时很用功夫,"去其错乱重复",又因杨时本人"得其书晚,不得亲受旨训",对手稿中"谬误有疑而未达者","姑存以俟"以存疑处理,使书稿保存原始文本的原貌。这使《伊川易传》得以传世,④为保证程颐易学思想的正统传承,起着不可替代的作用。

---

①　永瑢、纪昀等:《四库全书总目》卷九二《子部儒家类二》,中华书局1965年出版,第778页。

②　《龟山集》卷一九,明万历本第五册。

③　《龟山集》卷二五《校正伊川易传后序》,明万历本第六册。按:这个《后序》详记《伊川易传》手稿散佚后获得的全过程。本文所引均依此。

④　此书现收入《二程集》,第三册,中华书局点校本,第689页有程颐于宋元符二年(己卯,1099)正月写的《易传序》。

此书在程氏洛学中占有特殊地位。明清以来的学者对它的评价很高。中国自古以来对《周易》之研究，无虑数千家，宋代对《易经》研究至少也有十多家，而《伊川易传》则是其中最好的。南宋理学大师朱熹的名著《周易本义》就直接继承和发挥程颐的易学思想。"程子以义理为之传，朱子以象占本其义"。[①] 明、清以来学者多半"仍尊程传"，"兼用程朱"。[②] 由此可见，杨时推广师说、传播洛学之巨功是不可磨灭的。

三、关于《西铭》的讨论与"理一分殊"的阐发

《西铭》是张载（字横渠）所著《正蒙》的最后一篇《乾称》里的一段文字。《西铭》一出，备受二程推崇，常以《西铭》示学人，以为进学之阶。杨时曾在程颢处得传《西铭》之要，在《答伊川先生》信中说："某昔从明道即授以《西铭》，使读之，寻绎累日，乃若有得，始之为学之大方，是将终身佩服"。[③] 后来随着学问钻研深入，遂对《西铭》有些疑问，即于绍圣三年（1096）去信向程颐请教。"某窃谓道之不明，智者过之。《西铭》之书，其几于此乎？昔之问孔子者多矣。虽颜渊仲弓之徒，可以告之者不过求仁之方耳，至于仁之体，未尝言也。孟子曰'仁，人心也；义，人路也'。言仁之尽最亲无如此者，然亦体用兼举两言之，未闻如《西铭》之说义。孔孟岂有隐哉？盖不敢过以起后学之弊也。且墨氏兼爱，固仁者之事也，其流卒至于无父，岂墨子之罪耶？孟子立攻之，必归罪于墨子者，正其本也。故君子言必虑其所终，行必稽其所弊，正谓此耳"。杨时又写道："《西铭》之书，发明圣人微意至深，然言体而不及用，恐其流遂至于兼爱，则后世有圣贤者出推本而论之，未免归罪于横渠也。某窃意此书盖两人共守而谨行之者也，愿得一言，推明其用，与之并行。庶乎学者体用兼明而不至于流荡也。"程颐在《伊川答论西铭》信中写道："横渠立言诚有过者，乃在《正蒙》。《西

---

① 《周易本义·吴革序》，北京大学出版社点校本，1992 年出版，第 184 页。按：《吴革序》作于（宋）咸淳乙丑（元年，1265）。

② 《周易本义·曹寅序》，第 185 页。按：《曹寅序》作于清康熙五十年辛卯（1711）。

③ 《龟山先生全集》卷一六，明万历十九年（1591）刻本，第四册。

铭》之为书,推理以存义,扩前圣所未发,与孟子性善养气同功,二者亦前圣所未发。岂墨氏之比哉!《西铭》明理一而分殊,墨氏则二本而无分,老幼及人理一也,爱无差等本二也。分殊之蔽,私胜而失仁;无分之罪,兼爱而无义。分立而推理一,以止私胜之流,仁之方也;无别而迷兼爱,至于无父之极,义之贼也。此而同之过矣。且谓'言体而不及用',彼则使人推而行之,本为用也。反谓不及,不亦异乎。"程颐用"理一而分殊"这五个字的经典性评注,回答杨时的疑问。杨时意识到老师误会了他把《西铭》与墨子相提并论,立刻写了回信《答伊川先生》。"谓《西铭》之书以民为同胞,……所谓明理一也。然其弊无亲亲之来,非明者默识于言意之表,乌知所谓理一而分殊哉?故窃恐其流遂至于兼爱,非谓《西铭》之书为兼爱而发,与墨氏同也"。说明他是唯恐《西铭》全部意义可能湮没,或被曲解,所以才提出疑义的。杨时又强调须把仁之"用"说明白之重要。他说:"老吾老以及人之老,幼吾幼以及人之幼,所谓推之也。孔子曰老者安之,少者怀之,则无事乎推矣,无事乎推者,理一故也。理一而分殊,故圣人称物而平施之,兹所以为仁之至,为义之尽也。亲疏远近各当其分,所谓称也,……《西铭》之旨隐奥难知,固前圣所未发也。前书所论窃谓之者,特疑其能未达耳。今得先生开论丁宁传之,学者自当释然而无惑也"。① 杨时对《西铭》之书,先承明道所授,后聆教于伊川关于"理一而分殊"的评述,心领神会,融会贯通,更强调"分殊"之"用"。他在致胡安国等人的书信中,盛赞《西铭》之书及程颐"理一而分殊"的经典性评述。在《龟山语录》中"荆州所闻"、"京师所闻"、"余杭所闻"多处阐明了这个问题。《龟山语录》曰:"《西铭》理一而分殊,知其理一所以为仁,知其分殊所以为义。所谓分殊,犹孟子言亲亲而仁民,仁民而爱物,其分不同,故所施不能无差等耳。或曰如是则体用果离而为二矣。曰用未尝离体也,以人观之,四肢百骸具于一身者,体也。至其用处,则首不可以加履,足不可以纳冠。差即体而言,分

---

① 以上杨时《寄伊川先生》、《伊川答论西铭》、《答伊川先生》往返信文均引自《龟山集》卷一六,明万历本第四册。参见(美)罗狮谷《从杨时到朱熹:宋代理学的传授和继承问题》(杨品泉摘译自美国《宋元史研究》1978 年第 14 期),《中国史研究动态》1984 年第 7 期。

已在其中矣。"此论分别异同,各有归趣,比之与伊川书信往返讨论时大大前进了一步,亦即杨时对"理一而分殊"的阐发是对洛学关于这一命题的理论发展。朱熹称其"年高德盛而所见益精"。杨时对"理一而分殊"的阐发,继承并发展了二程对此命题的理论,同时也道出了张载《西铭》未尽之言。把儒家的仁道精神和现实社会的人伦规范结合起来,并与洛学的根本理论"天理"贯穿起来,这对其后李侗、朱熹有重要影响。朱熹对"理一分殊"的理论观点更是继承和发展杨时、李侗对这一问题的阐发,只不过在文字表述上更精致就是了。

杨时对"理一而分殊"的阐发,深入浅出,有自己的特色。概而言之,有以下几点:一是"理一而分殊"与体用相联系,理一是体,分殊是用,体用不同,又紧密联系。二是把儒家的仁道精神和现实的社会伦理结合起来。理一为仁,分殊为义,仁是本体,义是本体之用。理一分殊,知其理一,所以为仁;知其分殊,所以为义。三是杨时的"理一而分殊",有别于二程之说,重在分殊不在理一,这是一个发展。他说:"夫精义入神,乃所以致用。利用安身,乃所以崇德,此合内外之道也。天下之物,理一分殊。"①他对"理一而分殊"的论证,从事到理,由理一到分殊,反复推论。仁的本身包含了义,理一的本身就包含了分殊,"即体而言,分在其中矣"。杨时的这些观点,对弘扬师说、发展理论开创了道路,有先导之功。②

四、对儒家经典《四书》的诠释及其理论发展

与历代儒学一样,北宋中期或稍前些时期宋儒诸子的学术思想渊源都来自古典的儒家经典,但宋儒偏重于义理之学,以义理立论来诠释和解注经典,摆脱汉唐特重文字训诂、"经师旧说",发明新儒学即宋学。宋学作为汉学的对立物,力求从古老的儒家经典穷理探索,寻找理论根据。邓广铭先生

① 《龟山集》卷二〇《答胡康侯书(其一)》,明万历本第五册。《答胡康候书》共有17篇,讨论许多学术问题。
② 参见黎昕:《杨时"理一而分殊"说的特色及其对朱熹的影响》,《福建论坛》(文史哲版)1986年第2期。

指出:"因为要'致广大',所以要经世致用,都有其治国平天下的抱负;因为要'尽精微',所以都要对儒家学说的义理进行深入的探索。"①北宋的范仲淹、欧阳修、李觏、司马光以及三苏等人都是这样。程颢、程颐兄弟更把儒家学说向着抽象的方向和玄妙精深的方向以及专从个人身心修养的方向推进,更由其一传再传的门弟子们推波助澜,到南宋便形成了理学这一学术流派。这个理学,在北宋一般称道学。《宋史·道学传(一)》说程颢、程颐兄弟"表章《大学》《中庸》二篇,与《语》《孟》并行,于是上自帝王传心之奥,下至初学入德之门,融会贯通。无复余蕴"。② 如众所知,《大学》《中庸》本是《礼记》中的篇章,把它抽出来成为独立经典,又与《语》《孟》串起来成为《四书》,加以理学化的诠释,成为研读之《四书》,《五经》"不治而明"。杨时是"程氏正宗",对《四书》的诠解自然是很卖力又很精细深入的。在《四书》中,杨时较重于《中庸》,明道先生所授。他推崇"《中庸》之书,盖圣学之渊源,入德之大方也"。说他著作《中庸义》一书是为了让"学者因吾言而求之于圣学之门墙,庶乎可窥而入也"。③ 又着重于喜怒哀乐未发之际体验《中庸》的学术旨趣。杨时对《中庸》的阐发,是继儒僧智圆和司马光之后对《中庸》的论证最为切要和突出者。同时,杨时对《四书》整个学术体系也十分重视。我在前文(本书第二节)中已有论及。杨时是以道统来辑合《四书》、诠解《四书》,把《四书》纳入道学轨道来加以发挥的。尤其是对《论语·尧曰篇》"允执其中"的阐发,更是对道统论的新发展。朱熹在杨时《像赞》中说"理阐性命,学悟执中"即指此。杨时又把"正心诚意"作为贯穿《四书》的主要思想,加以论证发挥。杨时围绕《四书》写了《题萧欲仁〈大学〉篇后》、《中庸义序》(著《中庸义》及此序)、《论语义序》、《孟子义序》、《孟子解》,在经筵讲义中又写了《论语讲义》,又在许多书信和回答问题的很多语录中,反复辩证,阐明《四书》的精义所在。这些著述,上承北宋道学诸先生的学术成果,下启吕本中、罗从彦、李侗、朱熹、张栻等学者对《四书》的重视和研究,对

---

① 邓广铭:《略谈宋学》,《邓广铭治史丛稿》,北京大学出版社 1997 年出版,第 174 页。
② 《宋史》卷四二七,第 12710 页。
③ 《龟山集》卷二五《中庸义·序》,明万历本,第五册。

朱熹的影响更深。《四书集注》是朱熹很重要的经典之作。据陈荣捷先生统计,《四书集注》共引用三十二个学者七百三十条语录,其中杨时七十三条,(我据中华书局本《四书集注》重新统计,上册四十七条,下册二十三条,至少也有七十条),占第三位。朱熹在《四书集注·孟子序说》中,引韩愈的道统论、程子关于孟子有大功于圣门等语录,又引用杨时的一大段语录。"杨氏曰:《孟子》一书,只是要正人心,教人存心养性,收其放心。至论仁、义、礼、智,则以恻隐羞恶辞让、是非之心为之端。论邪说之害,则曰:生于其心,害于其政。论事君,则曰:格君心之非,一正君而国定,千变万化,只说从心上来。能正心,则事无足为者矣。《大学》之修身齐家治国平天下,其本只是正心诚意而已。心得其正,然后知性之善。故孟子遇人更道性善。欧阳永叔却言圣人之教人,性非所先,可谓误矣。人性上不可添一物。尧舜所以为万世法,亦是率性而已。所谓率性,循天理是也。外边用计用数,假饶立得功业,只是人欲之私,与圣贤作处,天地悬隔"。① 说明杨时对《四书》的理论发展是很有贡献的。朱熹在《四书集注》终篇,即《孟子》卷七之终末有一段注:"先生(指程明道)生于千四百年之后,得不传之学于遗经,以兴起斯文为己任,辨异端辟邪说,使圣人之道,焕然复明于世,盖自孟子之后,一人而己。"②这是说,孔孟之道一千四百年之后,传之于程颢(明道先生),道统并未中断。言下之意,朱熹自己又得二程的嫡传:"故于终篇历序群圣之统,而终之以此。所以明其传之有在,而又以俟后圣于无穷也,其旨深哉!"③这与杨时对《论语·尧曰篇》所叙道统论之次序,一脉相承。可见杨时对《四书》的诠解和理论阐发,与推广师说,颂扬程门洛学是合而为一、卓有贡献的。

---

① 朱熹:《四书集注》,下册,第6—7页。
② 朱熹:《四书集注》卷七《孟子注》终篇,第352—353页。
③ 同上。

第四章　安邦治国的政治思想

杨时作为理学大师、学问高深的思想家,在弘扬师说,传播道学,致力于学术研究的同时,关心国家大事,重视民生,无论在州县地方任职或被召入朝履新,他都尽忠尽职,身体力行,力图一展安邦治国平天下的抱负,并针对时局,提出许多施政方略和政治主张,体现其社会政治思想。

第一节　政治与学术背景

赵宋王朝结束了唐末五代分裂割据的局面,建立了高度集中统一的中央集权制度。同时,从太祖开始,提出"宰相须用读书人",推行"右文"的基本国策。这种宽容并包的政治文化政策,有利于文教事业的发展和学术思想的活跃与繁荣。经过宋初的酝酿,到北宋中期便出现了生气勃勃的新儒学。这个新儒学,是以儒为主,融合了儒、道、佛三家思想而形成和发展的一种新儒学、新学问,包含了当时(或先后)涌现的各家各派,诸如:濂学、关学、洛学、朔学、新学、蜀学、闽学,等等。这些学派,具有浓厚的时代特征,在政治上,都是拥戴中央集权统一,尊崇王朝的,从根本上说都是为当时封建统治阶级服务的。在学术观点上,则有所不同,并互相争鸣,在争鸣中发展。

至神宗朝(1068—1085),由于王安石倡导革新变法,王安石新学为变法的理论基础,居于官方统治地位,关学、洛学、蜀学等处于被压制的状态,出现党争局面,司马光与王安石就变法问题展开激烈的争辩。二程提出要以"整顿学术(即整顿介甫之学)为先务",对王安石展开尖锐的批评,指责王安石新学为"邪说"。二程的弟子们维护师说,奋起抗争,这就涉及政治上不同政见、学术上不同观点的激烈辩论。这场争论,在政治上、学术上影响深远。

北宋末年,特别是徽宗时代——宣和末靖康初,由于徽宗荒淫无道,蔡京等奸臣昏庸腐败,导致人心丧尽,金军兵临城下,北宋覆亡已到危急关头,至此败亡已成定局。尽管有主战派李纲等人力挽狂澜,但主怯国虚,奸臣当道,无力回天,终致靖康之耻。

还有一点,宋代社会发表言论相对比较自由。不同意见者或既得利益者,可以发表意见,甚至是攻击性的意见。对这种社会现象需要分析研究,有不同或反对意见不一定就是不对。杨时生活在上述时代,在前后激荡、复杂纷争的政治学术背景下活动,他的社会政治思想自然深深打上那个背景的印记。

第二节　政治思想的四个要点

杨时的社会政治思想继承和传播二程的师说,又融汇我国儒家传统思想的精华,并带有时代的特征,包含广泛的内容。这里,仅就其主要的四个要点概述如下。

一、社稷为重,民为邦本

社稷为重,民为邦本,这是自先秦以来历代儒家们有关社会政治理论的一个要点。孟子曰:"民为贵,社稷次之,君为轻。"朱熹解注说:"盖国以民为本,社稷亦为民而立,而君之尊,又系于二者之存亡,故其轻重如此。"[①]宋

---

① 《四书集注·孟子》卷七《尽心章句下》,第 333 页。

儒各家各派都以此而立论,阐发安邦治国的政治主张。例如司马光等名家大儒,对重民的思想传统都很重视,认为以民为本对国家兴衰治乱极其重要。杨时从学二程多年,以传播道学、弘扬师说为己任,又融汇宋儒诸家的政治论,很强调以民为本、重民、安民的政治主张。他认为,为政者对民众应取保护、宽容的态度,并引导民众趋利避害,不能劳民伤财,要让民众有个安身立命之地。杨时举例说:"食而饱,居而安,亦人情之所同欲者。"人君不异于常人,亦有同样需要。但人君不应仅仅满足于此,而应像古圣人那样,"以天下为心,其居食之际,非徒若是而已,食而饱,必思天下之有未饱者。居而安,必思天下之有未安者"。"后之为天下者,可不鉴之哉?"①要忧民之所忧,乐民之所乐,这样才能得民心。《春秋左氏传》上说:"臣闻国之兴也,视民如伤,是其福也。其亡也,以民为土芥,是其祸也。"即是说要重民,不要扰民,要关注民生,不要视民为草芥。杨时不仅在理论上讲,而且在实际行动上去做。他在历任浏阳、余杭、萧山三县时,关心民瘼,不为烦苛,兴利除弊,惠政卓著,这些都是民本思想的体现。又如在荆州任职时,杨时指出:"钱塘内造什物,守臣不知其数,恣宦官所为,至数年未已,伤财害民,莫此为甚。使其器用一一得以奉御,兹固无嫌其实,公得其一,私得其十,其十者,非以自奉,则逞奇技淫巧以自献于上,与夫宫嫔之贵幸者,此弊尤不可言。使予守钱塘,必先奏上,乞降所造之数,付有司为之以进,庶几宦官不得容其奸。是虽于事未有大补,亦守臣安百姓、节国用之一端也。"②充分体现杨时以民为重,以国家利益为重,要兴利革弊的政治主张。

二、重视人才,知人善任

杨时说:"为政以人才为先,故孔子得人为问。"③即是说,天下国家的治理亟需人才,而人才如何求得,又如何任用,事关国家民族治乱兴衰。所以,他提出为政以人才为先,力主知人善任的政治主张,同时又针对朝廷用人的

---

① 《龟山集》卷五《论语经筵讲义·君子食无求饱章》。
② 《龟山集》卷一〇《语录·荆州所闻》。
③ 《四书集注·论语》卷三《雍也第六》注引"杨氏曰",第 79 页。

弊端，反复阐明要知人善任，还要为政以公，以救时弊，以求长治久安。因为世间有君子、小人之别，为政者特别是君主要亲君子，远小人，能知人，然后能用人。杨时指出："然不知人，自天子至于庶人，其患一也。而天子为尤甚。盖君子小人之用舍，治乱之所由分也。"①因为"不知人则任贤不肖混淆"，会带来严重的后果。朝廷要能知人，善于用人，使人臣各得其位，各尽其职，如此才能政治清明，国有善治。这个知人善任、用得其人的观点，在现实社会政治实践中亦充分显示出它的重要性。例如，宋朝的法制是继唐之后在中国封建法制史上较为完备的，但法制本身并不能自行实现其社会功能，只有通过任官行法才能实现。在宋朝，特别是在中期以后，由于用人不当，吏治腐败、司法腐败便成为一个突出问题。这是两宋政治家、思想家反复争论的问题。所谓整顿吏治，实际上关键所在就是用人问题。

　　用人必须知人善任。不仅在朝廷应当如此，在地方任官更当如此。杨时说："窃以郡县王室之屏藩，而守令士民之师帅，尊卑虽异，任则则同，一非其人，众受其弊。顾万里之重寄，实惟万室之具瞻，军国调度之须，所取非一，兵民什一之会，其职匪轻。严之以法，则众离而不亲，抚之以宽，则事驰而不集。苟非恺悌之君子，昌庇困穷之小民！"②这就是说，州县地方是国家屏障，州县地方官吏的任用关系国家的安危，平民百姓的生存。人君如果被小人欺骗，用人不当，就会带来严重的恶果。他指出："人君昵比小人，则谄谀日进，而法家拂士，众所共嫉也，分而为用，则其祸必至于相灭，愿治之君，可不戒之哉！"③历代君子治国，政治清明；小人当道，祸乱百出，就是历史的警诫。而要知人善任，必须出于公心。因为公则明，私则弊，所以，杨时提出要"为政以公"。他指出，为政不公会导致社会的严重恶果。"世道沦丧，风猷浸堕，居下者难仕为迁谋，在上者以旁招为末事，公论一废，私谒肆行，待价而沽，顾连城而莫售，无因而至，虽照乘而难前"。④ 这样，世风败坏，便会

---

①　《龟山集》卷五《论语经筵讲义·不患人之不己知章》。
②　《龟山集》卷二三《启·谢太守》。
③　《龟山集》卷五《尚书经筵讲义·惟受罪浮于桀节》。
④　《龟山集》卷二三《启·谢楚大夫》。

引起社会混乱。他指出："自秦而来,迄于今千有余岁,士之知自贵者何其少,而轻自贱者何其多耶！盖古之士,虽一介之贱,厕于编户齐民之间,短褐不完,食菽饮水,裕然有余,而不知王公之为尊,与夫高粱文秀之美也。三公之位,非其道也,有弗屑焉,万金之馈,非其义也,有弗受焉。夫如是,上之人虽欲挟贵自尊以轻天下之士,其可得乎！后世之士,颠置利欲,而不知有贵于己者。故守道循理之志薄,而偷合苟得之行多,伺候公卿之门,奔走权势之途,胁肩谄笑以取客悦,其自处如是,而欲人贵之,其可得乎？故愚窃谓士之贵贱,虽视势盛衰,然其所以贵贱者,皆其自取也。"①如此世风,上下一片欺蒙,政事便不可能清正。是故,"朝廷作事,若要上下大小,同心同德,须是道理明。盖天下只是一理,故其所为必同,若用智谋,则人人出其私意,私意万人万样,安得同？因举旧记正叔先生之语云:'公则一,私则万殊,人心不同犹面,其弊于私乎？'"②他指出:"私意去尽然后才可以应世,老子曰'公乃王'。"③为政以公,才能天下治平。这是一条重要的历史经验。

三、正心诚意,格君心之非

正心诚意,格君心之非,这是杨时政治思想的核心所在。杨时的政治思想是对二程尊君政治论的继承和发挥。二程把"天理"这个最高哲学范畴与集中统一的君主专制制度联系起来论证,使"天理"政治化,政治与"天理"合而为一。二程认为,人君要亲附天下臣民,臣民要对人君竭其忠诚。程颐说:"人君比天下之道,当显明其比道而已。如诚意以待物,恕己以及人,发政施仁,使天下蒙其惠泽,是人君亲比天下之道也。"④君道有三:一是诚意待物;二是恕己及人,即己欲立而立人,己欲达而达人,己所勿欲,勿施于人;三是施仁政。这是就人君对臣民而言的。先儒重民思想,要在君心仁与不仁。二程认为天

---

① 《龟山集》卷一八《书·代人上王令书》。
② 《龟山集》卷一三《语录·余杭所闻》。
③ 《龟山集》卷一〇《语录·荆州所闻》。
④ 《周易程氏传》卷第一《比卦》,《二程集》,第742页。参见张立文《宋明理学研究》,第350页。

下治乱系乎人君仁与不仁,所以,主张要"格君心之非",使君心正,则天下平。

"正心诚意",这是先秦以来,历代儒家们围绕以修身为主的道德政治问题而展开的命题,涉及许多方面。宋儒们则把这个"正心诚意"上升到儒家统治学说的核心来加以论证。杨时秉承先儒及二程师说,对此提出明确主张并加以发挥。杨时说:"《孟子》一部书,只是要正人心,教人存心养性,收其放心。至论仁义礼智,则以恻隐、羞恶、辞让、是非之心为端。论邪说之害,则曰:'生于其心,害于其政';论事君则曰:'欲格君心之非,正君而国定。'千变万化只说从心上来,人能正心,则事无足为者矣。《大学》之修身、齐家、治国、平天下,其本只是正心诚意而已。"①他说:《大学》上讲的这个"正心诚意",即是《中庸》所说的"合内外之道"。"盖《大学》自正心诚意,至治国平天下,只一理,此《中庸》所谓合内外之道也。若内外之道不合,则所守与所行自判为二矣。孔子曰:'子帅以正,孰敢不正';子思曰:'君子笃恭而天下平';孟子曰:'其身正,而天下归之',皆明此也"。② 杨时认为,要达到修身齐家治国平天下,"正心诚意"是最根本的。同时,这个"正心诚意"也是儒家经典《四书》的精义所在。这个"正心诚意"的政治论,包含丰富的内容,就其要旨而言,有如下三点:

1. 强调"正君心"

如众所知,赵宋王朝是高度集中统一的君主专制体制。但自太祖开始,立誓不杀言官,在朝廷上大臣们还可以有不同意见甚至激烈争论。皇权虽至高无上,但"王者无私"、"君道无为"、"人君有过"、"听言纳谏"这些观点,使赵宋王朝的皇权受到相对的制约。杨时正是在这个政治气候下,十分强调"正君心",要求人君纳谏。

杨时认为人君应效法古圣先王心正而意诚。"诚则一,不诚则矫诬妄作,故二三,此其吉凶所由分也"。③ 即要求人君要以先王的王道政治为目标,而这只有正心诚意,才能进德而养成理想的政治人格。同时,由于各种原因,人

---

① 《龟山集》卷一二《语录·余杭所闻》。
② 《龟山集》卷一一《语录·京师所闻》。
③ 《龟山集》卷五《尚书经筵讲义》。

君有时也会昏阔不明,这就要"格君心之非"。"格君心之非"则要出于诚心,"至诚恻怛",人自感动。人臣本于诚心,即能感化君主。杨时说:"惟大人能格君心之非","大人过人处只是正己,正己则上可以正君心,下可以正人。"①

2. 具有强烈的现实针对性

杨时安邦治国的政治思想中强调"正心诚意","格君心之非",并非高谈阔论,而是具有强烈的现实针对性。这个针对性有两个,一是针对徽宗;二是针对王安石新学。

杨时认为是一些大臣坏了皇帝的心术,搞乱了朝政。杨时于宣和六年(1124)应召入朝,面奏徽宗,指出:"尧、舜曰'允执厥中',孟子曰'汤执中',《洪范》曰'皇建其有极',历世圣人由斯道也。熙宁之初,大臣文六艺之言以行其私,祖宗之法纷更殆尽。元祐继之,尽复祖宗之旧,熙宁之法一切废革。至绍圣、崇宁抑又甚焉,凡元祐之政事著在令中,皆焚之以灭其踪。自是分为二党,缙绅之祸至今未弥。臣愿明诏有司,条具祖宗之法,著为纲目,有宜于今者举而行之,当损益者损益之,元祐、熙、丰姑置勿问,一趋于中而已。"②他主张人君要行"中道",其主旨即指"格君心之非"。接着,杨时即将"格君心之非"直指徽宗和奸臣蔡京等人。他指出:"蔡京用事二十余年,蠹国害民,几危宗社,人所切齿。"③蔡京先后四次入相,始终坚持一说,要人君"竭九州岛四海之力以自奉"。徽宗统治二十五年(1100—1125),其穷奢极欲已到无以复加的程度,这就导致伤财害民,政乱国亡。所以,杨时提出要以"礼",古圣人的规矩来约束人君,"格君心之非"。尽管这些治国平天下的大道理,荒淫无道的徽宗实际上听不进,但杨时的主张是对的。杨时《上渊圣皇帝疏》上说:"民者,邦本也,一失其心,则邦本摇矣。"④他认为不爱惜民力,甚于鞭笞民众,"民穷而主不恤,下怨而上不知,盖土溃之势也"。⑤ 杨时以商汤伐桀,周武诛纣的

① 《龟山集》卷一二《语录·余杭所闻》。
② 《宋史》卷四二八《杨时传》,第12739页。
③ 《宋史》卷四二八《杨时传》,第12741页。
④ 《龟山集》卷一《上渊圣皇帝疏》,清康熙本,第一册。
⑤ 《杨龟山先生语录·后录上》,《四部丛刊续编》本,上海商务印书馆1934年出版。

历史教训来劝诫君主,指出不以民为本,不爱惜民力,必然要大失民心,以致败亡。杨时"以民为邦本"、"正心诚意"、"格君心之非"的政治论,尽管也有时代和阶级的局限性,但从总体上说是值得肯定的,对当时社会现实有其积极意义。

杨时以"正心诚意,格君心之非"为核心的政治论另一个针对性,就是倡导正学术、批王学。他传承师说,以正学术为先务(即要先"整顿介甫之学"),这方面的言论很多,本书前章在评述杨时批判王安石新学时已有论及,此略。

3. 对"正心诚意"作天理的论证

杨时把这个"正心诚意"的政治论与天理论联系起来加以阐发。他说正心诚意就是要"存天理,去胜心","《中庸》曰:'喜怒哀乐之未发谓之中,发而皆中节谓之和。'学者当于喜怒哀乐未发之际以心体之,则'中'之义自见执而勿失,无人欲之私焉,发必中节矣",①"致中和,则天地可位,万物可育",②这就是循"天理"了。"天下只是一个理",人各有胜心,胜心未尽,就做不到循"天理"。只有去尽私欲,才能获得天理。只有去尽胜心,以天下为公,才能治国平天下,推行王道政治。也就是有仁心,才能施仁政。此为历来儒家的政治理想。杨时把这个"正心诚意"提到"天理"的高度来认识,这在理论上是一个发展,这也正是他的社会政治思想的核心所在。

朱熹对杨时"正心诚意,格君心之非"的政治论有个批评。朱熹说:"观渠为谏官,将去,犹倦倦一对。已而不得对,及观其所言,第一,正心诚意,意欲上推诚待宰执,第二,理会东南纲运。当时宰执庸谬之流,待亦不可,不待亦不可,不告以穷理,而告以正心诚意。贼在城外,道途正梗,纵有东南纲运,安能达? 所谓有粟,安得食诸? 当危急之时,人所属望,而著数如此,所以使世上一等人笑,儒者认为不足用,正坐此耳。"③杨时于宣和末应召入朝,他明知局势维艰,惟惧生灵涂炭,仍以社稷为重,出而为民请命。他上奏

---

① 《龟山集》卷一《上渊圣皇帝疏》,清康熙本,第一册。
② 《杨龟山先生语录·后录上》,《四部丛刊续编》本。
③ 同上。

疏,进札子,上殿面对,提出许多针对时弊的见解。同时代人胡安国在《杨文靖公墓志铭》特载杨时"宣和末及靖康之初诸所建白,以表其深切著明"。备载杨时所论当时时事十余条,"此事它人不能言,而龟山独能言之"。胡安国又在《龟山志铭辨》中做许多说明,详载其本末,说明诸所建白的原由。胡安国对当时局势是了解的,对杨时晚年入朝始末及其发表的言论有透彻的分析说明,评述是公正的。虽然当时昏君奸臣们不能用,但杨时本人的意见是充分表达了的。上述杨时所论"正心诚意,格君心之非"的政治见解,是修身治平大道理的具体体现。至于这些大道理未能被朝廷宰执所接受,或者说,这些大道理对昏君奸臣来说,简直是对牛弹琴,但这不等于朝廷宰执不能用就不能讲。针对当时时弊该讲的话,杨时实际上都阐明了!朱熹说"不告以穷理,而告以正心诚意"。其实,"穷理"与"正心诚意"又有什么两样?可见,朱熹上述批评不符合当时实际,未免对他的太老师过于苛求了。

四、捍边卫国,坚持抗金

由于赵宋王朝历来边患比较严重,如辽、夏、金以及后来蒙古的侵扰,宋儒们一直关注这一问题,有着捍边卫国的爱国情怀,同时儒家"尊王攘夷"、维护中华大一统的传统思想根深蒂固,所以杨时有着强烈主张捍边卫国的抗战意识,特别对金军的入侵,他坚决支持宗泽、李纲等抗战派的主张,坚持抗金,反对割地求和。

杨时坚持抗金的爱国思想主要体现在五个方面:一是要求朝廷振作威望,以正压邪,积极备战。他指出:"今日事势如积薪已然,当自奋励,以竦动观听。若示以怯懦之形,萎靡不振,则事去矣。昔汲黯在朝,淮南寝谋。论黯之才,未必能过公孙弘辈也,特其直气可以镇压奸雄之心尔。朝廷威望弗振,使奸雄一以弘辈视之,则无复可为也。"二是指出战事要知己知彼,有制胜的战略战术。他说:"要害之地,当严为守备,比至都城,尚何及哉?近边州军宜坚壁清野,勿与之战,使之自困。若攻战略地,当遣援兵追袭,使之腹背受敌,则可以制胜矣。"三是指明民心向背是战争胜负之本。他力主朝廷应革除弊政,以收人心为先务。他明确指出:"今日之事,当以收人心为先。

人心不附,虽有高城深池、坚甲利兵,不足恃也。免夫之役,毒被海内,西城聚敛,东南花石,其害尤甚。前此盖尝罢之,诏墨未干,而花石供奉之舟已衔尾矣。今虽复申前令,而祸根不除,人谁信之? 欲致人和,去此三者,正今日之先务也。"四是针对赵宋王朝军权过度集中的缺陷,主张立统帅,一号令,示纪律,统领军民以抗金。指责童贯为三路大帅,金兵入侵,弃军而归,有罪当惩;梁方平、何灌皆相继而遁,当正典刑,以为臣子不忠之戒。临阵脱逃,当以军法从事。防城仍用阉人,覆车之辙,不可复蹈。五是坚持抗金,反对割地求和,特别是反对割让三镇。认为割三镇是"欲助寇而自坟",等于把京城暴露在金兵的进犯目标之下,极言其不可。① 对于挟金之意,专守乞和者应予追责问罪。

　　上述杨时捍边卫国、坚持抗金五个方面的政治见解和战备方略,决非空谈性命之论,而是在国家民族危急关头发出的救亡心声,这是明摆着的客观历史事实。所谓杨时对"防边御寇置之不问",甚至说杨时在金军兵临城下"并未警醒"等批评,不符合事实,也很不公允。《龟山集》中,有许多上徽、钦二宗的奏疏,《论金人入寇札子》其一、其二等文字,完全可以证明杨时是关心国家大事,关心当时抗金形势并提出一整套抗战方略的思想家,是忠君爱国的理学大师。至于有些人对他的非议,这应作客观分析,有些非议甚至可以说是毁谤和攻击(当时他的对立面就是这样),都是不足为据的。杨时强调捍边卫国,坚持抗金,反对割地求和的政治主张是肯定的,否定这一点是不公平的。

---

① 以上据《宋史》卷四二八《杨时传》,第12739—12741页。

第五章　承上启下的闽学奠基人

闽学是带有地方特色的文化学术派别。闽学有其自身发生、发展和演变的历史过程。《宋元学案》卷首《宋元儒学案序录》指出："安定、泰山并起之时，闽中四先生亦讲学海上，其所得虽未能底于粹深，然而略见大体矣，是固安定、泰山之流亚也。宋人溯导源之功，独不及四先生，似有阙焉。"①这就是说，闽学可追溯到北宋"古灵四先生"陈襄、郑穆、陈烈、周希孟等学者。如众所知，北宋仁宗庆历之际（或稍早些时），新思潮勃兴，学派四起。"宋世学术之盛，安定（胡瑗）、泰山（孙复）为之先河，程、朱二先生皆以为然"。② 古灵四先生（包括闽籍名臣蔡襄）讲学于闽海，与安定、泰山差不多同时。当时及往后，福建兴学的数目和科举成绩，名列全国前列。我在二十多年前所写《杨时与道学》一文（现收入本书第二章）中，对闽学已有涉及。

古灵四先生讲学于闽海，学生甚众，是为闽学开创者。二程洛学创于北方，杨时拜师程门，南归为道南第一传人，是洛学到闽学最为关键的中间环节，闽学的奠基人。由杨时经罗从彦、李侗至朱熹，闽学大盛，朱子为集闽学之大成者。现举要分述如下。

---

① 《宋元学案》卷首《宋元儒家学案序录》，第一册，第2页。按：同书卷五《古灵四先生学案序录》（第一册，第225页），又重提这几句话，可见对此之重视。

② 《宋元学案》卷首《宋元儒学案序录》，第一册，第1页。

第一节 古灵四先生与闽学

《宋元学案·古灵四先生学案序录》（全）祖望案：

> 安定、泰山并起之时，闽中四先生亦讲学海上，其所得虽未能底于粹深，然而略见大体矣，是固安定、泰山之流亚也。宋人溯导源之功，独不及四先生，似有阙焉。或曰："陈烈亦尝师安定。"未知所据。……又有说古灵亦为安定门人，亦无据。

为此，《宋元学案》特为古灵四先生立一学案，并把古灵定为"安定同调"。《古灵四先生学案》把刘彝（别见《安定学案》）、章望之、吴师仁（并见《士刘诸儒学案》）、司马光（别见《涑水学案》）、张载（别见《横渠学案》）列为古灵同调；刘夔、曹颖叔、蔡襄列为学侣。

《古灵四先生学案》对四先生，特别是对古灵（陈襄）的生平事迹与思想，做了较详的评述，[①]本书作以下简要记叙。

陈襄（？—1080），字述古，福建侯官（今福州市）人，学者称为古灵先生。他是宋仁之际，宋学（即新儒学）新思潮中涌现出来的学者。先生独有志于传道，与其同里陈烈、郑穆、周希孟为友，气古行高，以天下之重为己任。开始时有人取笑，先生不为所动，躬行益笃，学者受其感化，多从之游，而闽海间遂有四先生之目。四先生之名闻于天下，有从远方来受学者。陈襄以进士为浦城县主簿兼行县令事，有政绩，首兴学官，为诸生讲学，从之者五百余人，其中章衡卒为名臣。从浦城开始，陈襄在州县地方任职多年，又至朝廷多处机关任官。元丰二年（1079），判尚书都省。神宗有意大用，而先生得病。次年（元丰三年，1080）卒。赠给事中。其后累赠少师，谥忠文。所著书

---

① 详见《宋元学案》卷五《古灵四先生学案》，第一册，第225—241页。

有《易义》、《中庸义》、《古灵集》三十五卷（其子陈绍夫所编），还有《州县提纲》。另有《居易录》，称二十卷，未见完帙。先生一言一行，皆以古人为法，喜怒不形于色。他与王荆公（安石）的政见不同，荆公退位，先生在讲筵，举荐司马温公以下三十三人，神宗称善而不能尽用，之后元祐名臣皆在其中。南宋"高宗得其稿，昭示天下，以为荐士者法"。全祖望说："古灵先生讲学，以诚明为主。其立朝，尤以荐贤为急。"①上述所荐三十三人，还有推荐许多通经博学之才，就是很好的例证。

全祖望指出："宋仁之世，安定先生起于南，泰山先生起于北，天下之士从者如云，而正学至此造端矣。闽海古灵先生于安定盖稍后，其孜孜讲道，则与之相埒。安定之门，先后至一千七百余弟子，泰山弗逮也，而古灵亦过千人。安定之门如孙莘老、管卧云辈，皆兼师古灵者也。于时濂溪已起于南，涑水、横渠、康节、明道兄弟亦起于北，直登圣人之堂。古灵所得虽逊之，然其倡道之功，则固安定、泰山之亚，较之程、张，为前茅焉。故特为立一学案，而以郑穆、陈氏、周氏三子并见于后。"全祖望又说："古灵崛起南峤，昌明正学。虽其立言尚有未尽融洽者，如此五语是也，然其大意已通关、洛之津，较之石徂徕辈，则入细矣。"②这里讲的"此五语"，即"好学以尽心，诚心以尽物，推物以尽理，明理以尽性，和性以尽神"（见《古灵文集·送章衡序》）。全祖望评其"尚有未尽融洽者"，自有其观点，尚可研究。

郑穆字闳中，侯官人，四先生之一。醇谨好学，读书至忘栉沐。进退容止必以礼。门人千数，从游者众。以进士为寿安县主簿，召为国子监直讲，寻编集贤馆书籍，积官太常博士。熙宁间，先后为岐王、嘉王侍讲。神宗曾对古灵说："如郑穆德行，乃堪左右王者耳。"凡居馆阁三十年。元祐初，召拜国子祭酒，太学诸生数千人拥戴其为师。古灵说郑穆"深造于道，心仁气正，勇于为义，文博而壮"，人称其为真儒。

陈烈字季慈，侯官人，学者称为季甫先生。天性介特，笃于孝友。无意于

①　《宋元学案》卷五《古灵四先生学案·忠文陈古灵先生襄》，第一册，第228、235页。
②　《宋元学案》卷五《古灵四先生学案·忠文陈古灵先生襄》"祖望谨案"，第一册，第228、231页。

仕进,力学不群,平日端严,终日不语。虽御童仆,如对大宾。聚徒讲学,从学者数百人。庆历中,应试不中选,遂不复赴试。宋仁宗以大臣举荐,累诏不起。或问其故,曰"吾学未成也"。古灵先生每对人说:"世多以季甫为洁身不仕之流,非也。盖其志孔、孟之道,不肯苟进而已。"嘉祐中,诏授本州岛教授,不拜。司马温公在谏院,上言举荐,"以奖励风俗",但奏不行。明年,欧阳公(欧阳修)复荐其行,除国子直讲,竟不出。元祐初,复诏为本州岛教授,不受禄,敝衣粝食,处之裕如。稍有余,即以周贫之者。终年七十六岁。是为当世名流学者。

周希孟字公辟,侯官人,四先生之一。四先生者,古灵最有名,闽中亦显于朝,而先生与季甫独不出,然交相重也。公辟遍通《五经》,尤邃于《易》。弟子七百余人。知州刘夔、曹颖叔、蔡襄皆亲至学舍质问经义,探讨学术。所著有《易义》《诗义》《春秋义》,今皆不传。

以上古灵四先生讲学闽海,与安定、泰山差不多同时,实为宋学导源之列,闽学开创者。故论闽学,首先应从古灵四先生讲起。

第二节　从洛学到闽学

一、二程洛学

详见本书第二章第一节,此略。

二、从洛学到闽学的关键环节——奠基阶段

杨时自幼聪慧力学,曾与邵武邹尧叟有交谊,可说与闽学早有渊源。他拜师二程,自"吾道南矣"成为程门洛学南传(道南)第一人。杨时倡道东南,不仅是他一个人,他弟子遍天下,著名者有王苹、吕本中、关治、陈渊、罗从彦、张九成、萧颙、李侗、胡寅、胡宏还有再传弟子朱松(朱熹之父)等。[1]

---

[1]　引见《宋元学案》卷二五《龟山学案》,第二册,第939—940页。参见《宋元学案》卷二九《震泽学案》、卷三六《紫微学案》、卷二五《陈邹诸儒学案》、卷四一《衡麓学案》、卷四二《五峰学案》、卷三八《默堂学案》、卷四〇《横浦学案》。

特别是罗从彦（1072—1135）、李侗（1093—1163），在洛学至闽学的传承过程中，起过很大的作用。罗从彦为人老实，不张扬，所学醇正，师事杨时二十多年，杨时赞许"惟从彦可以言道"。龟山门下千余人，独从彦（豫章）能言道。从彦搜集洛学文献，传道东南，为闽学作宣传，着实做了不少工作。从彦的学生李侗（朱子的老师）也是学有所得，恪守师道。朱熹说："龟山先生倡道东南，从游甚众，语其潜思力行，任重诣极者，罗公仲素一人而已。"又说："李先生讳侗，字愿中。受学罗公，实得其传，同门皆以为不及。然乐道不仕，人罕知之。"①所以特去拜师李侗。杨时、罗从彦、李侗都是南剑州人，故称"南剑三先生"，加上朱熹（他祖籍婺源，今属江西；生于尤溪，亦属南剑州延平），合称"延平四贤"或"延平四先生"。研究闽学，首先得研究这四先生。

杨时"载道而南"，在东南传道过程中，闽中学派兴起，诸如杨时的龟山学派、胡安国的武夷学派、刘勉之等人的刘胡诸儒学派。这三派上与二程有师承关系，下则二传、三传以朱熹为归结。中间环节的关键是杨时，三派都与杨时有密切关系。据《宋元学案》记载，闽中许多学派各立门户，都与杨时有关系。《宋元学案》中半数以上学案都与闽学有关。杨时在北宋就在东南讲学，桃李遍东南，"独邀耆寿"，龟山学派遂为"南渡洛学大宗，晦翁、南轩、东莱皆其所自出"。② 而"南渡昌明洛学之功，文定几侔于龟山"。③ 杨时是合闽洛南北之殊，绍濂、洛、关、闽之绪，继往开来第一人。闽学自北宋古灵四先生创始以来，由北宋而南宋，随着杨时载道而南，遂成洛学闽化，闽学道学化（闽学从古灵四先生开始也是讲的当时的道学），或谓闽学与道学（理学）相结合，这是闽、洛之学发展的事实证明了的。杨时是闽学发展过程中的开拓者和奠基人。宋人胡安国称杨时是"诚蒸民之先觉，乃继道之真儒"。魏华父（魏了翁）说："嗣孟维程，嗣程维公，传罗传李，爰及元晦，既证道南之语。"真德秀说："屹屹龟山，渊源伊洛，如星之斗，以表后学。"文天祥称杨

---

① 王懋竑：《朱熹年谱》，中华书局点校本，1994 年出版，第 9 页。
② 《宋元学案》卷二五《龟山学案序录》，第二册，第 944 页。
③ 《宋元学案》卷三四《武夷学案序录》，第二册，第 1170 页。

时为闽学"鼻祖"。明人杨四知赞颂杨时"受学伊洛,倡道海滨,升堂覩奥,扶世觉民,闽称邹鲁,公则鼻祖"。①《宋元学案·龟山学案》(黄)百家按语指出:"二程得孟子不传之秘于遗经,以倡天下。而升堂覩奥者,号称高第者,游、杨、尹、谢、吕其最也。顾诸子各有所传,而独龟山之后,三传而有朱子,使此道大光,衣被天下,则大程'道南'目送之语,不可谓非前谶也。"②明人程敏政《杨龟山先生通纪》说"无龟山则无朱子"。衷尔钜《从洛学到闽学——综论杨时、罗从彦、李侗哲学思想及其历史作用》一文中提到:"还可以加上罗从彦和李侗,说无罗从彦、李侗也无朱熹。"③从师门转相传授的角度而言,这个说法也很对!杨时及其弟子们不仅弘传师说,丰富洛学,而且为闽学的开拓和发展奠定了基础。

由杨时——罗从彦——李侗,到朱熹时,闽学已有很大发展。范立舟指出,朱熹在世时,闽学已形成比较严密的学术派别,数百名朱熹门人分别来自福建、浙江、江西、安徽、湖南、江苏、四川、湖北、广东、河南、山西等地。朱熹殁后,他们大都回到原籍,分散在各地传播闽学。④ 朱熹是集理学大成者,也可以说是集闽学大成者。

明人朱衡著有《道南源委》一书⑤六卷,自程颢目送龟山"吾道南矣"开始,共列举宋代闽籍学者四百二十五人(包括朱子门人),元代学者十七人,明代学者一百二十七人,共五百六十九人。记录这些闽籍学人师承授受的情况,阐述道南学系的概况。实际上也是宋元明三代闽学发展的概述,有关史实与理论问题尚可进行探索和研究。又清康熙年间福州张伯行撰有《道统录》一书(正谊堂本,亦见《丛书集成初编》),上自尧、舜、禹、汤、文、武,下

① 以上引见《龟山集》卷首《宋先儒杨文靖公画像赞》,光绪本,第一册。
② 《宋元学案》卷二五《龟山学案·百家案》,第二册,第 947 页。
③ 衷尔钜:《从洛学到闽学——综论杨时、罗从彦、李侗哲学思想及其历史作用》,《中州学刊》1991 年第 1 期。
④ 范立舟:《宋代思想学术史论稿》,澳亚周刊出版有限公司 2004 年出版,第 232 页。
⑤ 朱衡:《道南源委》六卷,《丛书集成初编》(据正谊堂本排印),上海商务印书馆 1936 出年版。按:朱衡字士南,万安人。嘉靖十一年(1532)进士,历知尤溪、婺源等地,官至右福都御史,巡抚其地(南剑州)。《明史》有《朱衡传》。

及周、程、张、朱,君相师儒,为治为教,统而一之。他是承认程朱的道统论来阐发学术道统的发展轨迹的。该书把杨龟山、罗豫章、李延平、尹和靖、谢上蔡等作为附录,实际上也是把他们作为道统传承的中间环节来论证的。这些说明从杨时到朱熹,或者说从洛学到闽学,还有许多值得深入研究的问题,尚待探索。

第六章　富有特色的教育思想

　　杨时天资夷旷，潜心经史，幼学于家乡含云寺，少时游学邵武，又先后在含云寺教书。中年至颍昌、洛阳拜师二程，载道而南，则先后在苏、浙、湘、闽一带聚徒讲学，传播洛学，倡道东南。历知浏阳、余杭、萧山（有道南书院），都曾兼任讲学。任荆州府学教授四年，在毗陵（今江苏无锡、常州、镇江一带）建有东林书院，讲学至少十年。顾宪成说："有宋龟山杨先生受业二程夫子，载道而南，一时学者翕然从之，尊为正宗。考锡乘，先生常讲学是邑十有八年，建有东林书院。"①晚年，曾任宋廷国子监祭酒（中央国立大学校长），退休后，在家乡著书立说，同时也讲学。杨时一生与教育事业紧密联系在一起，是为理学大师，著名教育家。他兴学育才，传道授业，传承洛学，对当代文化教育事业做出卓越贡献，留下了宝贵的思想文化资源。

　　作为教育家、一代宗师，杨时的教育思想富有突出的特色。这个特色主要体现在：他把二程理学的核心思想与他的教育思想贯穿起来，使其教育思想显现出理学的气质，具有杨氏的特色。杨时教育思想包含丰富的内容，有关语录很多，在不同时期、不同场合讲述又有些重复，这里仅作简要说明。

---

　　①　顾宪成《请复东林书院公启》，高廷珍等《东林书院志》卷一七。按："讲学是邑十有八年"，大概是将前后时间合计而言。

第一节　教育宗旨

杨时教育思想一个显著特色，就是学以至圣、求仁、明善的教育宗旨。

杨时继承二程，认为教育事关治国安邦大事的思想，十分重视教育，兴学育才。这是对儒家传统思想的继承和发扬，并具有他所处时代的特征。这是强调成就人才的重要性，又特重视教育对培养人才，师学之明对成就人才的极端重要。杨时的教育思想充分体现二程的这个观点。《二程粹言》上说："善言治者，必以成就人才为急务。人才不足，虽有良法，无与行之矣。欲成就人才者，不患其禀质之不美，患夫师学之不明也。师学不明，虽有美质，无由成之矣。"①杨氏曰："为政以人才为先，故孔子以得人为问。"②人才的关键在教育，所以教育是安邦治国的根本措施之一。杨时又说："国家开设学校，建师儒之官，盖将讲明先王之道以善天下，非徒为浮文以夸耀也。"③办教育，首先是培养什么人的问题。杨时重视教育对培养人的作用，主张教育以培养圣人为目的。培养"圣人"，这个目标固然较高，但也不是可望而不可及。高标准、严要求，对培养人才是极其重要的。《二程粹言》上说："人皆可以为圣人，而君子之学必至圣人而后已，不至圣人而自已者，皆自弃也。孝者所当孝，弟者所当弟，自是而推之，是亦圣人而已矣。"④他把以圣人为师，和以箭靶对学射箭人的作用来比喻学圣人的必要性。这是学而至圣，求仁、明善，成为圣人的过程。他将此视作办教育的宗旨、目的，这是很有见地的。用我们现代的话来说，培养对国家有用的高级人才，此乃顺理成章的道理，可见其教育思想的合理性、重要性。

---

① 《二程粹言》卷第一《论政篇》，《二程集》，第四册，第 1210 页。
② 朱熹：《四书集注·论语》卷三，上册，第 79 页。
③ 《龟山集》卷二五《书义序》。
④ 《二程粹言》卷第一《论学篇》，《二程集》，第四册，第 1199 页。

第二节 教 育 内 容

杨时教育思想的另一个特色,就是正心诚意、读经明理、经世致用的教育内容。

杨时主张学而至圣,以培养圣人为教育目的,讲的是培养什么人,怎样培养。所涉教育内容丰富,杨时在许多著作、语录中反复做了阐发和论证。择其要者,主要就以下三点分述之:

一、强调"正心诚意"的德育观

因为要学而至圣,求仁、明善,学者的道德修养便显得十分重要。只有通过学习、教育,"变化君子之气质",使人去恶向善,才能培养出符合"圣人"标准的人才。"仁"是最高道德准则,所以要"求仁"。仁之道大,应为学习的目标,仁与圣是一致的。而"正心诚意"则是道德修养的中心环节。只有"诚",做到"反身而诚",才能融合于万事万物之中,才能体悟到真正的道心,从而使个体的道德修养得到升华,成为有道德的人。杨时很强调这个德育观,这也是他的教育思想中很突出的特色。

二、注重经典,探求义理精粹

宋儒义理之学力求从古代圣贤的儒家经典直接探求其义理精粹,钻研经学以明理,很重视经学教育。二程"表章《大学》、《中庸》二篇,与《语》、《孟》并行,于是上自帝王传心之奥,下至初学入德之门,融会贯通,无复余蕴"。① 从此,《大学》《中庸》《论语》《孟子》这《四书》便成为儒家们研究、诠释的重要经典。二程推崇《四书》,认为《四书》体现了圣人之道。杨时承袭二程的理学思想体系,自然推崇《四书》,并把它作为经学教育的首要内

---

① 《宋史》卷四二七《道学(一)》,第12710页。

容。他认为《大学》是"圣学之门户,取道至径",《中庸》是"圣学之渊源,入德之大方";《论语》是孔门最正宗的经典;《孟子》是入圣学门户的阶梯。在治学和教育、教学实践中,充分体现其经学教育以《四书》为中心的教育思想。同时,杨时还继承和发扬历代儒家名师推崇六经为入圣之道的传统,把六经作为"学以至圣"的教育教学内容。认为六经是先圣所以明道、致治的成法。依六经行事,便可学而至圣人。舍六经,无以求圣。他曾与明道先生书信往返论《春秋》,整理、校正《伊川易传》,先后撰有《礼记解义》《周易解义》《春秋义》《书义》等,围绕六经进行讲学和著述。这些都体现其读经明理,以六经为经学教育内容的思想。

三、重视"经世致用"的实学教育

重视"经世致用",这是宋儒具有的时代特色。杨时认为读书学习就是要践履圣人的事业。学者要务实,要学会世务之学。礼乐射御书数这"六艺"是尧、舜、周、孔时代的学问,不仅能充实和提高人的道德品格,而且是要培养人必备的技能。学好"六艺"是必须的,同时一个时代有一个时代的世务需求,这也是必须学而用之的。杨时承袭二程"读书将以穷理,将以致用","学贵乎成,既成矣,将以行之也。学而不能成其业,用而不能成其学,则非学矣"的思想,教导学生要学著于心,见于行事。《二程粹言》上说:"百工制器,必贵于有用。器而不可用,工不为也。学而无所用,学将何为也?"强调要"力学而得之,必充广而行之"。[①] 学而无所用,学有何用? 他甚至说,经义不见于致用,也就无所谓"经义"。这是"学以致用"、实学教育思想深刻的概括,对宋代教育产生很大的影响。杨时根据他所处时代的社会、经济、政治现实情况,提倡要重视农田水利、造船技艺、茶盐制法等实用技术,还根据捍边卫国的需要,提倡城防技术、军事训练,针对当时现实政治状况批判王安石新学,反对奢侈腐败,提倡节俭教育,等等。他在讲学中,在给皇帝上书与执政札子中,反

---

① 《二程粹言》卷第一《论学篇》,《二程集》,第四册,第 1187、1189、1197 页。

复阐发了这些观点,深刻反映了他重视实学教育,强调"经世致用"的教育思想。

第三节　教　学　方　法

杨时教育思想特色体现在教学方法上,就是博学、审思、力行的教育教学方法。

杨时倡导教育目标以学圣为志,幼而学,壮而行,效法圣贤,培养对国家有用的人才。二程指出:"今之学者有三弊:溺于文章,牵于训诂,惑于异端。苟无是三者,则将安归? 必趋于圣人之道矣。"二程又认为,"博弈,小技也,不专心致志,犹不可得,况学圣人之道悠悠焉,何能自得也"。① 杨时继承师说,说要学圣人,首先要立志,志而博学,博而返约,钻研经书,精思经义,然后才能学而有得。要学圣人的言行,以求圣人之道。他说:"读书须看古人立意所发明者何事,不可只于言上理会。"② 学圣人之道,要有持之有恒、坚持不懈的精神,治学才能有所得,否则等于不学。杨时认为古代经典记录圣贤的言行和思想,必须认真学,但必须经过思考,理解它的内涵。他很推崇孔子所说:"学而不思则罔,思而不学则殆"这句名言的深刻涵义。他认为古代圣贤之书并非句句是真理,其中有精华,也有伪错之处。要敢于怀疑,富有独立思考的精神。读书为学,要深入钻研,才能有所怀疑和鉴别,从而解惑、有所得。杨时对《西铭》的发问与阐扬,就是最好的范例。杨时给"学习"下了个定义,学圣人之道,就是要践履圣人的事业。所以,他在教育实践中非常重视力行,即要精思、力行六经所载之道,才能学懂六经的真谛。《龟山先生语录·荆州所闻》上说:"六经之义验之于心而然,施之于行事而顺,然后为得。验于心而不然,施之行

---

① 《二程粹言》卷第一《论学篇》,《二程集》,第四册,第 1185、1194 页。
② 杨时:《龟山先生语录》卷四《萧山所闻》,《四部丛刊续编·子部》(据宋刻本影印),上海商务印书馆 1934 年出版。今本为上海书店重印。

事而不顺,则非所谓经义。"①这是强调在力行中成就事业,知行合一的教育、教学方法。他尖锐指出:"学校以分数多少校士人之文章,使之胸中日夕只在利害上,如此作人,要何用?"②《中庸》上说:"博学之,审问之,慎思之,明辨之,笃行之。"③这是学问思辨所以择善而为知,学而知,笃而行的全过程。二程认为这"学习"的次第五项缺一不可。杨时在教育、教学实践中就是这样做的。

上述杨时富有特色的教育思想,从"学而至圣",要培养圣人开始,到"学而致知"、"知止(知止即知至)力行"的全过程,其次序本之于《大学》上所说:"格物而后知至,知至而后意诚。意诚而后心正,心正而后身修。身修而后家齐,家齐而后国治。国治而后天下平。"④二程说,《大学》为"初学入德之门"。《大学》是"门户",《中庸》是圣学之"渊源",这成为理学家教育思想的核心所在。杨时毕生致力于传道解惑,热心于教育事业的思想亦就在于要培育人才,为治国平天下之大任服务,其功不可没。

---

① 《龟山先生语录》卷一《荆州所闻》,《四部丛刊续编·子部》(据宋刻本影印)上海商务印书馆1934年出版。今本上海书店重印。
② 《龟山先生语录》卷四《余杭所闻》,《四部丛刊续编·子部》。
③ 《四书集注·中庸》第二〇章,上册,第36页。
④ 《四书集注·大学》第一章,上册,第8—9页。

第七章　寓理于诗文、温厚自然的文学成就

　　杨时天资仁厚，涵蓄广大，是为程门灵利高材的首座大弟子。载道而南，推广师说，阐发道学，是为理学大师。他不仅是造诣高深的思想家、教育家，而且是著作等身的文学家。由于他作为理学家的崇高声望掩盖了他的文学成就，以至于较少有人就文学方面对他进行研究，这是杨时研究领域值得重视的问题。

　　杨时学问渊博，著述众多。他的文学成就，主要表现在两个方面：一是他的许多诗文作品（包括语录体散文）；二是他对诗文创作的观点和评论作者、作品所反映的文学思想。

第一节　众多诗文创作成就

　　杨时著述宏富，传世的《龟山先生集》有 16 卷、36 卷、35 卷、42 卷等多种版本。据不完全统计，在全国各大图书馆（包括省图书馆和有关大学图书馆以及日本内阁文库等馆）所藏至少有 20 种。其中，明万历十九年（辛卯，1591）林熙春刻本、清康熙四十六年（丁亥，1707）杨氏重刻本、清光绪五年（己卯，1879）重修，光绪九年（1883）延平府署刊本这三种版本为通行本。这三个版本都是 42 卷，基本上大同小异，唯光绪本加上卷首，有墓志铭、行状略、年谱、像赞等。清《四库全书》收录的《龟山集》是清顺治辛卯（八年，

1651）杨时裔孙杨令闻所刊，此与万历本完全一致。四川大学古籍整理研究
所编《全宋文·前言》说明，收入的《龟山集》以康熙本为底本，与万历本、四
库本对校。以《全宋文》收入的《龟山集》（《语录》不收录）为例，底本含文
原有 37 卷，加上另辑遗文十六篇（经核实，实际上所辑遗文只有 13 篇），共
编为 28 卷（即《全宋文》卷 2675—2702），第 124、125 册，文 378 篇。《龟山
集》内容丰富，实为杨时文学成就的具体体现。《四库全书总目》指出：文集
并"非空谈性命、不达世务之论"。"本不以文章见重，而笃实质朴，要不失
为儒者之言"。① 文集中，有忧国忧民、纵论治国平天下之道的奏札，针对时
弊、痛斥权奸、力排和议、关注时势安危的政论；谈今说古、论经讲史的经筵
讲义；记事叙情、写景状物、明快清适的散文特写；寄语怀人、沟通时务、研讨
学术的书信；实录历史、品评人物、追祖怀友的铭文祭词，等等。这些散文大
多是寓"理"于论、见解深刻、简明扼要、意义超卓的好文章。可以传世，历久
弥新。

　　杨时另有许多语录体散文传世。例如：宋刻本《龟山先生语录》②四卷，
两册共有语录 255 条，后录 23 条（有些语录是对龟山的评价，不计入《龟山
语录》）。这些语录，短的只有一句话几个字，长的实为深入浅出的简要论
文。《语录》谈经讲史，倡明道学，言简意深，理论精粹，比喻形象，诲人不倦，
富有文情诗意，有的直接议论诗文创作，很有见地。

　　杨时拜师程门，由洛归闽，搜集整理二程语录，编订为《二程粹言》两卷
十篇，共 883 条。这些语录，中华书局编辑部说他是"用比较文雅的语言将
二程（主要是程颐）的语录加以改写而成"。这是集中了二程精粹的语录，
包含了广大而精微的理学理论，是推广师说的再创作。张栻唯恐有人批评
这是效仿《语》《孟》之作。清代学者张伯行对《二程粹言》给予很高评价，张
伯行干脆说：即使把《二程粹言》"取而跻于《语》《孟》六经之列"，又"何愧

---

　　① 永瑢、纪昀等：《四库全书总目·龟山集提要》，《四库全书总目》卷一五六，集部别集九，下
册，第 1344 页。按：《四库全书总目》收入《龟山集》顺治本作庚寅（七年），相差一年。
　　② 杨时：《龟山先生语录》四卷，后录二卷，《四部丛刊续编》子部（据宋刻本影印，有张元济
《龟山语录跋》），上海商务印书馆 1934 年出版。

焉!"这么多语录,思想如此深邃精粹,没有深厚的文学功底是编写不出来的。这些语录体的散文,说是杨时优秀的文学精品实不为过。

此外,杨时创作有许多优美的诗歌作品。《龟山集》中,有诗五卷(卷三八至四二),218首。其中,有五言古风、七言古风、五言律诗、七言绝句等各体诗篇。《龟山集》清光绪本较它本多出诗8首,共226首。以北京大学古文献研究所编《全宋诗》为例,此本以清《文渊阁四库全书》所收《龟山集》为底本。此为清顺治本,与明万历年相一致。所收杨诗五卷,编为《全宋诗》第1144至1148卷,第19册,第12916—12959页,原集诗加上辑佚集外诗,共232首诗。如众所知,宋诗以议论入诗为一大特点。宋代理学家的诗更把宋诗这一时代特点作了更多的发挥,打上了理学的烙印。杨时作为理学大师,他的诗文自然带有理学气味,但他与众不同,诗文成就较高,诗歌作品清新自然,可咏可颂,颇有韵味,给人以启迪。例如,《龟山集》所收第一首诗《此日不再得示同学》,即以时光易过,"此日不再得"为题,勉励学生要珍惜时间,努力学习,注意修养,立志成材,给人一种积极向上的精神鼓舞,不失为"诗以言志"的好作品。又如,(清)厉鹗《宋诗纪事》所录杨时的四首诗,就是写景抒情、平淡而精思的好作品。请看这四首诗:

望湖楼①

斜日侵帘上玉钩,檐花飞动锦纹浮。

湖光写出千峰秀,天影融成十里秋。

翠鹬翻风窥浅水,片云随意入沧洲。

留连更待东窗月,注目晴空独倚楼。

观梅赠胡康侯

欲驱残腊变春风,惟有寒梅作选锋。

莫把疏英轻斗雪,好藏清艳月明中。

---

① 《龟山集》卷四一,原题为《望湖楼晚眺》。

藏春峡 为隐士吴仪作①

山衔幽径碧如环,一壑风烟自往还。

不是武陵流水出,残红那得到人间。

含云寺书事

蝶梦轻扬一室空,梦回谁识此身同?

窗前月冷松阴碎,一枕溪声半夜风。②

又,《龟山集》卷四一有秋晚偶成二首,其一:

纤纤晚雨洗秋容,庭树萧然策策风。

万籁自鸣群物外,四时长在不言中。

坐临流水襟怀冷,卧对浮云世虑空。

寂寞一廛吾自适,客嘲从更议扬雄。

这是描写置身于大自然之中,不以穷达贵贱为意的高尚人品,是平淡自然的好诗篇,反映他的文学思想和诗文风格。

再如,《龟山集》卷四二《浏阳五咏》:③

泗渊浩荡白鸥飞,老懒时来坐钓矶。

———————————

① 按:《龟山集》此处没有"为隐士吴仪作"这几个字。《藏春峡》在《龟山集》卷三八,六咏并序,说明藏春峡的由来。《暗香亭》以下四咏为七言绝句,在卷四二,即:《吴国华暗香亭》、《虚心亭》、《容照岩》、《藏春峡》。《全宋诗》第 19 册第 12950 页全录这四首诗。《藏春峡》诗在四咏最后一首。

② 以上四首诗引自(清)厉鹗辑撰《宋诗记事》卷二七,上海古籍出版社 1983 年出版,第 684 页。

按:《含云寺书事》原题是《含云寺书事六绝句》,这是"六绝"的最后一首。见《龟山集》卷四二,《文渊阁四库全书》影印本,第 1125 册,台北商务印书馆 1983 年出版,第 485 页。

③ 《龟山集》卷四二,《文渊阁四库全书》影印本,第 486 页。

岸帻行人聊自适,不应憔悴似湘纍。

——右渭水

帘卷晴空独倚栏,冥鸿点点有无间。

秋风注目无人会,时与白云相对闲。

——右归鸿阁

芙蓉洞尽蕙兰芳,杖履翛然一漫郎。

凫鹤短长宁复(一作无足)问,但知鹏鷃两相忘。

——右飞鷃亭

柔条踈蔓绿交加,烟锁云涵去路。

绣绂貂缨无处问,空余鸡犬两三家。

——右相公台

圣童去后水云门,陈迹难寻草木间。

独有微言传逸史,洞天寂寂(一作从此)在人寰。

——右洞阳孙思邈修真所

这是写景、记事、抒情,表现对大自然的洞察和思考,充分反映他在浏阳思想感悟的好诗篇。

第二节 文思卓越的文学思想

上述杨时大量诗文创作的文学成就,以下简要说明杨时的文学思想。胡安国在《杨文靖公墓志铭》中评价杨时渊博的学问和高尚的道德修养。称其"积于中者,纯粹而闳深,见于外者,简易而平淡"。这也可以用来概括杨时文艺思想的基本精神。他的文艺思想包括创作目的、表现手法、诗文风格等多方面,都有其卓越的见解,颇有文学家的风度。现仅就为什么创作、创作什么作品这两点来概要说明杨时的文艺思想。

杨时认为写作不是夸耀自己博学和才华,而是要"于世有补","蓄德而广业"。怎样才能做到这一点呢? 首先是作者要正心立志,注意自身的道德修养。正心求仁,是儒者道德修养的最高准则,理学家更注重这个准则。文艺作品应是作者道德人品的再现。《龟山语录》中有许多语录是教导学生要立志做学问。于文艺创作而言,"在心为志,发言为诗。情动于中,而形于言。言者,情之所发"。好作品,首先要看作者的好思想。所以,他提倡要学习《诗》三百篇,"止乎礼义",才能"所思无邪"。"无邪"的作品,才能于世有补,对人产生好的思想影响。他推崇赵清献(赵抃)的高尚人品,"吾知幼安非徒玩其辞翰而已,高山仰止,景行行止,将必有得于斯文也"。①

他又在《跋横渠先生书及康节先生人贵有精神诗》一文写道:"康节以书自喜,而士大夫多藏之以为胜。其字画端丽劲正,亦可观德也。"②说"大笔快意",精神可贵。在《跋贺仙翁亲笔诗》说:"其人不可得而见,读其诗,观其字画,亦足想见其人矣。"③杨时在这类文集、字画序跋中还有许多品评,充分反映了其文艺思想。

杨时不仅强调文艺作品的思想性、道德规范,而且很重视文艺作品的艺术性,即注意写作手法、表现风格。他崇拜陶渊明的诗,说"陶渊明诗所不可及者,冲淡深粹出于自然。若曾用力学,然后知渊明诗非着力之所能成"。④这是强调作品要冲淡自然,清切平易,不以雕琢为之。主张作品要"浑然天成"。而要做到这些,首先作者要对人生有透彻的觉悟。如众所知,陶渊明有隐逸的思想,而杨时却是信奉理学"内圣外王",有治国平天下的抱负。他欣赏陶渊明诗不是超越世外的隐逸之思,而是其对人性的彻悟,表现在作品

---

① 《龟山集》卷二六《跋赵清献公爱直碑》,清康熙本,第六册。
② 《龟山集》卷二六,清康熙本,第六册。
③ 同上。
④ 《龟山先生语录》卷一《荆州所闻》,《四部丛刊续编》子部(据宋刻本影印)。

中的平淡、自然、精粹,引人深思的表现手法,这正是杨时文学思想的高明之处。他在《杨希旦文集序》写道:"诗文清切平易,不以雕琢为工,贤之者亦足以想其风度云。"①他主张诗文作者要有温厚的思想感情,写出的作品才能使"闻之者自然感动"、"闻之者足以戒"。他赞颂其师明道先生诗文之温厚,有学者之大气。其实,他自己的诗文作品也是从这方面努力的,不愧为程门高第。

第三节　诗文辑佚简目

杨时诗文创作很多,收入《龟山集》(各种版本,尤以明万历本,清康熙、光绪本这三种版本基本上相一致)有诗 194 首,光绪本多出 8 首,共 202 首。北京大学古文献研究所编《全宋诗》,经过整理辑佚补遗诗 6 首,共有诗 208 首。杨时的文,原《龟山集》中有 362 篇,四川大学古籍整理研究所编《全宋文》,《前言》说明经过整理辑佚,辑得集外文 16 篇,共有文 378 篇。《全宋文》原说"辑得遗文"16 篇,经核查,有明确注明所辑出处的只有 13 篇。现将《全宋诗》《全宋文》辑佚的诗文目录记录如下,以便进一步探索研究之用。

《全宋诗》补遗诗六首:

一、登桐君山

二、读东坡和陶影答形

三、题清芬阁

四、初夏侍长上

五、郊行分韵得偕字

六、送行和杨廷秀韵

——《全宋诗》卷一一四八《杨时五》,第一九册,第 12958—12959 页。

---

① 《龟山集》卷二五,清康熙本,第六册。

原注：王云海整理，虞行补遗。

《全宋文》辑佚杨时遗文一三篇

第 124 册

一、《面对上徽宗疏》

《全宋文》卷二六七七，第 121 页，《宋史》卷四二八《杨时传》，又见《历代名臣奏议》卷六九，《宋元学案补遗》二五。

二、《论不可复近奄人疏》

卷二六七七，第 122 页，《宋名臣奏议》卷六三。

三、《论用人太易疏》

卷二六七七，第 123 页，《宋名臣奏议》卷一七。

四、《论父子天性宜一于诚疏》

卷二六七七，第 124 页，《宋名臣奏议》卷一〇。

五、《乞罢茶盐榷法疏》

卷二六七七，第 125 页，《宋名臣奏议》卷六三。

六、《论宣仁诬谤未明瑶华位号未复疏》

卷二六七七，第 127 页，《宋名臣奏议》卷二六、卷六〇。

七、《早间帖》

卷二六八三，第 244 页，《宝真斋法书赞》卷二三。

八、《请媒启》

卷二六八三，第 245 页，《婚礼新编》一。

九、《跋张元干集先祖手泽》

卷二六八五，第 276 页，《芦川归来集》附录。

一〇、《跋蔡襄自书诗帖》

卷二六八五，第 276 页，《宋蔡忠惠公自书诗真迹》，民国影印本。又见《经训堂法书》卷三《秋碧堂法帖》，《蔡襄书法史料集》，第 122 页。

第一二五册

一一、《沈夫人墓志铭》

卷二七〇二,第 128 页,《思贤录》卷三。

一二、《练逢墓志铭》

卷二七〇二,第 129 页,嘉靖《建宁府志》卷一五。

一三、《祭某人文》

卷二七〇二,第 138 页,《永乐大典》卷一四五四。

——以上《全宋文》第 124 册、第 125 册所辑杨时遗文 13 篇,均已注明出处。巴蜀书社 2006 年出版。

原注:刘文刚点校、辑佚。

第八章　宏富的著述概况[①]

　　杨时一生沉浮州县四十余年,不求显达,专志于学术研究。晚年虽曾居谏垣,兼任国子祭酒,官至龙图阁直学士致仕,终不见重用。其主要贡献在学术方面。他是北宋末南宋初最有影响的道学(即理学)家,是从二程到朱熹这一历史链条中最重要的环节,为伊洛道学南传的关键人物。然而,国内对杨时的系统研究却尚阙如。有些论著在述及程朱学派时,几乎没有例外地忽略了杨时这一关键的环节。有的为颂扬朱子,则把其祖师给遗忘或掩盖了,这既不符合历史实际,也很不公允。为此,今试就杨时的学术思想略作探索和评述,撰为《龟山学术述论》,全文有若干部分,各自独立为一篇文章。本文即《述论》中的一篇。

第一节　著 述 编 年

　　杨时天资颖异,自幼潜心经史,八岁能文,[②]号为"神童"。绚丽多彩的中国古代传统文化给他以丰富的滋养,上自孔、墨诸子百家(包括释、道的某些合理思想成分),下至宋代学者的言论和学术见解,杨时都有所选择地吸

---

① 本文原题《杨时著述考略》,现收入本书改今题。原文在二十多年前发表,现收入本书,不作增删修改,维持原状,以作纪念。
② 《道南源委》卷一"杨时"条。

取,尤特笃信发于晚唐五代、逐渐酝酿形成于北宋的道学。他自师礼二程
(程颢、程颐)之后,"沉浸经书,推广师说,穷探力索,务极其趣,涵蓄广大,
而不敢轻自肆也"。① 他嗜学如饥,皈依道学,把自己研讨中国古代文化典
籍和从二程师承下来的思想,融会贯通,辨证论述,或讲学,或著书,以传后
学。杨时一生著述宏富,奏章、论辩、杂著、题跋、序文、书启、诗歌、赞颂、墓
铭、祭词、答问、语录等论著,凡数百篇(首)。这些著述,或存或佚,有的收入
传世文集,有的阙如,待考。现以著述先后试作编年举例如下:

熙宁七年(1074)甲寅,二十二岁,讲学于故乡镛州(今属福建将乐)含
云寺,作《礼记解义》。

熙宁九年(1076)丙辰,二十四岁,登进士第。翌年,授汀州(治今福建
长汀)司户参军,以疾不赴,著《列子解》。

元丰四年(1081)辛酉,二十九岁,授徐州(今属江苏)司法。仰慕程颢学
术,遂赴颖昌(今河南许昌)拜程为师。撰有《见明道先生》。② 深得其师赏
识,每言"杨君最会得容易"。学成南归,程颢送他走之后说:"吾道南矣。"③

元丰五年(1082)壬戌,三十岁,居乡。有《寄明道先生其一》,④即问
《春秋》书;有五言古风《元丰壬戌岁暮书事》⑤等。

元丰六年(1083)癸亥,三十一岁,赴徐州司法任。八月,校所著《庄子
解》。有《寄明道先生其二》(复与明道论《春秋》书),《寄程二十三(明道先
生子)》其一、其二,⑥又有《与林志宁书》。

元丰八年(1085)乙丑,三十三岁,官徐州。六月,程颢逝世,作《哀明道
先生》。⑦

元祐元年(1086)丙寅,三十四岁,以继母丧居制。有《与吴国华别纸》

① 《杨龟山先生文集》卷首《(杨时)行状略》。
② 《杨龟山先生文集》卷一六。
③ 《伊洛渊源录》卷一〇《杨时·遗事》条。
④ 《杨龟山先生文集》卷一六。
⑤ 《杨龟山先生文集》卷三八。
⑥ 均见《杨龟山先生文集》卷一六。
⑦ 《杨龟山先生文集》卷二八。

《答吴国华》,往复书论王安石之学(即王氏新学)等书。

元祐三年(1088)戊辰,三十六岁,赴调虔州(今江西赣州市)司法,七月,还自京城,作《求仁斋记》①等文。

元祐六年(1091)辛未,三十九岁,以父丧居制。作《先君(杨埴)行状》。②

元祐七年(1092)壬申,四十岁,在家居制。四月,作《杨道真洞记》。③

元祐八年(1093)癸酉,四十一岁,赴调京师,旋授知潭州浏阳县(今属湖南)。五月,赴洛阳,师礼于程颐门下。"程门立雪"的故事,即在此时。④不久,程颐"复以罪流窜涪陵,其垂言立训,为世大禁,学者胶口无敢复道"。⑤杨时始终如一,恪守师道。后来,程颐自涪陵归,见当时学者凋落,多从佛学,独杨时和谢良佐不变,因赞叹曰:"学者皆流于夷狄矣!唯有杨、谢长进。"⑥世称杨时学术为程氏正宗。

绍圣元年(1094)甲戌,四十二岁,赴浏阳任。有《寄俞仲宽别纸》其一、其二,《寄翁好德》其一、其二,《与俞彦修(仲宽子)》其一、其二,《上毛宪》《寄毛宪》,《与游定夫》其一、其二、其三、其四、其五、其六⑦等书启,或论学,或议政。

绍圣二年(1095)乙亥,四十三岁,官浏阳。有《谢程漕(博文)》,《上提举》(议差役钱书)等。⑧

绍圣三年(1096)丙子,四十四岁,仍官浏阳。有《寄伊川先生》(论《西铭》书),又寄所著史论十篇与程颐,《答伊川先生》;⑨又为县治西北飞鹗亭作《归鸿阁记》,撰《孝思堂记》⑩等。翌年,又有《与州牧书》,为民乞米

---

① 《杨龟山先生文集》卷二四。

② 《杨龟山先生文集》卷二九。

③ 《杨龟山先生文集》卷二四。

④ 按:杨时赴洛阳拜师程颐,以往都记在元祐八年。近人最新考证,第一次在元祐三年,第二次在元祐八年。"程门立雪"故事在第一次。此文是二十多年前之作,此处不改。

⑤ 《杨龟山先生文集》卷二五《中庸义序》。

⑥ 《宋元学案》卷二五《龟山学案》,第二册,第955页。

⑦ 以上分见《杨龟山先生文集》卷一七、卷一八、卷一九。

⑧ 《杨龟山先生文集》卷一八。

⑨ 《杨龟山先生文集》卷一六,附有《伊川答论西铭》,可考见杨时与程颐书论《西铭》的学术思想。

⑩ 均见《杨龟山先生文集》卷二四。

赈饥。

元符元年(1098)戊寅,四十六岁,自浏阳归。七月,著《周易解义》。八月,赴京师。越年,十一月归家。

元符三年(1100)庚辰,四十八岁,居乡讲学含云寺。作勉学歌示诸生,即《此日不再得示同学》①等诗文。

建中靖国元年(1101)辛巳,四十九岁,差权建州建阳(今属福建)县丞,寻除荆州(治今湖北江陵)府学教授。有《与邹至完》书,②《乾明寺修造记》③等。

崇宁二年(1103)癸未,五十二岁,官荆州府学教授。作《书义序》《孟子义序》;④又有《答胡康侯》问学书(其一至其七)⑤等。

崇宁三年(1104)甲申,五十二岁,官荆州。自甲申四月至乙酉(崇宁四年,1105)十二月,有《龟山语录·荆州所闻》;⑥丙戌(崇宁五年1106)四月至六月,有《龟山语录·京师所闻》。⑦

大观元年(1107)丁亥,五十五岁,任余杭县(今属浙江)知县。有《跋横渠先生书及康节先生人贵有精神诗》(大观元年八月己卯)⑧等。丁亥三月至戊子(大观二年1108)三月以前,有《龟山语录·余杭所闻》。⑨

大观三年(1109)己丑,五十七岁,有《龟山语录·南都所闻》,四月自京都回到七月去。⑩ 翌年四月,授越州萧山(今浙江萧山)县知县。

政和元年(1111)辛卯,五十九岁,有《龟山语录·毗陵所闻》,七月十一

---

① 《杨龟山先生文集》卷三八。

② 《杨龟山先生文集》卷一九。

③ 《杨龟山先生文集》卷二四。

④ 《杨龟山先生文集》卷二五。

⑤ 均见《杨龟山先生文集》卷二〇。按:杨时与胡安国(文定)同出程门,关系密切,《杨龟山先生文集》收入《答胡康侯》17篇,为不同时间的书信。

⑥ 《杨龟山先生文集》卷一〇《语录一》;《龟山先生语录》卷一。

⑦ 《杨龟山先生文集》卷一一《语录二》;《龟山先生语录》卷二。

⑧ 《杨龟山先生文集》卷二六。

⑨ 《杨龟山先生文集》卷一一《语录二》、卷一三《语录四》;《龟山先生语录》卷二至卷四。

⑩ 《杨龟山先生文集》卷一三《语录四》;《龟山先生语录》卷四。

日自沙县来至十月去。①

政和二年(1112)壬辰,六十岁,在萧山任上。有《龟山语录·萧山所闻》,五月又自沙县来至八月去。②

政和四年(1114)甲午,六十二岁,由余杭徙居毗陵(今江苏常州)。在余杭著《中庸解义》,在毗陵作《中庸义序》《校正〈伊川易传〉后序》。③ 又有《题萧欲仁〈大学篇〉后》《跋贺方回〈鉴湖集〉》;④《答陈莹中》其一至其八。⑤ 其中,其二、其八是答陈莹中关于邵康节先天图易学的问题。

政和五年(1115)乙未,六十三岁,自毗陵归故乡。有《含云寺真祠遗像记》《资圣院记》⑥等。

宣和四年(1122)壬寅,七十岁,寓毗陵,转婺州(今浙江金华)权教授,继权通判。有《婺州新城记》、《翁行简(彦约)墓志铭》、《李修撰(李夔)墓志铭》⑦等。

宣和六年(1124)甲辰,七十二岁,寓毗陵。十月,以秘书郎召入京。有《御史游公(游定夫)墓志铭》等。

宣和七年(1125)乙巳,七十三岁,迁著作郎。三月,与执政札子《论时事》,提出对慎令、茶法、盐法、转般、籴买、坑冶、边事、盗贼、择将、军制等十项见解。⑧ 又有《钱忠定公墓志铭》⑨等文。七月十二日上殿,又上札子三道。十二月,复与执政札子《论金人入寇》其一、其二、其三。⑩

靖康元年(1126)丙午,七十四岁,在汴京(今河南开封),任著作郎兼

---

① 《杨龟山先生文集》卷一三《语录四》;《龟山先生语录》卷四。
② 同上。
③ 《杨龟山先生文集》卷二五。
④ 均见《杨龟山先生文集》卷二六。
⑤ 《杨龟山先生文集》卷一九。按:《杨龟山先生文集》卷首,《年谱》此处作"答邵康节论先天图易学等书问",误。
⑥ 均见《杨龟山先生文集》卷二四。
⑦ 分见《杨龟山先生文集》卷二四、卷三二。
⑧ 《杨龟山先生文集》卷四。
⑨ 《杨龟山先生文集》卷三三。
⑩ 《杨龟山先生文集》卷四。

侍经筵。正月《上钦宗皇帝其一》，针对当时金军兵临城下的严峻局势，提出五条对策，即乞立统帅，肃军政、谨斥堠、明法令，责宰执不忠，罢奄寺防城，谨号令等。二月八日，除谏议大夫兼侍讲，疏辞不允。二月十三日，《上钦宗皇帝其二》。① 时太学生诣阙上书，议者疑其书生邀乱，杨时上殿见钦宗说："诸生欲忠于朝廷耳，本无他意，但择老成有行义者为之长贰，即自定。"②钦宗遂命杨时兼任国子祭酒，稳定太学。二月十八日，杨时又《上钦宗皇帝其三》，极论不可专守和议，宜急命将出师抗金。接着，杨时又《上钦宗皇帝其四》，再论不可专守和议，不可惑于浮议，力主抗金；《上钦宗皇帝其五》，论证坚守太原为天下根本；《上钦宗皇帝其六》，抨击姚古等人逗留不肯用命，理当一以军法从事；《上钦宗皇帝其七》，抨击蔡京等人罪行，并提出所谓"王安石学术之谬"。还有《上渊圣皇帝疏》，论证民为邦本等治国安邦大计，提出"修政事，振军律，练兵选将，为战守之备"是当务之急。③ 可惜，宋廷并未采纳，终致"靖康之难"，北宋覆灭。杨时在靖康年间，除上述论著外，另有许多辞免本人官职的奏状，又撰《沙县陈谏议祠堂记》④等文。

建炎元年（1127）丁未，七十五岁，上书请除茶盐二法，力陈不可割地求和，主张抗金。

建炎二年（1128）戊申，七十六岁，冬十一月返镛州故乡。撰有《周宪之墓志铭》⑤等文。

建炎三年（1129）己酉，七十七岁，在龟山故居。有《张安时墓志铭》⑥等。第二年（建炎四年），七十八岁，上章告老，以龙图阁直学士致仕。

---

① 《杨龟山先生文集》卷一。
② 《杨龟山先生文集》卷首《〈杨时〉行状略》。
③ 以上《上钦宗皇帝》其一至其七《上渊圣皇帝》，均见《杨龟山先生文集》卷一。其中，《上钦宗皇帝》其七，《宋元学案》卷二五《龟山学案》、赵汝愚《国朝诸臣奏议》卷八三，以《上钦宗论王安石学术之谬》为题。
④ 分见《杨龟山先生文集》卷二、卷二四。
⑤ 《杨龟山先生文集》卷三六。
⑥ 《杨龟山先生文集》卷三七。

绍兴二年(1132)壬子,八十岁。有《答胡康侯其八》(即答胡给事问政事先后缓急书),①《跋诸公与徐仲车诗册》。② 又,《南剑州陈谏议祠堂记》③撰于建炎年四年(1130)以后,姑系于此。

绍兴三年(1133)癸丑,八十一岁。所著《三经义辨》(即《周礼辨疑》《毛诗辨疑》《书义辨疑》)、《日录辨》、《字说辨》等书完成。(按:杨时《答胡康侯其九》云:"《三经义辨》已成书,候脱稿,即附去以求参订也。")又,《答胡康侯其十四》云:"某近著《三经义辨》,正王氏之学谬戾处方就,俟脱稿纳去取正左右,庶可传后学也。"④这是说的《三经义辨》完成为专书而言,而杨时力排王安石新学则由来已久,从元祐元年《答吴国华》书论王氏之学,至此时已近五十年,故谓《三经义辨》等书并非本年所写,而是晚年成书。又,是年,有与胡安国书论《春秋》事,《答胡康侯其五》即有"录示《春秋》事"云云。

绍兴四年(1134)甲寅,八十二岁。有答胡安国关于《伊川先生语录》事(《答胡康侯其九·其十四》)⑤。

绍兴五年(1135)乙卯,八十三岁。撰《浦城县重建文宣王殿记》⑥等文。四月二十三日,有与李纲论性善之书。⑦ 四月二十四日,寿终正寝。杨时一生的学术活动长达六十多年,学术思想博大精深,为有宋一代大儒之一,很值得研究。

第二节　论著特点

杨时的论著围绕着一个中心,即阐扬道统、昌明道学、发展道学,弘扬传

---

① 《杨龟山先生文集》卷二〇。

② 《杨龟山先生文集》卷二六。

③ 《杨龟山先生文集》卷二四。

④ 《杨龟山先生文集》卷二〇。按:《杨龟山先生文集》卷六、卷七,载有《三经义辨》《神宗日录辨》《王氏〈字说〉辨》的内容,但似未全文收入。又,《龟山先生语录》中,亦有不少涉及这些书的观点和内容。

⑤ 《杨龟山先生文集》卷二〇。

⑥ 《杨龟山先生文集》卷二四。

⑦ 以上著述编年,参照《杨龟山先生文集》卷首,沈涵所编《年谱》,并以《杨龟山先生文集》核对。其著作详考,拟另撰述之。

统的学术文化,颇具特色。概言之,杨时著述的显著特点如下:

一、传道解惑,立言以明道

杨时有志于道,以传道为己任。他认为,道之不行已久。杨时说:"志学之士当知天下无不可为之理,无不可见之道。思之宜深,无使心支而易昏;守之宜笃,无使力浅而易夺,要当以身体之,以心验之。"①只有这样,才能达到"至道之归"。② 他又说:"国家开设学校,建师儒之官,盖将讲明先王之道以善天下,非徒为浮文以夸耀也。"③他讲学、著书、研讨学术问题无不以此为出发点。在杨时看来,"然则士固不患不知有志乎圣人,而特患乎不知圣人之所以学也"。④ 他的著述是针对当时学者存在的问题而发,反复阐述学道之方、至道的途径。他的老师二程曾指出:"今之学者有三弊,溺于文章,牵于训诂,惑于异端。苟无是三者,则将安归? 必趋于圣人之道矣。"⑤杨时在著述中反复论证的,既是推广师说,更是教人"必趋于圣人之道"的方法,在理论上有所发展。他强调要窥圣人之学,必先入门,然后可以"登堂睹奥"。否则,将是一事无成。这是传道解惑,引导学者"至道之归",体现他著书立说,要以明道为宗旨,对当时及其后道学的传承起着重要的催化作用。此为其著述的一大特色。

二、宣扬道统,昌明道学

杨时的论著总是围绕宣扬道统、昌明道学这个中心来进行。所谓道统,最早是唐儒韩愈提出的。韩愈认为,一脉相承的道统是由尧、舜、禹、汤传之文武、周公,文、武、周公传之孔子,孔子传之孟轲,轲之死,不得其传。⑥ 这

---

① 《杨龟山先生文集》卷二七《劝学》。
② 《杨龟山先生文集》卷一七《寄翁好德》其一。
③ 《杨龟山先生文集》卷二五《书义序》。
④ 《杨龟山先生文集》卷二五《与陈传道序》。
⑤ 《二程粹言》卷第一《论学篇》。
⑥ 《韩昌黎全集》卷一一《原道》。《四部丛刊初编》(据元刻本影印),商务印书馆1926年重印本。

种"道统论",适应于宋代"三教合一"潮流中酝酿着争正宗地位的需要,故为宋儒所承认,并加以发展。二程则制造舆论,以道统的传人自居。程颐为其兄程颢作墓表写道:"周公殁,圣人之道不行;孟轲死,圣人之学不传。道不行,百世无善治;学不传,千载无真儒。……先生生于千四百年之后,得不传之学于遗经,志将以斯道觉斯民,……使圣人之道焕然复明于世。"①程颐在所撰《易传序》、《春秋传序》中又吹嘘自己的著作是千载之后复明之学。杨时师承二程,他把道学与道统传承结合起来论证。他从《论语·尧曰篇》"允执其中"等语,来说明尧、舜、汤、武、孔、孟相承的道统和圣人之学。杨时说:"《论语》之书,皆圣人微言,而其徒传守之,以明斯道者也。故于终篇具载尧、舜咨命之言,汤武誓师之意,与夫施诸政事者,以明圣学之所传者,一于是而已。所以著明二十篇之大旨也。《孟子》于终篇亦历叙尧、舜、汤、文、孔子相承之次,皆此意也。"②同时,杨时又认为二程上承孟子,得其道统。他写道:"道之无传也久矣!孟子殁千有余岁,更汉历唐,……宋兴百年,……得圣人之道而传之者于吾先生",称程颢为"万世之师"。③ 又称程颐的《易传》也是不传之学。后来朱熹继承二程、杨时之说,从《论语·尧曰》和《尚书·大禹谟》找出"允执其中","人心唯危,道心唯微,唯精唯一"④等十六字,标为"道统心传",说明道统传之有自,这是一个发展。而杨时则是这个发展中的关节所在。《宋史·道学传》载,程颢讲"吾道南矣",即是说杨时是得其道统心传的正宗大弟子。正因为如此,杨时在著述中不承认韩愈是道统的传人,他认为韩愈虽有志于"道",但"其所学,则不过乎欲雕章镂句,取名誉而止耳"。⑤ 得"圣人不传之学"者只能是他的老师二程。更有甚者,杨氏还把张载的学术也说成是出于程氏。他写道:"横渠之学,其源出于程氏,

① 《伊洛渊源录》卷三《程颢》条。参见《宋史》卷四二七《程颢传》。

② 《四书集注·论语》卷一〇《尧曰篇》。

③ 《杨龟山先生文集》卷二八《哀明道先生》。

④ 《四书集注·中庸》卷首《中庸章句序》。

⑤ 《杨龟山先生文集》卷二五《与陈传道序》。

而关中诸生尊其书,欲自为一家,故余录此简以示学者,使知横渠虽细务必资于二程。"①张载的学术与二程有相同之处,更有所不同。说张载之学源于二程则非是,张载比二程年长十二三岁,属于长辈。张载是关学,二程为洛学,不存在张载之学出于程氏的问题。杨氏此说,无非为程门争道统"正位"而已。其实,从道学的渊源上说,韩愈以及和韩愈并时齐名的李翱,可说是先驱者。韩的《原道篇》和李的《复性书》所说的"道"、性理之论虽不成熟,却有先导之功。宋之二程、杨时、朱熹等人则将其理论道学化了。程、朱均以道统嫡传自居,这中间环节的杨时起着重要作用,而这正是杨时著述的又一特色。

三、倡纳《学》《庸》《语》《孟》四书要旨于道学轨辙——对道学理论的发展

此为杨时著述的核心,也是他对道学理论发展的重要贡献。

杨时说:"夫道学者,舍先圣之书,何求哉?譬之适九达之衢未知所之,《六经》能指其攸趣而已。"②他认为,"《六经》,先圣所以明天道,正人伦,致治之法也。其文自尧、舜历夏、周之季,兴衰、治乱、成败之迹,救敝通变、因时损益之理,皆焕然可考"。③要学道、传道,必先学圣人之书,《六经》即是指路的界标。同时,他又指出,要入"圣学"之门,进而学道、传道,《大学》《中庸》《论语》《孟子》这四书是最重要的,并借此加以阐扬发挥。杨时写道:

《大学》一篇,圣学之门户,其取道正经,故二程多令初学者读之。④

……故余窃谓《大学》者,其学者之门乎,不由其门而欲望其堂奥,非余所知也。⑤

---

① 《杨龟山先生文集》卷二六《跋横渠先生书及康节先生人贵有精神诗》。
② 《杨龟山先生文集》卷二〇《答胡康侯》其二。
③ 《杨龟山先生文集》卷二五《送吴子正序》。
④ 《龟山先生语录》卷二《余杭所闻》。参见《杨龟山先生文集》卷一〇。
⑤ 《杨龟山先生文集》卷二六《题萧欲仁〈大学〉篇后》。

《中庸》之书,盖圣学之渊源,入德之大方也。……子思之学,《中庸》是也。《孟子》之书,其源盖出于此。则道学之传,有是书而已。①

夫《论语》之书,孔子之所以告其门人,群弟子所以学于孔子者也,圣学之传其不在兹乎!②

《论语》之书,皆圣人微言,而其徒传守之,以明斯道者也。③

《孟子》一部书,只是要正人心,教人存心养性,收其放心。④

……孟子之功不在禹下。……世之学者因言以求其理,由行以观其言,则圣人之庭户可渐而进矣。⑤

这样,杨时便从昌明道学的总体上把《学》《庸》《语》《孟》四书串起来,视为学道、传道的最主要经典。在《四书》中,杨时特别注重《中庸》。他说:"孔子殁,群弟子离散分处诸侯之国,虽各以其所闻授弟子,然得其传者盖寡。……独曾子之后,子思、孟子之传得其宗。""然子思之学《中庸》,圣学所赖以传者也。考其渊源乃自曾子,则传孔子之道者,曾子而已。"⑥"余以谓圣学所传,具在此书,学者宜尽心焉。"⑦很清楚,杨时是以道统来辑合《四书》,诠解《四书》,把《四书》纳入道学轨道的。尤其是上述杨时对《论语·尧曰篇》"允执其中"那段语录的阐发,更是对道统论的新发展。所以,朱熹说杨时"理阐性命,学悟执中"。⑧ 同时,杨时又把"正心诚意"作为贯穿《四书》的主要思想,加以论证发挥。他说:"盖《大学》自正心诚意至治国平天下,只一理。此《中庸》所谓合内外之道也。"⑨《论语》没讲诚,是因为"《论语》之教人,凡言恭敬忠信所以求仁,而进德之事莫非诚也。《论语》示人以

---

①　《杨龟山先生文集》卷二五《中庸义序》。

②　《杨龟山先生文集》卷二五《论语义序》。按:康熙本《杨龟山先生文集》此处有异文(似刊印时乱板之故)。此据光绪七年重刊本。

③　《四书集注·论语》卷一〇《尧曰篇》注引杨时语。

④　《龟山先生语录》卷三《余杭所闻》。

⑤　《杨龟山先生文集》卷二五《孟子义序》。

⑥　《杨龟山先生文集》卷二五《中庸义序》;《杨龟山先生文集》卷一〇《语录·荆州所闻》。

⑦　《杨龟山先生文集》卷二六《题〈中庸〉后示陈知默》。

⑧　《杨龟山先生文集》(清光绪本)卷首《宋先儒杨文靖公画像赞》朱熹题赞。

⑨　《杨龟山先生文集》卷一一《语录·余杭所闻》;《龟山先生语录》卷二。

其入之之方,《中庸》言其至也。盖《中庸》子思传道之书,不正言其至则道不明,孔子所罕言,孟子常言之,亦犹是矣"。① 杨时认为,"《大学》之修身、齐家、治国、平天下,其本只是正心诚意而已"。而这与《孟子》所讲的"正人心,教人存心养性,收其放心"②也是一个道理。这对《四书》的诠解,可谓恰到好处。杨时环绕《四书》,写了《题萧欲仁〈大学〉篇后》、《中庸义序》、《论语义序》、《孟子义序》、《孟子解》,在经筵讲义中又写了《论语讲义》,还在书信和回答问题的众多语录中,不断辨证、阐述《四书》的精义所在。杨时的这些著述,上承北宋道学诸先生③的学术成果,下启吕本中、罗从彦、李侗、朱熹、张栻等学者对《四书》的重视和研究。吕本中说:"学问当以《孝经》《论语》《中庸》《大学》《孟子》为本,熟味详究,然后通求之《诗》《书》《易》《春秋》,必有得也。既自作主张,则诸子百家长处,皆为吾用。"④这可说是比较确切地表述了杨时重视的《四书》的学术真谛。杨时对《四书》的表章和诠解,对朱熹影响更深。朱熹的《四书集注》就是对杨时倡纳《四书》要旨于道学轨辙之思想的继承和发展。《四书集注》中引证了杨时的许多言论和观点。据陈荣捷统计,《四书集注》共引用三十二个学者的七百三十条语录,其中二程二百二十五条,尹焞九十条,杨时七十三条,⑤占第三位。朱熹所撰《四书集注》以道统传承为主干,以正心诚意作主线串连起来,这实际上是杨时思想的发挥。朱熹在《四书集注》终篇,即《孟子》卷七⑥之终末有一段说明。朱熹认为,孔、孟之道一千四百年之后,传之于明道先生(程颢),道统并未中断。言下之意,他(朱熹)自己又得自二程的嫡传。"故于篇终历序群圣之统,而终之以此,所以明其传之有在,而又以俟后圣于无穷也"。这与上

---

① 《龟山先生语录》卷二《京师所闻》;《杨龟山先生文集》卷一一。

② 《龟山先生语录》卷三《余杭所闻》。

③ 按:《宋史》卷四二七《道学一》把"表章《大学》《中庸》二篇,与《语》《孟》并行"归始于二程。此说囿于以二程为"正统"之论。似尚可再研究。

④ 《宋元学案》卷三六《紫微学案·西垣童蒙训》,第二册,中华书局1986年出版,第1234页。

⑤ 《从杨时到朱熹:宋代理学的传授和继承问题》,《中国史研究动态》1984年第7期,第28—32页,引陈荣捷统计。

⑥ 《四书集注·孟子》卷七。

述杨时对《论语·尧曰篇》所叙道统的次序,是一脉相承的。

由此可见,杨时著书立说,是以传授道学,宣扬道统为中心的,是二程"立言以明道"①的具体体现,且有新的发展。杨时不仅自己勤奋笔耕,写了许多著作,而且致力于整理、编辑二程语录和校订他们的著作。如所编《河南程氏粹言》(即《二程粹言》)上、下两部,分为论道、论学、论书、论政、论事、天地、圣贤、君臣、心性、人物等十篇,涉及二程学术的各个研究领域。开卷第一条语录谓"道外无物,物外无道"。② 依此立论,使《二程粹言》的内容和篇章结构保持哲理、伦理和政治三论相结合,一如二程。杨时又整理订正程颐的《伊川易传》,写了《校正〈伊川易传〉后序》,说明本书编辑经过及其重要性。书中指出:程颐"先生道学足为世师,而于《易》尤尽心焉,其微辞妙旨,有书不能传者"。③ 杨时编集二程的论著,既是实录,又是其心领神会的"再创作",体现了二程的治学道路,也反映了杨时本人著述的特色。杨时的著述(包括他为其师编集有关论著),表明他力图建立一个"一以贯之"的道学理论体系。这对道学理论的传承和发展是很有贡献的。宋人胡安国自称与杨时"谊兼师友",说杨时"乃继道之真儒"。④ 这是不为过誉的,至少当时学者是这个看法。

此外,杨时著述还有一个显著特色,即力排王安石新学。二程称杨时"于新学极精"。⑤ 这是北宋道学与王安石新学迭相崇黜的具体表现,既有政治的又有学术思想的不同论争。拙文《王安石新学简论》及《杨时与道学——龟山学术述论之一》等文中,已有论及,此不赘述。

第三节　传　世　文　集

杨时的文集,据旧序记载,原有"《龟山先生文集》三十五卷,不传于世

---

① 《二程粹言》卷第一《论道篇》。
② 同上。
③ 《杨龟山先生文集》卷二五《本序》。
④ 《杨龟山先生文集》(清光绪本)卷首《宋先儒杨文靖公画像赞》胡安国题赞。
⑤ 《河南程氏遗书》卷二(上),《二程集》,第二册,第28页。

久矣"。① 明学士程敏政（篁墩）从馆阁所藏宋本抄录杨时所著诗文、杂著，汇次为十六卷。弘治十五年（壬戌，1502），将乐县令李熙将程所录十六卷本，益以所得抄本之论谏付刊，即为明代始刻本。② 其后，常州东林书院刊本汇集为三十六卷，宜兴本又并为三十五卷。万历十九年（辛卯，1591），将乐县知县林熙春取常州沈晖抄本，分汇增补为四十二卷本（含传志、行状、年谱，实四十三卷，杨时文集始全）。再过六十年，即清顺治八年（辛卯，1651）有杨时裔孙杨令闻刊本（实为顺治七年庚寅汇集），其卷帙一仍万历本之旧。清修《四库全书》，文渊阁本所收即此本③。康熙四十六年（丁亥，1707），有杨时裔孙杨绳祖刊本，其后多次重刊，此为今通行本。

现据全国各大图书馆馆藏书目并尽可能核对原书，就杨时文集现存的各种不同版本著录如下，以备进一步考订。

一、《龟山先生集》十六卷

明弘治十五年（壬戌，1502），李熙刻本。另有弘治十五年李熙等刻递修本，清董增儒跋。

二、《龟山先生集》三十五卷　年谱一卷　附录一卷

明正德十二年（丁丑，1517），沈晖刻本。按：此即常州刻本。另有正德十二年沈晖刻本，李书勋跋。又，清丁丙跋，此本不全。

三、《龟山先生集》四十二卷

明万历十九年（辛卯，1591）林熙春刻本，有耿定力《龟山先生文集叙》[明万历十八年（庚寅1590）撰]，朱篁《龟山先生文集后跋》、李管《龟山先生文集后语》[万历十九年（辛卯，1591）闰三月撰]。另有万历十九年林熙

---

① 《杨龟山先生文集》卷首程敏政《文靖龟山杨先生文集序》。
② 《杨龟山先生文集》卷首李熙《序》。
③ 《龟山集·提要》，《文渊阁四库全书》本，第1125册，第101—489页。

春刻本,清丁丙跋、叶德辉跋、傅增湘跋等版本。

四、《龟山先生集》四十二卷

清顺治八年(辛卯,1651),杨令闻重刻本。按:此即万历十九年林熙春刻本之重刊。

五、《杨龟山先生全集》四十二卷　卷首一卷

清康熙四十六年(丁亥,1707),杨绳祖重刊本。有张伯行《杨龟山先生全集序》、杨笃生《宋龟山杨文靖先生文集序》、知将乐县事余瀍《重刊龟山杨先生文集序》、知延平府事章培基《重刻杨龟山先生文集序》等。

六、《杨文靖公全集》四十二卷　卷首一卷

清光绪五年(己卯,1879)重修本,有知延平府事张国正《补修宋杨文靖公全集序》,又汇集有康熙本张伯行等人所撰《序》。书后,有将乐县知县夏子镕跋。按:此本即据杨时二十六世裔孙杨缙廷所献,康熙四十六年杨氏刻本重修。

七、《宋儒杨文靖公全集》四十二卷　卷首一卷

清光绪七年(辛巳,1881)重刊本(道南祠玉华山馆藏版),有将乐县知县汪保驹《重刊宋儒杨文靖公全集书后》等跋,并摘要刊载前此有关各序、跋。按:此本有《宋先儒杨文靖公画像赞》,为康熙本所无。又光绪九年张国正刻本,实即此本。

八、《龟山集》四十二卷

清《四库全书》手抄本(见台北商务印书馆影印文渊阁本,上海古籍出版社缩印本)。按:此为上述杨令闻刊本之旧。

九、《杨龟山文集》六卷

清康熙四十八年(己丑,1709)正谊堂刻本。

十、《杨龟山先生集》六卷

《正谊堂全书》本。按:此即清同治五年(丙寅,1866)福州正谊书院刊本。又《丛书集成初编》本,即据《正谊堂全书》本排印,实与此本同。

十一、《龟山先生文集选》一卷

葛端调编次诸家文集二十二家。

十二、《杨龟山集选》一卷

黄茅冈四贤合璧①。

十三、《龟山先生语录》四卷后录二卷

《四部丛刊》续编本(据明翻宋本影印)。按:此本卷末有"后学天台吴坚刊于福建漕治";又有"正统戊辰(正统十三年,1448)仲夏在全溪义塾重装"。据晁公武《郡斋读书志·附志》著录四卷,无撰人名氏;陈振孙《直斋书录解题》则说是陈渊、罗从彦等人所记录的杨时言论,末卷为附录墓志、遗事,云云。今通行本《龟山集》四十二卷中,有语录四卷,文字与此本大同小异,然无附录。此本称"后录",所载皆他人论赞之语,无墓志、遗事,显与陈志所称不同。又晁、陈二志所记语录卷数虽同,而其刊本未见,不知是否同一版本。又此《龟山语录》(宋本)与《杨龟山先生文集·语录》有些文字不一样,张元济先生有《龟山语录校勘记》②,详加校订,可参阅。

---

①　以上参照四川大学古籍整理研究所编《现存宋人别集版本目录》,巴蜀书社1989年出版,第128—129页。按:有些版本并据原书序、跋订正。

②　详见《龟山先生语录》卷末。

　　总之,杨时著述宏富,学术思想博大精深,所涉面广,应各有专论。本文仅就其论著概况略作考述如上(有些著述编年及版本,目前尚未搞清的,留待将来再作考订补充)。其他各论,另有专文撰述之。

　　——原载《陈乐素教授诞辰九十周年纪念文集》,广东人民出版社1991年出版,第228—248页。又收入《慎思轩文存》,浙江大学出版社2017年出版,第323—335页。

第九章　杨龟山先生年表简编

　　杨龟山先生讳杨时,字中立,世称龟山先生。宋福建路南剑州将乐县人。其先祖可追溯至后汉太尉杨震"四知堂"弘农(陕西、河南交界处),杨氏为望族。据族谱推算,杨时为杨震公三十四世孙。其五世祖杨荣,唐末曾任西镛州(今福建将乐)司户。因避乱而定居西镛州龙池团(将乐县北封山支脉龟山下)。杨荣即为入闽(将乐杨姓)始祖。自皇祖而上,世代务农,至其父杨坦"始励子以学",之后家世业儒。

　　其父为人质直而信厚,是为忠厚老实农民。元祐五年(1090)十月戊戌以疾终于家,享年六十三(1028—1090)。其母陈氏,早卒。继母廖氏,六年卒。(见《龟山集》卷二九,《先君行状》)

　　宋仁宗皇祐五年(公元1053)癸巳,十一月二十五日(丙寅,1054年1月7日)巳时(上午9—11点),先生生于本宅。

　　至和元年(甲午,1054),先生二岁。

　　嘉祐元年(丙申,1056),先生四岁。天资聪异,常侍乡村教师身旁,始学诗书。

　　嘉祐四年(己亥,1059),先生七岁。

　　嘉祐五年(庚子,1060),先生八岁。七岁能诗,八岁能赋(宋文天祥《宋先儒杨文靖公画像赞》)。号称"神童",扬名乡里。

　　英宗治平元年《甲辰,1064》,先生十二岁。就学于镛州含云寺(旧制乡间私塾,相当于小学)。

治平四年(丁未,1067),先生十五岁,曾想游学邵武未成,潜心经史,学业有成。

神宗熙宁元年(戊申,1068),先生十六岁。

熙宁五年(壬子,1072),先生二十岁,预乡荐。

熙宁六年(癸丑,1073),先生二十一岁,赴京参加礼部试。因未遵科考程序,不第,补为太学生。返里,在家乡镛州含云寺讲学。

熙宁七年(甲寅,1074),先生二十二岁,仍讲学含云寺,作《礼记解义》。

熙宁八年(乙卯,1075),二十三岁,预太学荐,赴京参加科考。

熙宁九年(丙辰,1076),先生二十四岁,登(徐铎榜)进士第。

熙宁十年(丁巳,1077),先生二十五岁,授汀州(今福建龙岩长汀)司户参军,以疾不赴,著《列子解》。

元丰元年(戊午,1078),先生二十六岁,居乡。

元丰二年(己未,1079),先生二十七岁,居乡。

元丰三年(庚申,1080),先生二十八岁,赴调徐州。

元丰四年(辛酉,1081),先生二十九岁,授徐州(今属江苏)司法。以师礼见明道先生(程颢)于颍昌(今河南许昌),拜师从学。明道甚喜,每言曰:"杨君最会得容易。"及归,送之出门,谓座客曰:"吾道南矣"(朱熹《伊洛渊源录》卷一〇《遗事》第一条)。撰有《见明道先生》[明刻本《龟山先生全集》(以下简称"《龟山集》")卷一六]。

元丰五年(壬戌,1082),先生三十岁,居乡。有《寄明道先生其一》(即问《春秋》书,《龟山集》卷一六);有五言古风《元丰壬戌岁暮书事》(《龟山集》卷三八)。是年二月,长子杨迪生。

元丰六年(癸亥,1083),先生三十一岁,赴徐州司法任。八月,校所著《庄子解》。有《寄明道先生其二》(与明道先生复论《春秋》书),寄程郎二十三(明道先生子)其一、其二,《与林志宁书》(见《龟山集》卷一六)。

元丰七年(甲子,1084),先生三十二岁,官徐州。

元丰八年(乙丑,1085),先生三十三岁,官徐州。

三月,次子杨迥生。六月,闻明道先生逝世,在家设位祭奠,作《明道先生哀辞》(《龟山集》卷二八)。七月,清人所作《年谱》谓"继母丧,解官守制"。① 误也。

哲宗元祐元年(丙寅,1086),先生三十四岁,在家。有《与吴国华别纸》、《答吴国华》,往复书论王安石新学。

元祐二年(丁卯,1087),先生三十五岁。

元祐三年(戊辰,1088),先生三十六岁,赴调虔州(今江西赣州)司法。据申绪璐考证:元祐三年初,杨时已至河南,先到洛阳拜见程颐,又到河清县会见游酢,再与游酢到洛阳拜见程颐,"程门立雪"的故事即在此时。这是杨时第一次拜见伊川先生。② 七月,还自京师,作《求仁斋记》(《龟山集》卷二四)。

元祐四年(己巳,1089),先生三十七岁,官虔州司法。

元祐五年(庚午,1090)先生三十八岁,官虔州,十月,父杨埴卒,解官居制。

元祐六年(辛未,1091),先生三十九年,以父丧居制,作《先君(杨埴)行状》(《龟山集》卷二九)。这年,继母廖氏卒(《先君行状》明确记载)。

元祐七年(壬申,1092),先生四十岁,守父丧居制。四月,作《杨道真洞记》(《龟山集》卷二四)。

元祐八年(癸酉,1093),先生四十一岁。正月,父丧制满赴调。四月至京,迁瀛州(今属河北)防御推官。复授知潭州(今属湖南)浏阳县事。五月,杨时第二次以师礼见程颐(伊川先生)于洛阳。对此,南宋黄去疾编订《龟山年谱》有详细记载:五月十六日出京,十九日晚至洛阳,借宿长寿寺拜表院安下,留在伊川先生之侧十日。五月二十九日杨时到河南河清县会见游酢,六月五日又与游一同返洛见伊川先生。时间、地点记载很详尽,应是可信,没有问题。不久,程颐被贬流涪陵,杨时始终恪守师道,不愧为程门大

---

① 按:杨时《先君行状》明确写道,其父"再娶廖氏,(元祐)六年卒"。清人所作龟山《年谱》多种版本作"元丰八年七月,继母丧",应属误也。以此推论,有些问题也须考证。

② 按:此说亦有些问题,待考。暂时姑作如此。参见申绪璐《道南一脉考》,《中国哲学史》2012年第4期。

弟子。其后,程颐自涪陵归,见当时学者凋落。多从佛学,独杨时与上蔡(谢良佐)不变,因赞叹曰:"学者皆流于夷狄矣!唯有杨、谢长进。"(《伊洛渊源录》卷一〇《遗事》第一条,《朱子全书》,第 12 册,第 1061 页。《宋元学案》卷二五,《龟山学案》,第二册,第 955 页)。

绍圣元年(甲戌,1094),先生四十二岁,赴浏阳知县事。是年,《寄俞仲宽(顺昌令)别纸》其一、其二,《寄翁好德》其一、其二,《与俞彦修(仲宽子)》其一、其二,《上毛宪》、《寄毛宪》,《与游定夫》其一至其六等书启,议政、论学(见《龟山集》卷一七、卷一九)。

绍圣二年(乙亥,1095),先生四十三岁,官浏阳。有《谢程漕(愽文)》、《上提举》(议差役钱)等书启(见《龟山集》卷一八)。

绍圣三年(丙子,1096),先生四十四岁,官浏阳。五月,三子杨通生。有《寄伊川先生》(论《西铭》书),又寄所著史论十篇与程颐先生,《答伊川先生》(附有《伊川答论〈西铭〉》);又为浏阳县治西北飞鹮亭作《归鸿阁记》,有《石刻图记》,撰《孝思堂记》(以上见《龟山集》卷一六、卷二四)。在浏阳,还撰有浏阳五咏诗。

绍圣四年(丁丑,1097),先生四十五岁,仍官浏阳,有《与州牧书》,为民乞米赈饥救灾。

元符元年(戊寅,1098),先生四十六岁,归自浏阳。正月,长子杨迪生孙杨云。七月,著《周易解义》。八月,至京师。九月,游武夷山。

元符二年(已卯,1099),先生四十七岁,授无为军判官,十一月归家。

元符三年(庚辰,1100),先生四十八岁,在家乡含云寺讲学,作勉学歌示诸生,即《此日不再得示同学》等诗文(《龟山集》卷三八)。士人来乡拜师求学甚众。四月,四子杨适生。

徽宗建中靖国元年(辛巳,1101),先生四十九岁,差权建州建阳(今属福建建阳)县丞,寻除荆州(治今湖北江陵)府学教授。三月,沙县陈渊投书问学,冬还自建阳。有《与邹至完书》《乾明寺修造记》(《龟山集》卷一九、卷二四)。

崇宁元年(壬午,1102),先生五十岁。谏议大夫张舜民举荐为荆州教授,十二月到任。

崇宁二年(癸未,1103),先生五十一岁,官荆州。作《书义序》,《孟子义序》,《答胡康侯问学书》其一至其七,(共有不同时间答问学书十七篇)。见《龟山集》卷二五、卷二〇。

崇宁三年(甲申。1104),先生五十三岁,官荆州五月,长子杨迪(字显道)卒。杨迪(1082—1104)很有才华,问学伊川,有书信来往。仅二十三岁,英年早逝。《遵道墓志铭》是朱熹之父朱松所撰。《伊洛渊源录》卷一〇《遗事》第九条载有杨迪事迹。自甲申(崇宁三年)四月至乙酉(崇宁四年,1105)十二月,有《龟山语录·荆州所闻》67条[见《龟山先生语录》卷一,《四部丛刊续编》子部(据宋刻本影印);《龟山集》卷一〇《语录》一]。

崇宁四年(乙酉,1105),先生五十三岁,官荆州。七月,赴武昌考试。十一月。磨勘转宣德郎。

崇宁五年(丙戌,1106),先生五十四岁。奉敕差充对读官。转授余杭县知事。这年(丙戌)四至六月,有《龟山语录·京师所闻》33条(见《龟山先生语录》卷二,《龟山集》卷一一《语录》二)。

大观元年(丁亥,1107),先生五十五岁,任余杭知县。七月,五子杨造生。丁亥三月至戊子(大观二年,1108)三月以前,有《龟山语录·余杭所闻》前后共111条(见《龟山集》卷一一至一三;《龟山先生语录》卷二至四)。此为《龟山语录》中最多。余杭语录中,已有仲素(罗从彦),可见此时罗已在余杭拜杨时为师。八月己卯,有《跋横渠先生书及康节先生人贵有精神诗》(见《龟山集》卷二六)。

大观二年(戊子,1108),先生五十六岁,官余杭。差出越州考试,回县迁南京(今河南商丘)敦宗院宗子博士。三月,以八宝恩转奉议郎。

大观三年(己丑,1109),先生五十七岁,三月赴南京敦宗院任,四月讲书。有《龟山语录·南都所闻》已丑四月自京都回至七月去(《龟山集》卷一三《语录》四;《龟山先生语录》卷四)。

大观四年(庚寅,1110),先生五十八岁,任南京敦宗院。三月,磨勘转承议郎。四月,授越州萧山县(今浙江杭州萧山)知县。

政和元年(辛卯,1111),先生五十九岁,待调萧山。有《龟山语录·毗陇所闻》10条,辛卯七月十一日自沙县来至十月去(《龟山集》卷一三《语录四》;《龟山先生语录》卷四)。

政和二年(壬辰,1112),先生六十岁,官萧山县,有《龟山语录·萧山所闻》15条,壬辰五月又自沙县来至八月去(《龟山集》卷一三《语录四》,《龟山先生语录》卷四)。《宋史·道学二》杨时本传、清康熙四十五年沈涵所撰(杨时)《年谱》均载,罗从彦自(延平府)沙县来学。本年谱在上面丁亥(大观元年)余杭条提到仲素(罗从彦)已在余杭参加语录讨论。这里讲罗从彦由延平来,可能是指罗从彦跟随杨时自沙县来学。在萧山,有道南书院,杨时、罗从彦,游定夫等人都曾在道南书院任教。

政和三年(癸巳,1113),先生六十一岁。官萧山,冬,补满前任。

政和四年(甲午,1114),先生六十二岁。四月,磨勘转朝奉郎。六月,差提点均州(今湖北均县)明道观。十一月,奉敕由余杭县徙居毗陵(今江苏常州)。自此,杨时在毗陵,著书讲学,东南学者云集于此,创有东林书院,前后在毗陵聚徒讲学十年以上,教绩卓著。是年,在余杭著有《中庸解义》,在毗陵作《中庸义序》、《校正〈伊川易传〉后序》(《龟山集》卷二五)。又有《题萧欲仁〈大学篇〉后》、《跋方回〈鉴湖集〉》(《龟山集》卷二六);《答陈莹中》其一至其八(《龟山集》卷一九),其中,其二、其八是答陈莹中关于邵康节先天图易学的问题,并非《答邵康节论先天图易学》。邵康节(邵雍1011—1077)是杨时的前辈学者,在杨时未成名前逝世,不可能与杨时论学事。

政和五年(乙未,1115),先生六十三岁,提点均州明道观,寓毗陵。三月,孙杨云生曾孙杨礼,(杨云,《宋元学案》卷二五,《龟山学案》中有记载)。

政和六年(丙申,1116),先生六十四岁,提点均州明道观,寓毗陵。

政和七年(丁酉,1117),先生六十五岁,改除成都府国宁观,仍在毗陵。

重和元年(戊戌,1118),先生六十六岁,提点成都府国宁观,寓毗陵。六月,磨勘转朝散郎。

宣和元年(己亥,1119),先生六十七岁。官朝散郎,仍寓毗陵。

宣和二年(庚子,1120),先生六十八岁,寓毗陵。

宣和三年(辛丑,1121),先生六十九岁,寓毗陵。

宣和四年(壬寅,1122),先生七十岁,提点成都府国宁观,寓毗陵。转婺州(今浙江金华)权教授,继权通判。(沈涵编《年谱》,《龟山集》清康熙本、光绪本卷首附)有《婺州新城记》、《翁行简(彦约)墓志铭》、《李修撰墓志铭》(《龟山集》卷二四、卷三二)。

宣和五年(癸卯,1123),先生七十一岁,返毗陵。四月,磨勘转朝请郎。会宋使路允迪、傅墨卿出使高丽还,言国王问:"龟山先生安在?"二使谎答:"方如阙矣。"返,汇报朝廷,因召都堂审察,以疾辞(沈涵编《年谱》,《龟山集》清康熙本、光绪本卷首附)。

是年,差监常州市易务,公年几七十矣。胡安国在《龟山志铭辩》中,精辟分析说明:"今《志》何故削去'不就'二字,认为'此是他们未曾契勘古人出处大致'。若书'不就'两字,便小了龟山。……""今但只书差监市易务,公年几七十矣,即古人乘田委吏之比,意思浑洪,不卑小官之意,自在其中,乃是画出个活底杨龟山也。"(《伊洛渊源录》卷一〇,《朱子全书》第12册,第1054页)见解独特而公允。因此,历来有关杨时《年谱》或未载此事,或不书"不就"两字。

宣和六年(甲辰,1124),先生七十二岁,寓毗陵。冬十月,徽宗御笔召为秘书郎,仍令上殿。

宣和七年(乙巳,1125),先生七十三岁,迁著作郎。三月,《论时事札子》提出慎令、茶法、盐法、转般、籴买、坑冶、边事、盗贼、择将、军制等十项主张。七月十二日上殿,进札子三道。寻除迩英殿说书。十二月二十六日上《论金人入寇札子》其一、其二(均见《龟山集》卷四)。

靖康元年(丙午,1126),先生七十四岁,在汴京(今河南开封),任著作郎兼侍经筵。有《上渊圣皇帝疏》,论证民为邦本等治国安邦大计,提出"修政事,振军律,练兵选将,为战守之备"为当务之急。《上钦宗皇帝疏》其一,针对当时金军兵临城下的严峻局势,提出"乞立统帅、乞肃军政谨斥堠明法令、乞责宰执不忠、乞罢奄寺防城、乞谨号令"等五项对策。二月八日,除谏议大夫兼侍讲,疏辞不允。二月十三日上殿进《上钦宗皇帝疏其二》,时太学生诣阙上书,执政认为书生邀乱,张榜告示,意将镇压。先生上殿见钦宗说:"诸生欲忠于朝廷耳,本无他意,但择老成有行义者为之长贰,即自定。"钦宗遂命杨时兼任国子监祭酒(中央国立大学校长),隐定太学。二月十八日,先生又《上钦宗皇帝疏其三》,极论不可专守和议,急宜命将出师抗金。《上钦宗皇帝其四》再论不可专守和议,不可惑于浮议,力主抗金;《上钦宗皇帝其五》论征太原为天下根本,不可弃守;《上钦宗皇帝其六》抨击姚古等人逗留不肯用令,理当一以军法从事;《上钦宗皇帝其七》痛斥蔡京等人罪行,并提出所谓"王安石学术之谬,疏罢王安石配享孔庙"。(以上见《龟山集》卷一)。可惜,宋廷并未采纳,先生无可奈何,只好辞职,国子监祭酒一职亦罢。北宋终致覆灭。在宣和末、靖康初年间,先生另有许多辞免本人官职的奏状,疏请,是以证明先生为国为民的一片心意。这年,寻改给事中,力辞。除徽猷阁直学士,提举崇福宫,又力辞。直学士改为徽猷阁待制,提举崇福宫。先生陛辞,仍上书乞为战守备。

高宗建炎元年(丁未,1127),先生七十五岁。上书请除茶盐二法,力陈不可割地求和,主张抗金。七月,有《辞免召赴行在状》(《龟山集》卷二)。

建炎二年(戊申,1128),先生七十六岁。召除工部侍郎,辞。乞修《建炎会计录》。除龙图阁直学士,提举杭州洞霄官,赐对衣金带、紫金鱼袋。冬十一月,返镛州(今将乐)。撰有《周宪之墓志铭》等文(《龟山集》卷三六)。

建炎三年(己酉,1129),先生七十七岁,返镛州龟山故居(将乐县城封山支派龟山下)。有《张安时墓志铭》等(《龟山集》卷三七)。

建炎四年(庚戌,1130),先生七十八岁,居乡。上章告老,获准。转朝请大夫,仍除龙图阁直学士,赐紫金鱼袋致仕。又,《南剑州陈谏议祠堂记》(《龟山集》卷二四)撰于建炎四年以后,姑系于此。

绍兴元年(辛亥,①1131),先生七十九岁。居乡。

---

① 有将之断为"辛卯"者,误。

绍兴二年(壬子,1132),先生八十岁。有《答胡给事问政事先后缓急书》(即《答胡康侯其八》),《跋诸公与徐仲车诗册》(《龟山集》卷二,卷二六)。

绍兴三年(癸丑,1133),先生八十一岁。所著《三经义辨》(即《周礼辨疑》《毛诗辨疑》《书义辨疑》)、《日录辨》(即《神宗日录辨》)、《王氏字说辨》(均见《龟山集》卷六、卷七)等书完成。先生《答胡康侯其九、其十四》说明诸书完成情况。先生自元祐元年(1086)《答吴国华》书论王氏之学,至此时四十七年,力排王氏之学由来已久,《三经义辨》等书并非本年所写,而是晚年整理成书传世。又,是年,又与胡安国(胡康侯)书信往返论《春秋》事。尚书廖刚、建安章才邵来问学。

绍兴四年(甲寅,1134),先生八十三岁。胡安定自衡阳寄至《伊川语录》,先生答书(即《答胡康侯其九、其十四》),答胡康侯书共有十七篇(其一至其十七,《龟山集》卷二〇)。

绍兴五年(乙卯,1135),先生八十三岁。二月,作《浦城县学重修文宣王殿记》(《龟山集》卷二四)。三月十五日,与诸友相地于镛州之南山。四月二十三日,与忠定公李纲论性善之旨。四月二十四日(1135年6月7日)辰,寿终正寝,享年八十三。同年十月二十三日(1135年11月29日)葬于镛州水南之原鸟石排(将乐县,水南乌石山)。是年,宋高宗赐杨时左太中大夫,又赠太师、大中大夫,谥文靖。

绍兴十二年(壬戌,1142),追封杨时为吴国公。

度宗咸淳三年(丁卯,1267)八月,朝旨在将乐县北封山支派龟山脚下建"龟山书院",度宗御笔题匾"龟山书院"。仍诏郡县拨田优恤,春秋致祭。

明太祖洪武十三年(庚申,1380),敕将乐县重修龟山书院。

明宪宗成化元年(乙酉,1465),敕延平龙山建道南祠,祀杨时,罗从彦、李侗配享。

明孝宗弘治八年(乙卯,1495),追封杨时为将乐伯,从祀山东曲阜孔庙,位司马光下。

清圣祖康熙四十五年(丙戌,1706),康熙皇帝御笔题"程氏正宗",赐将乐龟山书院。

　　现杨时墓位于福建省将乐县城南郊乌石山麓,墓地面南背北,宽3
米,进深3.5米,入口处两尊石狮,墓碑上刻有"宋龟山文靖杨先生墓",为
明成化六年(庚寅,1470)巡按御史腾昭师所书。1985年10月,福建省人
民政府公布其为第二批省级文物保护单位,1986年12月立碑。1986年
初,省文化局、县政府拨款5.3万元整修杨时墓,墓前建有牌楼一座,古雅
雄伟,楼前匾题"倡道东南",后匾题"程氏正宗"。另建有"杨时纪念
馆"等。

辑自网络图片

辑自福建省将乐县"杨时纪念馆"

福建省第二批省级文物保护
单位——杨时墓

福建省将乐县城南郊杨时墓

福建省将乐县城南郊杨时墓
牌楼前區"倡道东南"

福建省将乐县城南郊杨时墓
牌楼后區"程氏正宗"

福建省将乐县城郊"杨时纪念馆"

第十章 杨时(龟山)研究资料

第一节 书刊资料(选辑)

一、龟山集篇名综录

明本称《龟山先生全集》,清四库本称《龟山集》(以下均称《龟山集》)。

杨按:《龟山集》有多种版本。明万历十九年(辛卯,1591),将乐县知县林熙春重刊本定为四十二卷。清《文渊阁四库全书》本所收《龟山集》为清顺治庚寅(七年,1650)杨时裔孙杨令闻所刊。据《四库全书总目·龟山集提要》说明,"其卷帙一仍熙春之旧云"。即《文渊阁四库全书》本的卷帙与明万历本一样,兼有两本的优点,故据以编制《龟山集篇名综录》,①以便检索有关杨时的研究资料。《龟山集篇名综录》全文如下:

龟山集卷一 上书 八篇

1. 上渊圣皇帝   第105—110页(此为文渊阁台北影印本的页码,下同)

2. 上钦宗皇帝其一 乞立统帅、乞肃军政   第110—113页

---

① 本《综录》根据原书逐卷逐页编录,并注明诗文卷数、篇(首)数和文渊阁(台北商务印书馆)影印本的页码,以便查找、核对有关资料。

谨斥嫉明法令、乞责宰执不忠、乞罢奄
寺防城、乞谨号令

龟山集卷二　奏状　二十七篇

八盗贼、九择将、十军制

龟山集卷二八　哀辞、祭文　十二篇

哀辞

祭文

龟山集卷二九　状述　二篇

龟山集卷三〇　志铭一　八篇

---

①　原注:详著之以备异日史氏采录焉。

---

① 按:这里二咏是咏归堂、老圃亭,暗香亭以下四咏在七言绝句。

龟山集卷三九　诗二　七言古风　二三首

以上《龟山集篇名综录》依据清《文渊阁四库全书》所收《龟山集》清顺治（七年）庚寅（1650）本 42 卷,有文 432 篇,语录 241 条,诗 218 首（包括六绝句作六首计算）。此为《文渊阁四库全书》影印本,台北商务印书馆 1983 年出版,第 1125 册,第 101—489 页。

诗文篇、首统计数字与本书所引其他书刊统计数字稍异,但总体上基本一致,反映了龟山先生论著概况,附此说明。

二、杨龟山先生年谱选目

1. 龟山先生文靖杨公（时）年谱一卷

（南宋）黄去疾撰 《龟山先生集》附 明正德刻本

又,《龟山先生文靖杨公年谱》

（南宋）黄去疾编 吴洪泽、尹波主编《宋人年谱丛刊》,第五册,四川大学出版社 2003 年出版

2. 龟山先生年谱一卷

不著撰人 《龟山先生集》附 清顺治八年（1651）杨令闻刊本

3. 杨龟山先生年谱一卷

（清）沈涵编　《杨龟山先生全集》卷首附　清康熙四十六年（1707）刊本，清光绪癸未（九年，1883），1974 年台北学生书局影印本

4. 龟山先生年谱一卷

（清）毛念恃编　清乾隆十年（1745）张坦重刊《延平杨罗李朱四先生年谱》本

5. 杨文靖年谱二卷

（清）张夏编　清刻本《龟山集》附

又，（清）毛念恃编《宋儒龟山杨先生年谱》、张夏补编《宋杨文靖公龟山先生年谱》，见于浩辑《宋明理学家年谱》第 2 册，北京图书馆出版社 2005 年出版

6. 杨龟山先生年谱考证一卷

（清）黄璋编　《藜照庐丛书》本

7. 龟山先生学行年表

林义胜编《杨龟山学术思想研究》，台湾师范大学国义研究所，1977 年印排。

8. 杨时年表

张金华编《朱熹与闽学渊源》，上海三联书店，1990 年出版。

以上参见王德毅编《中国历代名人年谱总目》（增订版），台北新文丰出版股份有限公司 1999 年出版，第 83—84 页；杭州大学图书馆资料组（杨渭生主编）《中国历代人物年谱集目》，1962 年出版，第 42—43 页；刘琳、沈治宏编著《现存宋人著述总录》，巴蜀书社 1995 年出版，第 62 页。又，申绪璐《道南一脉考》，《中国哲学史》2012 年第 4 期，第 1 页。

三、报刊资料索引

1. 龟山先生语录

张元济：《涉园序跋集录》，古典文学出版社 1957 年出版

按：《四部丛刊续编》本《龟山先生语录》附有张元济跋，记叙该书的有

关情况。

2. 杨时

傅武光:《中国历代思想家》1978 年第 5 期

3. 道南第一人——杨时

黎昕:《福建论坛》1982 年第 2 期

4. 简论杨时的理一元论思想

何乃川、张培春:《厦门大学学报》(哲学社会科学版)1984 年第 4 期

5. 从杨时到朱熹:宋代理学的传授和继承问题

〔美〕罗狮谷著,杨品泉摘译:《中国史研究动态》1984 年第 7 期

6. 杨时"理一分殊"说的特色及其对朱熹的影响

黎昕:《福建论坛》(文史哲版)1986 年第 2 期

7. 杨时哲学思想简论

卢广森,《中州学刊》1986 年第 6 期

8. 从《四书集注》看朱熹对杨时理学思想的批判和继承

黎昕:《福建论坛》1989 年第 1 期;人大复印报刊资料,《中国哲学史》1989 年第 1 期

9. 朱熹与南剑三先生

何乃川:《厦门大学学报》(哲学社会科学版)1989 年第 2 期

10. 杨时在理学上的地位

黎昕:《朱熹与闽学渊源——"延平四贤"学术讨论会专集》,1989 年出版

11. 从《四书集注》看朱熹与杨时

黎昕:《朱熹与中国文化》,学林出版社 1989 年出版

12. 论杨时对南传伊洛道统的贡献

洪波,《浙江学刊》1990 年第 1 期

13. 杨时略论

黎昕:《福建学刊》1990 年第 3 期

14. 从洛学到闽学——综论杨时、罗从彦、李侗哲学思想及其历史

作用

衷尔钜：《中州学刊》1991 年第 1 期

15. 杨时与道学——龟山述论之一

杨渭生：《国际宋史研讨会论文选集》，河北大学出版社 1992 年出版。

16. 杨时著述考略——龟山述论之五

杨渭生：《陈乐素教授(九十)诞辰纪念文集》，广东人民出版社 1992 年出版。

17. 杨时在湖南浏阳的史迹探考

杨艾湘：《湖南大学学报》1993 年第 1 期

18. 论杨时在思想文化史上的地位

刘树勋、陈遵沂：《福建论坛》1994 年第 2 期

19. 论"吾道南矣"——杨时倡道东南的历史功绩与当今价值

杨青、杨钊：《湖南师范大学社会科学报》1994 年第 4 期

20. 宋代闽中理学家诗文——从杨时到林希逸

陈庆元：《福建师大学报》1995 年第 2 期

21. 杨时倡道东南的历史功绩

杨青：《朱子学刊》1995 年总第 7 期

22. 杨时政治思想简论

王立端：《福建史志》2000 年第 3 期

23. 杨时政治思想述论

朱修春：《华中科技大学学报》(社会科学版)2003 年第 2 期

24. 杨时在中国文化史上的地位

蔡尚思：《纪念杨时诞辰九百五十周年专集》2003 年出版

25. 杨时的学术贡献

陈其芳：《纪念杨时诞辰九百五十周年专集》2003 年出版

26. 杨时生平思想

林海权：《纪念杨时诞辰九百五十周年专集》2003 年出版

27. 杨时的"理一分殊"学说发微

朱修春、林凤珍:《南昌大学学报》(人文社会科学版)2005年第36卷第2期

28. 社稷为重亲民为先——论杨时社会政治思想

刘京菊、鲍增军:《河北大学学报》(哲学社会科学版)2005年第4期

29. 论杨时理学思想中的佛学倾向

王建龙:《阴山学刊》2006年第1期

30. 试析杨时的"理一分殊"说思想

杨星:《岱宗学刊》2006年第4期

31. 道南一脉的传承特色

朱雪芳:《泉州师范学院学报》2006年第5期

32. 杨时《中庸》学思想及其对荆公新学的批判

王晓薇:《北方论丛》2006年第6期

33. 道南一脉——从杨时到李侗

朱雪芳:《船山学刊》2007年第2期

34. 杨时承洛启闽的理学思想

刘京菊:《中国哲学史》2008年第1期

35. "吾道南矣"——道南学派之考辨

刘京菊:《孔子研究》2008年第2期

36. 杨时对王安石新学的批判

刘京菊:《河北大学学报》(哲学社会科学版)2008年第3期

37. 杨时故里考辨

林海松:《东南学术》2008年第5期

38. 略论杨时与闽学

黄夏玉:《黑龙江史志》2009年第2期

39. 论杨时的后继者"东南三贤"理学思想之异同

潘富恩:《商丘师范学院学报》2009年第2期

40. 论杨时对武夷文学的贡献

杨国学:《武夷学院学报》2009年第6期

41. 论杨时在洛学到闽学中的作用

张品端:《武夷学院学报》2010 年第 1 期

42. 浅析杨时理本体论

牛耀锋:《太原大学学报》2010 年第 1 期

43. 杨时的文学思想

陈忻:《重庆师范大学学报》(哲学社会科学版)2010 年第 5 期

44. 杨时易学思想考论

詹石窗、李育富:《周易研究》2011 年第 1 期

45. 杨时教育思想及其现代价值

陶新宏:《"杨时教育思想与书院文化"学术研讨会论文汇编》,2011 年出版

46. 龟山杨时与东林书院关系考述

陈建生:《"杨时教育思想与书院文化"学术研讨会论文汇编》,2011 年出版

47. 杨时讲学与东林书院

朱文杰:《"杨时教育思想与书院文化"学术研讨会论文汇编》,2011 年出版

48. 龟山地处考辨——杨时故里考之一

胡鸣:《长江大学学报》2011 年第 3 期

49. 南迁三湖考辨——杨时故里考之二

胡鸣:《西南农业大学学报》(社会科学版)2011 年第 4 期

50. 杨时民本思想探微

陆翠玲:《湖南科技大学学报》2011 年第 6 期

51. 杨时理学的主要思想略论

朱学军:《顺德职业技术学院学报》2012 年第 1 期

52. 杨时的"学习"之道

王玲莉:《哲学研究》2012 年第 3 期

53. 论理学家杨时的文学创作成就

杨匡和:《三门峡职业技术学院学报》2012 年第 3 期

54. 道南一脉考

申绪璐:《中国哲学史》2012 年第 4 期

55. 杨时易论诀要

王巧生:《周易研究》2012 年第 6 期

56. 反求己身:杨时的格物路径

包传道:《福建论坛》2012 年第 8 期

57. 杨时与朱熹

邓天才:《朱子学与文化建设学术研讨会论文集》,2012 年出版

58. 杨时理学传承与朱熹——兼谈蔡尚思先生点评杨时

林欣:《朱子学与文化建设学术研讨会论文集》,2012 年出版

59. 杨时研究:四十年学术史回顾与展望

邹锦良:《船山学刊》2014 年第 2 期

60. 杨时著作版本源流考述

方序寿:《合肥学院学报》(社会科学版),2014 年第 31 卷第 4 期

61. 杨龟山学术思想研究

林义胜:《台湾师大国文研究所集刊》1978 年 6—22

62. 道南首介的杨时

董金裕:《孔孟月刊》1979 年第 17 卷 10 期

63. 杨龟山哲学思想评述

张永俊:《哲学论评》(台湾大学)1984 年第 7 期

64. 比论二程子理学思想的分歧——兼论杨龟山及谢上蔡之思想发展

张永俊:《哲学论评》(台湾大学)1986 年第 9 期

65. 龟山学脉之考察

蔡介裕:《孔孟月刊》1991 年第 30 卷 1 期

66. 杨龟山"本体宇宙论"之基本义旨

蔡介裕:《文藻学报》1996 年第 10 期

第二节 有关传记资料索引

一、《宋人传记资料索引》(节录)杨时条

杨时(1053—1135),字中立,将乐人。熙宁九年进士,调官不赴,学于程颢。颢死,复学于程颐。高宗即位,召为工部侍郎,丐外,以龙图阁直学士提举洞霄宫致仕,以著书讲学为事,东南学者,推为程氏正宗。朱熹张栻之学,其源皆出于时。绍兴五年四月卒,年八十三,谥"文靖",学者称"龟山先生"。有《二程粹言》及《龟山集》行于世

除工部侍郎制(浮溪集 11/12)

辞免除给事中恩命不允诏(翟忠惠集 1/5 下)

辞免除徽猷阁直学士恩命不允诏(翟忠惠集 1/6)

赠四官制(斐然集 13/22 下,南宋文范 11/9 下)

杨龟山中庸解序(龙川文集 14/1)

杨子讲义序(拙斋集拾遗/3)

十先生像序(石堂遗集 13/2)

书杨龟山帖后(朱文公文集 82/15 下)

书龟山杨先生帖(勉斋集 22/13)

书龟山杨先生家书(勉斋集 22/11)

龟山杨先生祠堂记(水心文集 10/1)

龟山杨谏议书画像记(南轩文集 10/14 下)

浏阳杨龟山像记(楚记 19/18 下)

崇明州学先贤祠堂记(吴都文粹续集 7/37 下)

南剑龟山书院记(须溪集 1/6 下)

龟山先生语录(罗豫章文集 10/23)

祭杨侍郎文(梁溪全集 165/10)

祭龟山先生文(韦斋集 12/9,新安文献志 46/1 下)

祭龟山先生文（默堂文集 21/9）

祭杨龙学文（高峯文集 12/14）

龟山先生墓志铭（龟山集卷首/5）

龟山先生行状略（龟山集卷首/13）

龟山先生年谱（龟山集卷首/16）

宋史 428/7 下

宋史新编 161/18 下

史质 98/73

皇朝道学名臣言行外录 8/1

伊洛渊源录 10/1

楚记 59/14 下

闽南道学源流 1/1—26

闽中理学渊源考 1/2 下

南宋文范作者考上/1

宋人轶事汇编/411

宋元学案 25/1

宋元学案补遗 25/1

宋诗纪事 27/6

咸淳临安志 51/8 下

咸淳毗陵志 14/8 下，18/4

杨龟山先生年谱一卷　清沈涵编 清顺治八年杨令闻分本龟山集附，清康熙三十四年杨氏刊本

龟山杨先生年谱一卷　清毛念恃编 延平四先生年谱本

杨龟山先生年谱考证一卷 清黄璋辑　藜照庐丛书本

父杨某（1028—1090），元祐五年卒，年六十三

先君行状（龟山集 29/1）

祖母朱氏（995—1077），熙宁十年卒，年八十三

杨母朱氏墓志（龟山集 30/1）

——辑自昌彼得、王德毅等编,王德毅增订《宋人传记资料索引》(全六册),第四册,中华书局 1988 年出版,第3113—3114 页

二、《宋人传记资料索引补编》(节录)杨时条

杨时 4/3113,一字行可

虎头岩纪(闽中金石志7/18)

嘉靖延平府志 14/4 下,15/2

嘉靖赣州府志 7/6 下,8/3

道光福建通志185/3

宋杨文靖公龟山先生年谱二卷,清张夏编,清康熙年间刊本

——辑自李国玲编纂《宋人传记资料索引补编》,第三册,四川大学出版社 1994 年出版,第1424 页

三、《现存宋人著述总录》(节录)杨时著述

杨时撰　龟山先生语录四卷,后录二卷

　　宋福建漕治刻本(北京)

　　续古逸丛书(据宋本影印)

　　四部丛刊续编(据宋刻本影印)

龟山先生语录四卷

　　元刻本(天津)

龟山先生集十六卷

　　杨时撰　明弘治五年李熙、金钻等刻递修本(北京、上海)

杨龟山先生集四十二卷

　　明万历十九年林熙春刻本(北京、上海)

　　清康熙四十六年杨氏重刻本(北京、上海、四川)

龟山集四十二卷

　　《四库全书》集部别集类

——辑自刘琳、沈治宏编著《现存宋人著述总录》,巴蜀书社 1995 年出

版,第97、241 页

四、《现存宋人别集版本目录》(节录)杨时著述

龟山先生集十六卷

　　明弘治十五年李熙、金钻等刻本递修本

　　北京　北大　南京　日本内阁文库

　　明弘治十五年李熙、金钻等刻递修本　清董增儒跋

　　上海

龟山先生集三十五卷年谱一卷　附录一卷

　　明正德十二年沈晖刻本

　　北京　北大　上海　复旦　吉林　吉林大学　南京　湖南

　　四川　日本御茶之水图书馆(缺卷五至十三)

明正德十二年沈晖刻本　李书勋跋

　　北京

明正德十二年沈晖刻本　清丁丙跋

　　南京

　　按:存卷一至三十。

龟山先生集四十二卷

　　明万历十九年林熙春刻本

　　北京　北大　清华　人民大学　北师大　　中央党校　科学院

　　社科院文学所　社科院历史所　上海　科学院上海分院

　　天津　山西师院　宁夏　山东　南京大学　浙江天一阁　江西

　　湖南　湖南社科所　中山大学　华南师院　广西柳州　南宁师院

　　重庆　陕西　日本尊经阁文库　内阁文库　国士馆大学楠本文库

　　米泽市图书馆　蓬左文库

明万历十九年林熙春刻本　清丁丙跋

　　南京

明万历十九年林熙春刻本　叶德辉跋

上海

明万历十九年林熙春刻本　傅增湘跋

北京

清顺治八年杨令闻重刻本

北京　首都　中央民院　北京文物局

辽宁　山西师院　日本内阁文库

杨龟山先生集四十二卷　卷首一卷

清康熙四十六年杨氏重刻本

北京　科学院　北大　上海　复旦　浙江　厦门　福建莆田

湖南　山东博物馆　山东大学　苏州　苏州大学　东北师大

河南　江西　陕西　四川　日本东京大学

清康熙四十六年刊光绪五年重修本

北京　首都　北大　科学院　上海　复旦　浙江　南京　江西

湖南师大　辽宁　吉林　四川

清光绪九年知延平府张国正刊本

人民大学　南京大学　安徽大学　浙江　江西　河南　日本京都大学

杨龟山文集六卷

清康熙四十八年正谊堂刻本

北大　山西　苏州大学

龟山集四十二卷四库全书(抄本、影印本、缩印本)

杨龟山先生集六卷

正谊堂全书

按:清同治五年福州正谊书院刊本。

丛书集成初编

按:据正谊堂全书本排印。

龟山先生文集选一卷

葛端调编次诸家文集二十二家

杨龟山集选一卷

黄茅岗四贤合璧

　　——辑自四川大学古籍整理研究所编《现存宋人别集版本目录》，巴蜀书社1989出版，第128—129页

五、《宋史人名索引》（节录）杨时条

杨时（中立）文靖、龟山、龟山先生

36/428/12738①

2/28/520

8/105/2551

11/157/3669

15/202/5046

15/202/5050

15/202/5068

15/202/5071

15/203/5115

15/203/5121

15/208/5372

30/327/10550

31/340/10848

31/345/10958

33/371/11522

33/374/11577

33/374/11578

33/374/11590

33/376/11629

33/376/11635

---

① 　此处标示的含义为：中华书局点校本第36册/《宋史》卷四二八《杨时本传》/第12738页。

33/379/11696

34/381/11736

34/389/11929

35/399/12124

36/428/12732

36/428/12735

36/428/12743

36/428/12744

36/428/12745

37/433/12858

37/435/12915

37/435/12916

37/435/12922

37/437/12971

37/438/12980

38/447/13195

38/455/13361

38/459/13463

38/459/13465

39/472/13732

——辑自俞如云编《宋史人名索引》（全四册），第二册，上海古籍出版社 1992 年出版，第 811 页

附录一　二程粹言

宋　杨　时

杨按:杨时所编《二程粹言》是他弘扬洛学,推广师说,发展理论极重要的一书。《二程粹言》初时两种版本(一说多种版本)在宋元时期都曾单独刊行,明清两代,人们才把它和程氏《遗书》《外书》《文集》《易传》合并刊行为《二程遗书》。清康熙时,张伯行把《二程粹言》收入福州《正谊堂全书》并作《序》。北京中华书局编辑部经研究确认:《二程粹言》(即《河南程氏粹言》)为"宋龟山杨时订定,宋南轩张栻编次"。这个版本收入《二程(程颢、程颐)集》第四册第1167—1272页,并收入张栻在南宋乾道丙戌(1166)正月十八日所作《河南程氏粹言序》。

《二程粹言》为杨时编订,这是集理学之大成者朱熹确认的二程至精至粹语录,实为研究二程思想和研究杨时的第一手珍贵资料,故辑录于此。

河南程氏粹言序

宋　张　栻

河南夫子书,变语录而文之者也。余得诸子高子,其家传,以为是书成于龟山先生。龟山,河南之门高弟也,必得夫心传之妙。苟非其人,差毫厘而千里谬矣。余始见之,卷次不分,编类不别,因离为十篇,篇标以目,欲其统而要,非求效夫《语》《孟》之书也。昔文中子所得粹矣,《中说》类多格言,乃门弟子所录。后之病《中说》者,谓其拟《论语》为僭,是岂文中子意哉?余于是书,亦虑后世有以议夫子也,故辄记其始末。若夫子之道,日月其明,泰山其高,江海其大也,岂后学所能形容?夫子姓程,讳某,字正叔。夫子之兄,讳某,谥明道先生,亦时有言行录于其间。乾道丙戌,正月十有八日,南轩张栻序。

河南程氏粹言卷第一

论道篇

子曰:道外无物,物外无道。在父子则亲,在君臣则敬。有适有莫,于道已为有间,又况夫毁发而弃人伦者乎?

子曰:立言,所以明道也。言之,而知德者厌之,不知德者惑之,何也?由涉道不深,素无涵蓄尔。

子曰:传道为难,续之亦不易。有一字之差,则失其本旨矣。

或谓惟太虚为虚。子曰:无非理也,惟理为实。或曰:莫大于太虚。曰:有形则有小大,太虚何小大之可言?

子曰:有者不可谓之无。犹人知识闻见,历数十年之后,一旦念之,昭昭然于心,谓之无者非也,谓之有者,果安在哉?

或问:诚者,专意之谓乎?子曰:诚者实理也,专意何足以尽之?吕大临曰:信哉!实有是理,故实有是物;实有是物,故实有是用;实有是用,故实有是心;实有是心,故实有是事。故曰:诚者实理也。

或问:介甫有言,尽人道谓之仁,尽天道谓之圣。子曰:言乎一事,必分为二,介甫之学也。道一也,未有尽人而不尽天者也。以天人为二,非道也。子云谓通天地而不通人曰伎,亦犹是也。或曰:乾天道也,坤地道也,论其体则天尊地卑,其道则无二也。岂有通天地而不通人?如止云通天文地理,虽不能之,何害为儒?

子曰：上天之载，无声无臭之可闻。其体则谓之易，其理则谓之道，其命在人则谓之性，其用无穷则谓之神，一而已矣。

子曰：阴之道，非必小人也，其害阳，则小人也，其助阳成物则君子也。利非不善也，其害义则不善也，其和义则非不善也。

子曰：诚则无不敬，未至于诚，则敬然后诚。

子曰：诚无不动者：修身则身正，治事则事理，临人则人化，无往而不得，志之正也。

或问：子所定昏礼，有婿往谢之仪，何谓也？子曰：是时也。以今视古，气之淳漓不同矣。今人之寿夭貌象，与古亦异，而冕服俎豆，未必可称也。圣人之主化，犹禹之治水耳，宜顺之而不逆，宜遵之而不违。随时之义，亦因于此焉。

子曰：天下之害，皆以远本而末胜也。峻宇雕墙，本于宫室；酒池肉林，本于饮食；淫酷残忍，本于刑罚；穷兵黩武，本于征伐。先王治其本者，天理也；后王流于末者，人欲也。损人欲以复天理，圣人之教也。或曰：然则未可尽去乎？曰：本末，一道也。父子主恩，必有严顺之理；君臣主敬，必有承接之仪；礼逊有节，非威仪则不行；尊卑有序，非物采则无别。文之与质，相须而不可缺也。及夫末胜而本丧，则宁远浮华，而质朴之为贵尔。

子曰：纯于敬，则己与理一，无可克者，无可复者。

子曰：质必有文，自然之理也。理必有对，生生之本也。有上则有下，有此则有彼，有质则有文。一不独立，二必为文。非知道者，孰能识之？

子曰：佛者之学，若有止则有用。

子曰：观生理可以知道。

子曰：至诚感通之道，惟知道者识之。

子曰：仁道难名，惟公近之，非指公为仁也。

子曰：圣人以生死为常事，无可惧者。佛者之学，本于畏死，故言之不已。下愚之人，故易以其说自恐。至于学禅，虽异于是，然终归于此，盖皆利心也。或曰：本以利心得之耶？抑亦利心求之而有失也？子曰：本以利心得之，故学者亦以利心失之也。庄生所谓无常化者，亦若是尔。

　　韩侍郎曰：道无真假。子曰：既无真，则是假尔；既无假，则是真矣。真假皆无，尚何有哉？必曰是者为真，非者为假，不亦显然而易明乎？

　　子谓门人曰：于佛氏之说，不必穷也。苟欲穷之，而未能穷，则己与之俱化矣。曰：然则何以能不疑？曰：曷不以其迹考之？其迹如是，其心何如哉？岂可取其迹而不求其心，探其心而不考其迹也？心迹犹形影，无可判之理。王仲淹之言非也。助佛氏之说者，必曰不当以其迹观之，吾不信也。

　　子曰：义利云者，公与私之异也。较计之心一萌，斯为利矣。

　　子曰：便儇佼厉之人，去道远而。

　　子曰：公者仁之理，恕者仁之施，爱者仁之用。子厚曰：诚一物也。

　　子曰：苟非至诚，虽建功立业，亦出于事为浮气，其能久乎？

　　或问：学者多流于释氏之说，何也？子曰：不致知也。知之既至，孰得而移之？知玉为宝，则人不能以石乱之矣；知醴之为甘，则人不能以糵乱之矣；知圣人之为大中至正，则释氏不能以说惑之矣。

　　或谓：佛氏所谓定，岂圣人所谓止乎？子曰：定则忘物而无所为也。止则物自付物，各得其所，而我无与也。

　　子曰：天地不相遇，则万物不生；君臣不相遇，则政治不兴；圣贤不相遇，则道德不亨；事物不相遇，则功用不成。遇之道，大矣哉！

　　子曰：至公无私，大同无我，虽眇然一身，在天地之间，而与天地无以异也，夫何疑焉？佛者厌苦根尘，是则自利而已。

　　子曰：能明善，斯可谓明也己。能守善，斯可谓诚也。

　　或问：孝悌为仁之本与？子曰：行仁自孝弟始，孝弟，仁之事也。仁，性也；孝弟，用也。谓孝弟为行仁之本则可，直曰仁之本，则不可。

　　或问：仁与圣何以异？子曰：仁，可以通上下而言。圣，名其极也。有人于此，一言一行仁矣，亦可谓之仁而不可谓之圣。至于尽人道者，必谓之圣，而亦可谓之仁。

　　子曰：仁者，天下之正理。失正理，则无序而不和。

　　或问敬。子曰：主一之谓敬。何谓一？子曰：无适之谓一。何以能见一以主之？子曰：齐庄整敕，其心存焉。涵养纯熟，其理著矣。

子曰:忠恕犹曰中庸,不可偏举。

子曰:至诚事亲则成人子,至诚事君则成人臣,无不诚者,故曰诚者自成也。

或问:中庸可择乎?子曰:既博学之,又审问之,又谨(慎)思之,又明辨之,所以识中庸之理而不差忒,奚为而不择?

子曰:存道者,心无老少之异;行道者,身老则衰。故孔子曰:吾衰也久矣。

子曰:仁者必爱,指爱为仁则不可。不仁者无所知觉,指知觉为仁则不可。

子曰:可欲莫如善,以有诸己为贵。若存若亡焉,而不为物所诱、俗所移者,吾未之见也。

子曰:敬以直内,义以方外,仁也。不可曰以敬直内,以义方外。谓之敬义者,犹曰行仁义云耳,何直之有?所谓直也者,必有事而勿正心是也。敬以直内,义以方外,与物同矣,故曰敬义立而德不孤,推而放诸四海而准。

子曰:守道当确然而不变,得正则远邪,就非则违是,无两从之理。

子谓学者曰:夫道恢然而广大,渊然而深奥,于何所用其力乎?惟立诚然后有可居之地。无忠信,则无物。

子曰:理素定,则能见几而作。不明于理,何几之能见?

或问:四端不言信,何也?子曰:有不信,故言有信。譬之四方,其位已定,何不信之有?若以东为西,以南为北,斯不信矣。是故四端不言信。

刘安节问:仁与心何异?子曰:于所主曰心,名其德曰仁。曰:谓仁者心之用乎?子曰:不可。然则犹五谷之种,待阳气而生乎?子曰:阳气所发,犹之情也。心犹种焉,其生之德,是为仁也。

子曰:敬则无间断,文王之纯如此。

子曰:礼者人之规范,守礼所以立身也。安礼而和乐,斯为盛德矣。

子曰:无道而得富贵,其为可耻,人皆知之;而不处焉,惟特立者能之。

子曰:子厚以清虚一大名天道,是以器言,非形而上者。

子曰:今之语道者,语高则遗卑,语本则遗末。孟子之书,虽所记不主一端,然无精粗之分,通贯言之,蔑不尽者。

子曰:凡志于求道者,可谓诚心矣。欲速助长而不中理,反不诚矣。故求道而有迫切之心,虽得之,必失之。观天地之化,一息不留,疑于速也;然寒暑之变极微,曷尝遽哉?

子曰:语默犹昼夜尔,死生犹古今尔。

子曰:仁则一,不仁则二。

子曰:一德立则百善从之。

子曰:无一亦无三。故曰三人行则损一人,一人行则得其友,是二而已。

子曰:天以生为道。

或问:理义何以异? 子曰:在物为理,处物为义。

子曰:形而上者,存于洒扫应对之间,理无小大故也。

子曰:理有盛衰,有消长,有盈益,有虚损。顺之则吉,逆之则凶。君子随时所尚,所以事天也。

子曰:理善莫过于中。中则无不正者,而正未必得中也。

或问仁。子曰:圣贤言仁多矣,会观而体认之,其必有见矣。韩文公曰:博爱之谓仁。爱,情也;仁,性也。仁者固博爱,以博爱为尽仁,则不可。

或问:何谓忠? 何谓恕? 子曰:维天之命,于穆不已。忠也。天地变化草木蕃,恕也。

子曰:不偏之谓中。一物之不该,一事之不为,一息之不存,非中也,以中无偏故也。此道也,常而不可易,故既曰中,又曰庸也。

或问:商开丘之事,信乎? 子曰:大道不明于天下,庄、列之徒窥测而言之者也。

或曰:蹈水火白刃而无伤,巫师亦或能之,岂在诚乎? 子曰:彼以邪心诡道为之,常怀欺人之意,何诚之有? 曰:然则其能者何也? 子曰:西方有幻术焉,凡其所谓变化神通以骇众人之耳目者,皆幻也。巫师所能,乃其余绪耳。

子曰:异端之说,虽小道,必有可观也。然其流必害,故不可以一言之中、一事之善,而兼取其大体也。夫杨、墨亦是尧、舜而非桀纣,其是非岂不当乎? 其所以是非之意,盖窃吾之似,欲成其说耳。

子曰:介甫之言道,以文焉耳矣。言道如此,己则不能然,是己与道二也。夫有道者不矜于文学之门,启口容声,皆至德也。

子曰:世之学者,未尝知权之义,于理所不可,则曰姑从权,是以权为变诈之术而已也。夫临事之际,称轻重而处之以合于义,是之谓权,岂拂经之道哉?

或问:信在四端,犹土王四季乎?子曰:信无在,无不在。在《易》则至理也,在《孟子》则配道义之气也。

或问:夫子曰有以发之中,有未发之中,中有二耶?子曰:非也。发而中节,是亦中也。对中而言之,则谓之和可也,以其发故也。

子谓子厚曰:道者天下之公也,而学者欲立私说,何也?子厚曰:心不广也。子曰:彼亦是美事,好而为之,不知乃所当为,强私之也。

子曰:因人情而节文之者,礼也;行之而人情宜之者,义也。

或问:喜怒哀乐未发之时,耳无所闻,目无所见乎?曰:虽无闻见,而闻见之理自存。汝于静也何如?对曰:谓之有物则不可,然昭昭乎有所知觉也。子曰:有是觉,则是动矣。曰:夫子于喜怒哀乐之未发也,谓静而已乎?子曰:汝必从事于敬以直内,则知而得之矣。曰:何以未发言中?子曰:敬而无失,所以中也。凡事事物物皆有自然之中,若俟人为布置,则不中矣。

子曰:或言方有内外,是有间矣。道无间,方无内外。

或问:何谓时中?子曰:犹之过门不入,在禹、稷之世为中也,时而居陋巷,则过门不入非中矣。居于陋巷,在颜子之时为中也,时而当过门不入,则居于陋巷非中矣。盖以事言之,有时而中;以道言之,何时而不中也?

或问:外物宜恶诸?子曰:于道而无所见,则累与恶皆不得免焉,盖亦原其当有当无尔。当有也,何恶之有?当无也,何绝之有?

子曰:礼者,理也,文也。理者,实也,本也。文者,华也,末也。理文若二,而一道也。文过则奢,实过则俭。奢自文至,俭自实生,形影之类也。

子曰:昔圣人谓立人之道曰仁与义。仁者人也,亲亲为大。唯能亲亲,故自吾老幼以及人之老幼。义者宜也,尊贤为大。唯能尊贤,故贤者在位,能者在职。仁义,尽人之道矣。

子曰:视听言动一于礼谓之仁。

子曰:信不足以尽诚,犹爱不足以尽仁也。

子曰:昼夜者,死生之道也。知生之道,则知死矣。尽人之道,则能事鬼矣。死生、人鬼,一而二、二而一者也。

子曰:仕止久速,惟其可,不执于一,故曰:君子而时中也。喜怒哀乐之未发,寂然不动,故曰:天下之大本也。

子曰:能尽饮食言语之道,则能尽出处去就之道矣。能尽出处去就之道,则能尽死生之道矣。其致一也。

子曰:有形皆器也,无形惟道。

子曰:凡执守不定者,皆不仁也。

子曰:释氏言定,异乎圣人之言止。夫于有美恶因而美恶之,美恶在物,我无心焉。苟曰吾之定,不预于物,然物未尝忘也。圣人曰止,随其所止而止之,止其所也。

子曰:中无定方,故不可执一。今以四方之中为中,则一方无中乎?以中外之中为中,则当外无中乎?故自室而观之,有室之中,而自堂观之,则室非中矣。自堂观之,有堂之中,而自庭观之,则堂非中矣。

子曰:集义生气。方其未养也,气自气尔;惟集义以生,则气与义合,无非道也。合非所以言气,自其未养言之也。

或问:集义必于行事,非行事则无所集矣。子曰:内外一事,岂独事欲合义也?

又问:敬以直内,其能不用意乎?子曰:其始,安得不用意也?久而成焉,意亡矣。又问:必有事焉者,其惟敬而已乎?子曰:敬以涵养也,集义然后为有事也。知敬而不知集义,不几于兀然无所为者乎?

子曰:佛氏之道,一务上达而无下学,本末间断,非道也。

子曰:杨、墨之害,甚于申、韩,佛氏之害,甚于杨、墨。

子曰:《论语》所载,其犹权衡尺度欤!能以是揆事物者,长短轻重较然自见矣。

子曰:敬则虚静,而虚静非敬也。

子曰：一不敬，则私欲万端生焉。害仁，此为大。

子曰：仁者以天地万物为一体，莫非我也。知其皆我，何所不尽！不能有诸己，则其与天地万物，岂特相去千万而已哉？

子曰：仁孝之理，备于《西铭》之言。学者斯须不在，是即与仁孝远矣。

子曰：无不敬者，对越上帝之道也。

子曰：顺理则无忧。

子曰：老子语道德而杂权诈，本末舛矣。申、韩、张、苏皆其流之弊也。申、韩原道德之意，而为刑名，后世犹或师之。苏、张得权诈之说而为纵横，其失益远矣，今以无传焉。

或问：释氏有事事无碍，譬如镜灯，包含万象，无有穷尽也。此理有诸？子曰：佛氏善侈大其说也。今一言以蔽之曰，万物一理耳。夫百氏诸子，未有不善道德仁义者，考其归宿，则异乎圣人也。佛氏，其辞皆善遁。今即其言而究之，则必曰：吾不为是也。夫已出诸其口，载之于书矣，遁将何之？

子曰：佛之所谓世网者，圣人所谓秉彝也。尽去其秉彝，然后为道，佛之所谓至教也，而秉彝终不可得而去也。耳闻目见，饮食男女之欲，喜怒哀乐之变，皆其性之自然。今其言曰：必尽绝是，然后得天真。吾多见其丧天真矣。学者戒之谨之，至于自信，然后彼不能乱矣。

或问：爱何以非仁？子曰：爱出于情，仁则性也。仁者无偏照，是必爱之。

子曰：谦者，治益之道。

子曰：离阴阳则无道。阴阳，气也，形而下也。道，太虚也，形而上也。

子曰：道无体，而义有方。

或问：释氏有言下觉，何如？子曰：何必浮屠氏？孟子言之矣。以先知觉后知，以先觉觉后觉。知者知此事也，觉者觉此理也。

或问：变与化何别？王氏谓因形移易谓之变，离形顿革谓之化，疑其说之善也。子曰：非也。变，未离其体也。化，则旧迹尽忘，自然而已矣。故曰动则变，变则化，惟天下至诚为能化。

子曰：尽己无歉为忠，体物无违为信，表里之义也。

子曰:莫大于道,莫妙于神。至大至妙,宜若难言也。圣人语之,犹常事尔。使学者玩而索之,故其味长,释氏之言,夸张闳侈,将以骇人耳目而动其心,意已尽而言未已,故其味短。

子曰:圣人公心尽天地万物之理,各当其分,故其道平直而易行。佛氏厌苦弃舍,造作费力,皆非自然,故失之远。

子曰:佛氏求道,犹以管窥天,惟务上见,而不烛四旁,是以事至则不能变。

子曰:中庸天理也。不极天理之高明,不足以道乎中庸。中庸乃高明之极耳,非二致也。

子曰:予夺翕张理所有也。而老子之言非也。与之之意,乃在乎取之;张之之意,乃在乎翕之,权诈之术也。

子曰:礼乐大矣,然于进退之间,则已得情性之正。

子曰:一二而合为三,三见则一二亡矣。离三而为一二,一二见而三亡矣。方为一二而求三,既已成三,又求一二,是不知理。

子曰:善恶皆天理。谓之恶者,或过或不及,无非恶也,杨、墨之类是也。

子曰:以气明道,气亦形而下者耳。

子曰:静中有动,动中有静,故曰动静一源。

子曰:气充则理正,正则不私,不私之至则神。

或问:何谓诚,何谓道乎? 子曰:自性言之为诚,自理言之为道,其实一也。

子曰:中无定体,惟达权然后能执之。

子曰:至显莫如理。昔有人鼓琴而见螳蜋捕蝉者,或人闻之,而曰:琴胡为有杀声也? 夫杀在物,见在心,而听者以声知之,非至显欤?

子曰:道不远,人不可须臾离也,此特为始学者言之耳。论道之极,无远也,无近也,无可离不可离也。

子曰:使万物无一失者,斯天理,中而已。

子曰:人为不善于幽隐之中者,谓人莫己知也,而天理不可欺,何显如之? 或曰:是犹杨震所谓四知者乎? 子曰:几矣。虽然,人我之知,犹有分也,天地则无二知也。

吕大临曰:中者,道之所由出也。子曰:非也。大临曰:所谓道也,性也,中也,和也,名虽不同,混之则一欤? 子曰:中即道也。汝以道出于中也,是道之于中也,又为一物矣。在天曰命,在人曰性,循性曰道,各有当也。大本言其体,达道言其用,乌得混而一之乎? 大临曰:中即性也。循性而行,无非道。则由中而出,莫非道也。岂为性中又有中哉? 子曰:性道可以合一而言,中不可并性而一。中也者,状性与道之言也。犹称天圆地方,而不可谓方圆即天地。方圆不可谓之天地,则万物非出于方圆矣。中不可谓之性,则道非出于中矣。中之为义,自过与不及而立名,而指中为性可乎? 性不可容声而论也。率性之谓道,则无不中也,故称中所以形容之也。大临曰:喜怒哀乐之未发,赤子之心,至虚无倚,岂非中乎? 此心所发,无往而不中。大人不失赤子之心,所谓允执厥中也。子曰:赤子之心,已发而未远于中者也,而尔指为中,是不明大本也。大临曰:圣人智周万物,赤子未有所知,其心固不同也。孟子所言,特取其纯一无伪,可与圣人同尔,非谓无毫发之异也。无过不及之谓中,何从而知之乎? 求之此心而已。此心之动,出入无时,何从而守之乎? 求之喜怒哀乐未发之际而已。当是时也,至虚不倚,纯一无伪,以应万物之变,何往而非礼义哉? 故大临以赤子之心为中,而曰中者道之所由出也。子曰:非谓无毫发之异,斯异矣,大本则无异尔。于喜怒哀乐未发之际,而求中之中,去中不亦远乎? 大临曰:然则夫子以赤子之心为已发者,而未发之时谓之无心可乎? 子曰:心一也,有指体而言者,寂然不动是也;有指用而言者,感而遂通天下之故是也。在人所见何如耳。论愈析微,则愈易差失。言之未莹,则亦择之未精耳。大临曰:此则浅陋之辜也,敢不承教!

论学篇

子曰:识道以智为先,入道以敬为本。夫人测其心者,茫茫然也,将治心而不知其方者,寇贼然也。天下无一物非吾度内者,故敬为学之大要。

子曰:学必先知仁,知之矣,敬以存之而已。存而不失者,心本无懈,何事于防闲也? 理义益明,何事于思索也? 斯道也,与物无对,大不足以明之。

天地之用,即我之用也;万物之体,即我之体也。

子曰:行失即恶,亦改之而已。事失即乱,亦治之而已。苟非自弃,皆君子也。

子曰:犯而校者,私己也;不校者,乐天也。或曰:然则无当报者乎? 子曰:其有报也,亦循理而已。

子曰:所处于贫贱,虽贫贱未尝不乐,不然,虽富贵亦常歉然不自得。故曰:莫大于理,莫重于义。

子曰:弹琴而心不在焉,则不成声。故曰:琴者,禁邪心也。

苏昞问:修辞何以立诚? 子曰:苟以修饰言语为心,是伪而已。

子曰:视听言动,无非天也。知其正与妄,斯善学矣。

子曰:世俗之言多失正,如吴、楚失之轻,赵、魏失之重,既通乎众,尽正之而不得,则君子去其甚者而已。

子曰:有过必改,罪己是也,改而已矣。常有歉悔之意,则反为心害。

子曰:学者欲得正,必以颜子为准的。

苏洵曰:平居讲习,殆空言也,何益? 不若治经传道,为居业之实耳。子曰:讲习而无益,盖未尝有得耳。治经固学之事,苟非自有所得,则虽《五经》,亦空言耳。

子曰:射法具而彀不满,发不中,未正内志耳。

子曰:今之学者有三弊:溺于文章,牵于训诂,惑于异端。苟无三者,则将安归? 必趋于圣人之道矣。

或问:有反身而未诚者何? 子曰:是视身之与诚,犹二物也。必以己合彼,非能诚矣。夫身既不诚,则无乐矣。

子谓刘安节曰:善学者进德,不有异于缀文者耶? 有德矣,动无不利,为无不成,何有不文? 缀文之士,不专则不工,专则志局于此,又安能与天地同其大乎? 吕大临有言:学如元凯,未免成癖,文似相如,未免类俳。今之为文者,一意于词章藻绘之美,务悦人之耳目,非俳优而何?

子曰:能守节,善矣,亦贵乎适中而已。节而过中,是谓苦节,安能常且久耶?

子曰:妄动由有欲。妄动而得者,其必妄动而失,一失也;其得之,必失之,二失也;况有凶咎随之乎?是故妄得之福,灾亦随焉;妄得之得,失亦继焉。苟或知此,亦庶几乎不由欲而动矣。

子曰:于上深有所望,于下深有所责,其处己则莫不恕也,而可乎?

子曰:言行不足以动人,临事而倦且怠,皆诚不至也。

子曰:人之智思因神以发,智短思敝,神不会也。会神必有道。

子曰:古人谓心广洪大,无偏而不起之处,得见其人,亦可与语矣。

韩公与子坐,惜日之暮,喟然而叹。子曰:常理也,古犹今也,而何叹?曰:老而将去也。子曰:勿去可也。曰:奈何而勿去?子曰:不能则去矣。

子曰:斟酌古今而去取之,非心有权度,卓然不疑者,未能差试。

子曰:可观莫如万物之生意。

子曰:处患难,知其无可奈何,遂放意而不反,是安于义命者。

子曰:知过而能改,闻善而能用,克己而从义,其刚明者乎?

子曰:饥而食,渴而饮,冬而裘,夏而葛。苟有一毫私意于其间,即废天职。

子曰:学礼义,考制度,必求圣人之意。得其意,则可以沿革矣。

或问入道之功。子曰:立志。志立则有本,譬之艺木,由毫末拱把至于合抱而干云者,有本故也。

子曰:学者有所闻而不著乎心,不见乎行,则其所闻固自他人之言耳,于己何与焉?

子曰:思索经义,不能于简策之外脱然有独见,资之何由深?居之何由安?非特误己,亦且误人也。

或问:有人少而勇,老而怯;少而廉,老而贪,何为其然也?子曰:志不立,为气所使故也。志胜气则一定而不可变也,曾子易箦之际,其气微可知也。惟其志既坚定,则虽死生之际,亦不为之动也,况老少之异乎?

或问:人有日记万言,或妙绝技艺者,是可学乎?子曰:不可。才可勉而少进,钝者不可使利也。惟积学明理,既久而气质变焉,则暗者必明,弱者必立矣。

或问:为养而求仕,不免忧得失,将何以免此? 子曰:志胜气,义处命,则无忧矣。曰:在己可免也,而亲不悦,奈何? 子曰:为己为亲,非二事也。其如命何? 人苟不知命,见利必趋,遇难必避,得丧必动,其异于小人者几希。圣人曰命云者,为中人而设也。上智之士,惟义之安。虽曰求而得之,然安于义而无求,此乐天者之事也。至于闻有命而不能安之,则每下矣。

或问:为文有害于大学之道乎? 子曰:是其为业也。不专则不工也,专则志局于此,斯害也已。学以养心,奚以文为?《五经》之言,非圣人有意于文也。至蕴所发,自然而成也。

或问:游、夏以文学称,何也? 曰:汝谓其执简秉笔,从事于词章之技乎?

子曰:读书将以穷理,将以致用也。今或滞心于章句之末,则无所用也。此学者之大患。

子曰:利者,众之所同欲也。专欲利己,其害大矣。贪之甚则昏蔽而忘理义,求之极则争夺而致怨。

子曰:学者自治极于刚,则守道愈固;勇于进,则迁善愈速。

子曰:达理故乐天而不竞,内充故退逊而不矜。

子曰:物聚而无以养之,则不能存息矣。故君子动静节宜,所以养生也;饮食衣服,所以养形也;威仪行动,所以养德也;推己及物,所以养人也。养道之所贵,惟正而已矣。

子曰:言不可以不谨。伤于易则诞,伤于烦则支,己肆则物忤,出悖则来违。君子所以非法不道也。

子曰:射中鹄,舞中节,御中度,皆诚也。

子曰:赴汤火,蹈白刃,武夫之勇可能也。克己自胜,君子之大勇不可能也。

子曰:凡夫之过多矣。能改之者,犹无过也。惟识趣污下之人,其改之为最难,故其过最甚。

子曰:始于致知,智之事也;行所知而极其至,圣之事也。

子曰:学者好为高论,犹贫人谈金,辨其体色,权其轻重,商其贵贱。其言未必非也,然终不如富人之有金,未尝言金之美也。

子曰:进学莫先乎致知,养心莫大乎理义。

王彦霖曰:人之于善也,必其诚心欲为,然后有所得。其不欲,不可以强人也。子曰:是不然。任其自为,听其不为,则中人以下,自弃自暴者众矣。圣人所以贵于立教也。

彦霖再问:立德进德当何先? 子曰:有既立而益进者,上也;有勇而至于立者,次也。

或问:必有事焉者,其敬而已乎? 子曰:敬,所以涵养也。集义,所谓必有事也。不知集义,是为无事也。曰:义者,中理之谓乎? 子曰:中理见乎事,敬在心,义在方外,然后中理矣。曰:义与敬何以异? 子曰:敬,所以持守也。有是有非,顺理而行者,义也。曰:敬犹静欤? 子曰:言静则老氏之学也。

子曰:处屯难之时,而有致亨之道,其惟正固乎? 凡处难能守正而不变者,鲜矣。

子曰:百工治器,必贵于有用。器而不可用,工不为也。学而无用,将何为也?

子曰:学而未有所知者,譬犹人之方醉也,亦何所不至? 及其既醒,必惕然而耻矣。醒而不以为耻,末如之何也。

子谓周行己曰:今之进学者如登山。方于平易,皆能阔步,而一遇峻险则止矣。

子曰:根本既立,然后可以趋向。趋向既立矣,而所造有深浅不同者,勉与不勉故也。

子曰:不诚则有累,诚则无累。

子曰:学之而不养,养之而不存,是空言也。

子曰:重任必强脊膂之人乃能胜。

子曰:义有至精,理有至奥。能自得之,可谓善学矣。

子曰:自得而至于无我者,凡善言美行,无非所过之化也。

子曰:学至涵养,其所得而至于乐,则清明高远矣。

子曰:学而不自得,则至老而益衰。

子曰:力学而得之,必充广而行之。不然者,局局其守耳。

子曰:语学者以其所未至,不惟所闻不深,亦易忽于理。

子曰:见之既明,养之既熟,泰然而行之,其进曷御焉?

子曰:识必见于行。如行道涂,涉暗阻,非日月之光,炬火之照,则不可进矣。故君子贵有识,力学穷理则识益明,照知不惑,乃益敏矣。

子曰:言而不行,自欺孰甚焉?

子曰:动以人则有妄,动以天则无妄。

子曰:教人者养其善心则恶自消,治民者导以敬逊则争自止。

子曰:学必激昂自进,不至于成德,不敢安也。

或问:今有志于学,而知识蒙蔽,力不能胜其任,则如之何?曰:致知则明,明则无不胜其任者,在勉强而已。

子曰:人之于学,避其所难,而姑为其易者,斯自弃也已。大学者必志于大道。以圣人自期而犹有不至者焉。

子曰:以富贵骄人者,固不美矣;以学问骄人者,其害岂小哉?

子曰:学者当务实。一有近名之心则大本已失,尚何所学哉?或曰:不犹贤于为利者乎?子曰:清污虽不齐,而其利心则一也。然则没世而名不称,孔子何为而疾之也?子曰:非为求名也,为无善可称耳。

或问:日新者益进乎?抑谓无弊而已乎?子曰:有进意而求益者必日新。

或问:因苦学失心者,何也?子曰:未之闻也。善学者之于心,治其乱,收其放,明其蔽,安其危,曾谓为心害乎?

子曰:不知天则于人之贤否愚智有所不尽,故学以知天为本;不知人则所亲或非其人,所由者或非其道,故学者以亲贤为急。

子曰:学不博者不能守约,志不笃者不能力行。

或问:学何如而谓之有得?子曰:其必默识心通乎?笃诚明理而涵养之者,次也。闻之知之,意亿度之,举非得也。

或问:学必穷理。物散万殊,何由而穷尽其理?子曰:诵《诗》、《书》,考古今,察物情,揆人事。反复研究而思索之,求止于至善,盖非一端而已也。

又问:泛然其何以会而通之? 子曰:求一物而通万殊,虽颜子不敢谓能也。夫亦积习既久,则脱然自有该贯。所以然者,万物一理故也。

子曰:未有知之而不能行之者,谓知之而未能行,是知之未至也。

子曰:于所当为者用意而为之,未免私心也。

子曰:致知则智明,智明然后能择。

或问:夫子之教必使学者涵养而后有所得,如何其涵养也? 子曰:莫如敬。

子曰:学者于屏知见、息思虑为道,不失于绝圣弃智,必流于坐禅入定。夫鉴之至明,则万物毕照,鉴之常也。而奚为使之不照乎? 不能不与万物接,则有感必应。知见而不可屏,而思虑不可息也。欲无外诱之患,惟内有主而后可。主心者,主敬也。主敬者,主一也,不一则二三矣。苟系心于一事,则他事无自入,况于主敬乎?

或问:致知力行,其功并进乎? 子曰:人谓非理勿为,则必强勉而从之。至于言穿窬不可为,不必强勉而后能也。故知有深浅,则行有远近,此进学之效也。循礼而至于乐,则己与理一,殆非强勉之可能也。

子曰:闲邪则诚己存。非取诚于外,纳诸中而存之也。故役役然于不善之中求善而为之,必无入善之理。

子曰:古之言知之非艰者,吾谓知之亦未易也。今有人欲之京师,必知所出之门,所由之道,然后可往。未尝知也,虽有欲往之心,其能进乎? 后世非无美材能力行者,然鲜能明道,盖知者难也。

或问:使从俗,可以从欤? 子曰:于义有害者,胡为而可从?

子曰:学者苟有朝闻道夕可死之志,则不肯安于所不安也。不能然者,不见实理故也。

或问:何谓实理? 子曰:灼然见其是非可否也。古人有视死如归者,苟不见死重于义,如见火热水深,无复疑,则其能者未矣。

子曰:独处而静思者非难,居广而应天下者为难。

朱光庭问为善之要。子曰:孜孜而为之者,当其接物之际也,未与物接则敬而已,自敬而动,所谓为善也。

子曰:有志于道而学不加进者,是无勇也。

伯淳与吴师礼论王氏所学之失,其为我尽达之介甫。理者,天下之公也,不可私有也,非敢必为是。介甫有以告我,则愿反复辨之。辨之而明,不有益于彼,斯有益于我矣。

子曰:学者所见所期,不可不远且大也。及夫施于用,则必有其渐。

子曰:贵善之道,必也贵诚而不贵言,则于人有相长之益,在己无自辱之患。

子曰:古之教人,无一物不使诚心,射与舞之类是也。

子曰:怒在理而无所迁,动乎血气则迁矣。

或谓举子必精修其所业,可以应有司之选,今夫子每止之,使勿习,何也? 子曰:设科以文词取之,苟可以应科,则亦足矣。尽心力而为之,以期乎必得,是惑也。

子曰:古者家有塾,党有庠,三老坐于里门,察其长幼出入揖逊之序。咏歌讽诵,无非礼义之言。今也上无所学,而民风日以偷薄,父子兄弟惟知以利相与耳。今里巷之语,不可以属耳也。以古所习如彼,欲不善,得乎? 以今所习如此,欲其善,得乎?

或问:道不明于后世,其所学者为何? 子曰:教之者能知之,学之者众,不患其不明也。鲁国一时贤者之众,非特天授,由学致也。圣人既没,旷千有余岁,求一人如颜、闵,不可得。故教不立,学不传,人材不期坏而自坏。

或问:燕处倨肆,心不怠慢,有诸? 子曰:无之。入德必自敬始,故容貌必恭也,言语必谨也。虽然,优游涵泳而养之可也,拘迫则不能入矣。

子曰:古所以成材之具,今举无矣。惟出入于人心者犹在耳。学者其可不勉乎?

子曰:人多以子弟轻俊为可喜,而不知其为可忧也。有轻俊之质者,必教以通经学,使近本而不以文辞之末习,则所以矫其偏质而复其德性也。

子曰:凡人于事有少自快,则其喜怿之意犹浃洽于心而发见于外,况学而见理者乎? 虽然,至于穷理而切切焉,不得其所可悦者,则亦何以养心也?

子曰:古之人十五而学,四十而仕。其未仕也,优游养德,无求进之心。

故其学必至于有成。后世之人，自其为儿童，从父兄之所教，与其壮长，追逐时习之所尚，莫不汲汲于势利也。善心何以不丧哉？

子曰：学佛者于内外之道不备也。

子曰：博弈小技也，不专心致志，犹不可得，况学圣人之道，悠悠焉何能自得也。孔子曰：吾尝终日不食，终夜不寝，以思，无益。不如学也。又曰：朝闻道，夕死可矣。夫圣人何为而迫切至于如是其极哉？善学者当求其所以然之故，不当诵其文，过目而已也。学如不及，犹恐失之。苟曰姑俟来日，斯自弃也。

子曰：昏于天理者，嗜欲乱之耳。

子曰：子厚以礼立教，使学者有所守据也。

子曰：学者于圣人无卓然之独见，则是闻人之言云耳，因曰亦云而已。

子曰：学不纯，则不得其所止，中无止，则不能不外求，譬夫家有宝藏者，岂复假人以为玩乎？

潘康仲问：学者于圣人之门，非愿其有异也，惟不能知之，是以流于不同。敢问持正之道。子曰：知之而后可守，无所知则何所守也？故学莫先乎致知，穷理格物则知无不尽，知之既尽，则无不固。

子曰：古之君子，修德而已。德成而言，则不期于文而自文矣。退之固因学为文章，力求其所未至，以至于有得也。其曰轲死不得其传，非卓然见其所传者，语不及此。

子曰：苏、吕二子皆以知见闻见为学之患，吾喜其近道，必欲坚扣明其辨，可与终其说矣。夫人之学，非自愿其有差也。知之不至，则流别于殊涂，陷溺于异端，亦不得免焉耳。

子曰：吕进伯老矣，虑学问之不进，忧年数之不足，恐无所闻而遂死焉，亦可谓之好学也。

子曰：养勇之法，求之太急，故性气轻轶而难御。凡长育人材也，教之在宽，待之以久，然后化成而俗美。

或曰：夫子有言，昔之惑人因其迷闇，今之惑人因其高明。切有疑焉。夫既曰高明，而可惑乎？子曰：语其质云尔。彼深于佛氏之学者，其质开透亦必加于人数等,所谓智者过之也,非《中庸》所谓极高明者也。圣人极高明而道中庸,其照无偏,何过之有?

子厚曰:十诗之作,将以验天心于语默也。子曰:舍是,有言亦乌得已乎?

子谓子厚曰:关中之士语学而及政,论政而及礼乐兵刑之学,庶几善学者! 子厚曰:如其诚然,则志大不为名,亦知学贵于有用也。学古道以待今,则后世之谬不必削削而难之,举而措之可也。

或问:学者何习庄老之众也? 子曰:谨礼而不达者,为其所胶固焉。放情而不庄者,畏法度之拘己也,必资其放旷之说以自适,其势则然。

或问:学者多溺于佛说,何也? 子曰:学而无所得,其年齿老矣,智力屈矣,其心欲遽止焉,则又不自安,一闻超腾侈大之说,是以说而入之。然则可反乎? 子曰:深固者亦难反。尝譬之行人,履乎坦途,其进无难也。山高乎其前,水深乎其下,而进之为难也。于是焉而有捷径,则欣然而从之,其势然也。夫托乎逆旅者,盖不得家居之要尔,未有人既安于家而又乐舍于逆旅者也。

子曰:林大节少戆,然得一言,即躬履。学者可畏,莫如闻斯行之。闻而不行,十盖九矣。

子谓门人曰:昨日之会,谈空寂者纷纷,吾有所不能。噫! 此风既成,其何能救也? 古者释氏盛时,尚只是崇像设教,其害小尔。今之言者,乃及乎性命道德,谓佛为不可不学,使明智之士先受其惑。呜呼! 清谈甚,晋室衰,况有甚者乎! 夫明智之士,中人以上之资也,其才足以自立,则反之难矣。学者必至于自信,而不惑,则彼不能乱。不然,犹之淫言美色,戒而远之,尚恐不免也。

侯仲良曰:夫子在讲筵,必广引博喻,以晓人主。一日,讲既退,范尧夫揖曰:美哉! 何记忆之富也? 子对曰:以不记忆也。若有心于记忆,亦不能记矣。

或有自名导气养生者,问:子亦知之乎? 子曰:吾夏葛而冬裘,渴饮而饥食,节嗜欲,定心气,如此而已。

子曰:学莫大于知本末终始。致知格物,所谓本也,始也;治天下国家,所谓末也,终也。治天下国家必本诸身。其身不正,而能治天下国家者,无之。格犹穷也,物犹理也。若曰穷其理云尔。穷理,然后足以致知。不穷,则不能致也。

子曰:格物,适道之始,思所以格物,而已近于道矣。是何也? 以收其心而不放也。

子曰:《大学》于诚意正心皆言其道。至于格物,则不言,独曰物格而后知至。此盖可以得意,不可以言传也。自格物而充之,然后可以至于圣人。不知格物而欲意诚心正,而后身修者,未有能中于理者也。

子曰:学莫贵乎自得,非在人也。

子曰:见摄生者而问长生,可谓大愚;见卜者而问吉凶,可谓大惑。

子曰:学贵乎成。既成矣,将以行之也。学而不能成其业,用而不能行其学,则非学矣。

子曰:君子莫进于学,莫止于画,莫病于自足,莫罪于自弃。进而不止,汤、武所以反之而圣。

子曰:古之学者为己而物成,今之学者为人而丧己。

子曰:无好学之志,则虽圣人复出,亦无益矣。然圣人在上,而民多善者,习见之熟也,习闻之久也。涵泳其教化,深且远也。

子曰:记问文章,不足以为人师,以其学者外也。师者何也? 谓理义也。学者必求师,从师不可不谨也。

子曰:君子之学贵一,一则明,明则有功。

子曰:不思故有惑,不求故无得,不问故莫知。

子曰:进学不诚则学杂,处事不诚则事败。自谋不诚则欺心而弃己,与人不诚则丧德而增怨。今末习曲艺,亦必诚而后精,况欲趋众善为君子者乎?

子曰:不深思则不能造其学。

或曰:学者亦有无思而得者乎? 子曰:漠然未尝思,自以为得之者,未之有也。

子曰:德盛者,物不能扰,而形不能病。临震惧死生而色不变,当疾痛惨戚而心不动,由养之有素,非一朝一夕之力也。

子曰:学不贵博,贵于正而已,正则博;言不贵文,贵于当而已,当则文;政,不贵详,贵于顺而已,顺则详。

子曰:学也者,使人求于内也。不求于内而求于外,非圣人之学也。何谓求于外? 以文为主者是也。学也者,使人求于本也。不求于本而求于末,非圣人之学也。何谓求其末? 考详略,采同异也。是二者,无益于德,君子弗之学也。

子曰:自得者所守不变,自信者所守不疑。

子曰:随时观理,而天下之理得矣。

子曰:人皆可以为圣人,而君子之学必至圣人而后已。不至圣人而自已者,皆自弃也。孝者所当孝,弟者所当弟,自是而推之,是亦圣人而已矣。

子曰:学以不欺闇室为始。

子曰:多闻识者,犹广储药物也,知所用为贵。

子曰:讲说非古也。学者必潜心积虑,涵养而自得之。今一日尽讲,是以博为教,非有益也。

子曰:学而为名,内不足也。

子曰:践行其言而人不信者有矣,未有不践言而人信之者。

子曰:耻不知而不问,终于不知而已。以为不知,必求之,终能知之矣。

子曰:有辩佞之才者,多入于不善,故学者不贵。

子曰:有欲则不刚,刚者不屈于欲。

子曰:克己之私既尽,一归于礼,此之谓得其本心。

子曰:学贵于通,执一而不通,将不胜其疑矣。通莫如理。

子曰:难胜莫如己私。学者能克之,非大勇乎?

论书篇

或曰:坤者臣道也,在君亦有用乎? 子曰:厚德载物,岂非人君之用?

子曰:尧夫历差之法,妙绝乎古人矣。盖于日月交感之际,以阴阳盈虚求之,是以不差。阴常亏,阳常盈,差之所由也。昔洛下闳之作历也,谓数百年之后,当有一日之差乎!何承天虑其差也,则以所差之分,均于所历之年,以考每岁所差之多少,谓之岁差法,而差终不可定也。

子曰:《五经》之言涵蓄浑然,无精粗之别。

子曰:《春秋》是是非非,因人之行事,不过当年数人而已,穷理之要也。学者不必他求,学《春秋》可以尽道矣。然以通《语》、《孟》为先。

或问《春秋发微》。子曰:述法而不通意。

子曰:《易》,变易也,随时变易以从道也。至微者理,至著者象,体用一源,显微无间。故善学者求之必自近。易于近,非知《易》者也。

子曰:有谓《六经》为六艺之文,何其求之于浅也!

刘绚问:孔子何谓作《春秋》?子曰:由尧、舜至于周,文质损益,其变极矣,其法详矣。仲尼参酌其宜,以为万世王制之所折中焉,此作《春秋》之本意也。观其告颜子为邦之道,可见矣。

子曰:《春秋》事在二月则书王二月,事在三月则书王三月,无事则书天时,书首月。盖有事则道在事,无事则存天时,正王朔。天时备则岁功成,王道存则人理立,《春秋》之大义也。

子曰:《春秋》之法,中国而用夷道即夷之。韩子谓《春秋》谨严,深得其旨矣。

子曰:诸侯当上奉天时,下承王政,故《春秋》曰春王正月。明此义,则知王与天同大,而人道立矣。

或问:《易》有大过,何也?子曰:圣人尽道而无过,故曰大过,亦当事之大耳。犹尧、舜禅逊,汤、武放伐之类也。道无不中也,无不常也。以世人所不常见,则谓之大过于常耳。是故立非常之大事,兴不世之大功,成绝俗之大德,皆大过之事,而实无所过也。

子曰:《素问》出于战国之际,或以为《三坟》者,非也。然其言亦有可取者。或问:何说也?子曰:善言天者,必有验于人;善言古者,必有验于今,岂不当哉?若运气则不可用。

子曰:阴阳运动,有常而无忒;凡失其度,皆人为感之也,故《春秋》灾异必书。汉儒传其说而不得其理，是以所言多失。

子曰：《礼记》之文多谬误者。《儒行》《经解》，非圣人之言也。夏后氏郊鲧之篇，皆未可据也。

子曰：《周礼》之书多讹阙，然周公致太平之法亦存焉，在学者审其是非而去取之尔。

子曰：《原道》之作，其言虽未尽善，然孟子之后，识道之所传者，非诚有所见，不能断然言之如是其明也，其识大矣。

子曰：汉儒之谈经也，以三万余言明《舜典》二字，可谓知要乎？惟毛公、董相有儒者气象。东京士人尚名节，加之以明礼义，则皆贤人之德业矣。本朝经典，比之前代为盛，然三十年以来，议论尚同，学者于训传言语之中，不复致思，而道不明矣。

子曰：鲁威公弑君而自立，其无岁不及诸侯之盟会者，所以结外援而自固也。及远与戎盟，《春秋》危之而书至者，以谓：戎也苟不知郑、齐、陈之党恶而同为不义，则必执之矣，此居夷浮海之意也。

子曰：自古篡弑，多出于公族。盖其自谓曰：先君之子孙也，可以君国。而国人亦以为然，从而奉之也。圣人明大义以示万世，故入《春秋》之初，其弑君者皆绝属籍。盖为大恶，既自绝于先君之世矣，岂得复为子孙也？古者公侯刑死则无服，况于弑君乎？此义既明矣，而或有以属称者，可见其宠之太过，任之太重，以阶乱也。《春秋》所书，大概事同则辞同，后之学因以谓之例，然有事同而辞异者，其义各不同，盖不可以例断也。

子厚为二铭，以启学者，其一曰《订顽》，《订顽》曰云云。杨子问：《西铭》深发圣人之微意，然言体而不及用，恐其流至于兼爱。后世有圣贤，以推本而乱，未免归过于横渠。夫子盍为一言，推明其用乎？子曰：横渠立言诚有过，乃在《正蒙》，至若《订顽》，明理以存义，扩前圣所未发，与孟子性善养气之论同功，岂墨氏之比哉？《西铭》理一而分殊，墨氏则爱合而无分。分殊之蔽，私胜而失仁；无分之罪，兼爱而无义。分立而推理一，以止私胜之流，仁之方也。无别而迷兼爱，至于无父之极，义斯亡也。子比而同之，过矣。夫彼欲使人推而行之，本为用也。反谓不及用，不亦异乎？杨子曰：时也昔从明道，即授以此书，于是始知为学之大方，固将终身服之，岂敢疑其失于墨氏比也？然其书，以民为同胞，鳏寡孤独为兄弟，非明者默识，焉知理一无分之殊哉？故恐其流至于兼爱，非谓其言之发与墨氏同也。夫惟理一而分殊，故圣人称物，远近亲疏各当其分，所以施之，其心一焉，所谓平施也。昔意《西铭》有平施之心，无称物之义，疑其辞有未达也。今夫子开谕，学者当无惑矣。

或问：子厚立言，得无有几于迫切者乎？子曰：子厚之为人，谨且严，是以其言似之。方之孟子，则宽宏舒泰有不及也。然孟子犹有英气存焉，是以未若颜子之懿，浑然无圭角之可见也。

或曰：圣贤气象，何自而见之？子曰：姑以其言观之亦可也。

子曰：《订顽》言纯而意备，仁之体也；充而尽之，圣人之事也。子厚之识，孟子之后，一人而已耳。

子谓门弟子曰：昔吾受《易》于周子，使吾求仲尼、颜子之所乐。要哉此言！二三子志之！

子曰：乾坤毁无以见《易》，圣人以此洗心退藏于密。夫所谓易也，此也，密也，果何物乎？圣人所以示人者，深且明矣。学者深思，当自得之。得之，则于退藏之密，奚远乎？

子曰：读书而不留心于文义，则荒忽其本意；专精于文义，则必固滞而无所通达矣。

或问：王介甫有言：《乾》之九三，知九五之位可至而至之。如何？子曰：使人臣每怀此心，大乱之道也。且不识汤、武之事矣。然则谓何？子曰：知大人之道为可至，则学而至之，所谓始条理者智之事也。

或问：胡先生以九四为太子爻，可乎？子曰：胡为而不可？当大臣则为大臣，当储贰则为储贰，顾用之如何耳。苟知其一而不知其变，则三百八十四爻止于三百八十四事而已矣。

子曰：夫人之说，无可极者，惟朋友讲习以相资益，为说之至也。

子曰：《大学》，孔子之遗言也。学者由是而学，则不迷于入德之门也。

子曰：大学之道，明德新民，不分物我，成德之事也。

或问:人以能立为能贤,而《易》取于随,何也? 子曰:随者,顺理之谓也。人君以之听善,臣下以之奉命,学者以之徙义,处事以之从长,岂不立哉? 言各有当也。若夫随时而动,合宜适变,不可以为典要,非造道之深,知几可与权者,不能与也。

子曰:由《孟子》可以观物。

或问:穷经旨,当何所先? 子曰:于《语》、《孟》二书知其要约所在,则可以观《五经》矣。读《语》、《孟》而不知道,所谓虽多亦奚以为?

子曰:凡书载事,容有轻重而过其实,学者当识其义而已。苟信于辞,则或有害于义,曾不若无书之为愈也。

子曰:《孟子》言三代学制,与《王制》所记不同,《王制》有汉儒之说矣。

子曰:孟子养气之论,学者所当潜心也。勿忘,勿助长,养道当然,非气也。虽然,既已名之曰气,则非漠然无形体可识也。如其漠然无形体,尚何养之有? 是故语其体则与道合,语其用则无非义也。

子曰:《易》之有象,犹人之守礼法也。

子曰:春秋之时,诸侯不禀命天王,擅相侵伐,圣人直书其事,而常责夫被侵伐者。盖兵加于己,则引咎自责,或辨谕之以礼,又不得免焉,则固其封疆,上告之天王,下告之方伯,近赴于邻国,必有所直矣。苟不胜其忿,而与之战,则以与之战者为主,责己绝乱之道也。

刘绚问:读《春秋》,以何道为准? 子曰:其中庸乎? 欲知中庸,其惟权乎? 权之为言,称轻重之义也。权义而上,不可容声矣,在人所见如何耳。

张闳中曰:《易》之义起于数。子曰:有理而后有象,有象而后有数。《易》者因象以明理,由象而知数。得其理,而象数在其中矣。必欲穷象之隐微,尽数之毫忽,乃寻流逐末,术家之所尚,管辂、郭璞之流是也,非圣人之道也。闳中曰:象数在理中,何谓也? 子曰:理无形也,故因象以明理。理既见乎辞,则可以由辞而观象。故曰:得其理,则象数举矣。

子曰:《乾》九三,言圣人之学也;《坤》六二,贤人之学也。此其大致也。若夫敬以直内,义以方外,则虽圣人不越乎此,无异道故也。

子为《易传》成,门人再三请传,终不可,问其故。子曰:尚不祈有少进也乎？时年已七十余矣。

子曰：卜筮有疑心，则不应。

子曰：孔子之言，莫非自然；孟子之言，莫非实事。

子曰：历法之要，以日为主，日正则余皆可推矣。

或问：《蒙》之上九，不利为寇。夫寇亦可为，而圣人教之以利乎？子曰：非是之谓也。昏蒙之极，有如三苗者，征而诛之，若秦皇、汉武穷兵暴虐，则自为寇也。

谢师直与明道言《春秋》，明道或可之；又言《易》，明道不可，师直无怍色。他日，又以问伊川。伊川曰：二君知《易》矣。师直曰：伯淳不我与，而子何为有是言也？子曰：忘刺史之势而屈以下问，忘主簿之卑而直言无隐，是固《易》之道也。

子读《春秋》，至萧鱼之会，叹曰：至哉，诚之能感人也！晋悼公推诚以待反复之郑，信而不疑，郑自是而不复背晋者二十有四年。至哉，诚之能感人也！

子曰：《春秋》王师于诸侯不书败，诸侯不能敌王也；于夷狄不书战，夷狄不能抗王也。此理也。其敌其抗，王道之失也。

子既老，门人屡请《易传》，教而习之，得以亲质诸疑。子曰：书虽未出，而《易》未尝不传也，但知之者鲜耳。其后党论大兴，门人弟子散而四归，独张绎受其书于垂绝之日。

子曰：孟子之时，去先王为未远，其所学于古者，比后世为未缺也，然而周室班爵禄之制，已不闻其详矣。今之礼书，皆掇拾秦火之余，汉儒所傅会者多矣，而欲句为之解，字为之训，固已不可久，又况一一追故迹而行之乎？

子曰：礼仪三千，非拂民之欲而强其不能也，所以防其欲而使之入道也。多识于鸟兽草木之名，非教人以博杂为功也，所以由情性而明理物也。

子曰：读书者，当观圣人所以作经之意，与圣人所以为圣人，而吾之所以未至者，求圣人之心，而吾之所以未得焉者，昼诵而味之，中夜而思之，平其心，易其气，阙其疑，其必有见矣。

子曰：《诗》、《书》之言帝，皆有主宰之意者也；言天，皆有涵覆之意者也;言王,皆有公共无私之意也。上下数千年,若合符节。

或问:严父配天,何以不言武王,而曰周公其人也? 子曰:周家制作,皆自周公,故言礼必归焉。

或问:周公既祷三王,而藏其文于金縢之匮中,岂逆知成王之信流言,将以语之乎? 子曰:以近世观焉。祝册既用,则或焚之,或埋之,岂周公之时无焚埋之礼也,而欲敬其事,故若此乎?

子曰:禁人之恶者,独治其恶,而不绝其为恶之原,则终不得止。《易》曰:豮豕之牙吉。见圣人处机会之际也。

子曰:先儒有言:乾位西北,坤位东南。今以天观之,无乎不在,何独有于西北? 又曰乾位在六子,而自处于无为之地。夫风雷山泽水火之六物者,乃天之用,犹人之身,耳目口鼻各致其用,而曰身未尝有为也,则可乎?

子曰:尽天理,斯谓之易。

子曰:作《易》者,自天地幽明至于昆虫草木之微,无一而不合。

子曰:退之作《羑里操》,曰:臣罪当诛兮! 天王圣明。可谓知文王之心矣。

子曰:作《诗》者未必皆圣贤,孔子取之也,取其止于礼义而已,然比君以硕鼠,目君为狡童,疑于礼义有害也,不以辞害意可也。

子曰:先儒以《考盘》不复见君而告之,永誓不谖,吾心实若是也,此非君子之心也。齐、梁之君陋矣,乃若孟子,则每有顾恋迟留而不忍去之意。今日君一不我用,则永誓而不见也,岂君子之心哉? 或曰:然则为此诗者何谓也? 子曰:贤者退而穷处,虽去而不忘君,然犹慕之深也。君臣之义,犹父子之恩,安得不怨? 故于寤寐而不忘。末陈其不得见君而告之,又自陈此情之不诈也,忠厚之至也。

子曰:上古世淳而人朴,顺事而为治耳。至尧始为治道,因事制法,著见功迹,而可为常典也,不惟随时,亦其忧患后世有作也。故作史者,以典名其书。

或曰:《大学》在止于至善,敢问何谓至善? 子曰:理义精微,不可得而名言也,姑以至善目之,默识可也。

或问:《中庸》九经,先尊贤而后亲亲,何也? 子曰:道孰先于亲亲? 然不能尊贤,则不知亲亲之道。故尧之治,必先克明峻德之人,然后以亲九族。

或曰:文中子答或人学《易》之问曰:终日乾乾可也。此尽道之言也。文王之圣,纯亦不已耳。子曰:凡讲经义,等次推而上之,焉有不尽者? 然理不若是也。终日乾乾,未足以尽《易》,在九三可也。苟曰乾乾者不已也,比已者道也,道者易也,等次推而上之,疑无不可者,然理不若是也。

子读《易》至《履》,叹曰:上下之分明而后民志定,民志定而后可以言治也。古之时,公卿大夫而下,位各称其德,终身居之,得其分也;有德而位不称焉,则在上者举而进之。士知修其身,学成而君求之,皆非有预于己也。四民各勤其事,而所享有限,故皆有定志,而天下之心可一。后世自庶士至于公卿,日志乎尊荣,农工商贾日志乎富侈,亿兆之心交骛于利,而天下纷然,欲其不乱,难矣。

子曰:农夫勤瘁播种五谷丝麻,吾得而衣食之;百工技艺作为器械,吾得而用之;甲胄之士扞守疆圉,吾得而安之。惟有修葺圣人之遗言,以待后之学者,兹为小补耳。

或问:制器取诸象也,而象器以为卦乎? 子曰:象在乎卦,而卦不必先器也。圣人制器,不待见卦而后知象。以众人由之而不能知之,故设卦以示之耳。

或问:麟凤和气所生,太平之应也。凤鸟不至,孔子曰:吾已矣夫。而麟见获于春秋之季,何也? 子曰:圣人之生,乃天地交感,五行之秀会也。以仲尼元圣,尚生于春秋之时,而况麟乎?

子曰:《论语》一书,未易读也。有既读之而漠然如未尝读者,有得一二而启悦其心者,有通体诚好之者,有不知其手之舞之,足之蹈之者。

子曰:读《论语》而不知道,所谓虽多奚为也。于是有要约精至之言,能深躬之而有所见,则不难于观《五经》矣。

子曰:艮,止其所也。万物各止其所分,无不定矣。

论政篇

子曰:孔子为政,先正名,名实相须故也。一事苟,则无不苟者矣。

子曰:善言治者,必以成就人才为急务。人才不足,虽有良法,无与行之矣。欲成就人才者,不患其禀质之不美,患夫师学之不明也。师学不明,虽有美质,无由成之矣。

子曰:八十四声各尽其清浊之极,然后可以考中声。声必本乎律,不得乎律,则中声不可得矣。律者,自然之数也。今世有三命之术,以五行支干纳音推之,盖律之遗也,而用之者末矣。欲度量权衡之得其正,必自律起,而律必取于黄钟,以律管定尺,盖准气乎天地,非积秬黍比也。秬黍积数,在先王时,惟此物适于度量合,故可用也。今则不可矣。

子曰:养亲之心,无有极也。贵贵尊贤之义,亦何有极乎?

子曰:古之圣王所以能化奸恶为善良,绥仇敌为臣子者,由弗之绝也。苟无含洪之道,而与己异者一皆弃绝之,不几于弃天下以雠君子乎? 故圣人无弃物,王者重绝人。

子与韩公、范公泛舟于颖湖,有属吏求见韩公,公既已见之,退而不悦,曰:谓其以职事来也,乃求荐举耳。子曰:公为州太守,不能求之,顾使人求君乎? 范公曰:子之固,每若是也。夫今世之仕者,求举于其人,盖常事耳。子曰:是何言也? 不有求者,则遗而不及知也,是以使之求之欤? 韩公无以语,愧且悔者久之。子顾范公曰:韩公可谓服义矣。

李旰问:临政无所用心,求于恕,何如? 子曰:推此心行恕可也,用心求恕非也。恕,已所固有,不待求而后得,举此加彼而已。

子曰:事事物物各有其所,得其所则安,失其所则悖。圣人所以能使天下顺治,非能为物作则也,惟止之各于其所而已。止之不得其所,则无可止之理。

子曰:养民者,以爱其力为本,民力足则生养遂,然后教化可行,风俗可美。是故善为政者,必重民力。

子曰:为治而不法三代,苟道也。虞、舜不可及已,三代之治,其可复必也。

子曰:封禅本于祭天,后世行之,只以自夸美而已。王仲淹曰:非古也,秦汉之侈心乎? 斯言当矣。或曰:《周颂》告于神明,非乎? 子曰:陈先王之功德,而非自夸美也。

子曰:圣人为戒,必于方盛之时。方盛虑衰,则可以防其满极,而图其永久;至于既衰而后戒,则无及矣。自古天下之治,未有久而不乱者,盖不能戒于其盛也。狃安富而骄侈生,乐舒肆则纪纲坏,忘祸乱则衅孽盟,是以浸淫滋蔓,而不知乱亡之相寻也。

明道在鄠邑,政声流闻,当路欲荐之朝,而问其所欲,对曰:夫荐士者,量才之所堪,不问志之所欲。

明道守官京兆,南山有石佛,放光于顶上,远近聚观,男女族集,为政者畏其神而莫敢止。子使戒其徒曰:我有官守,不能往也,当取其首来观之耳。自是光遂灭,人亦不复疑也。

子曰:圣人感天下之心,如寒暑雨旸,无所不通,无所不应者,正而已矣。正者,虚中无我之谓也。以有系之私心,胶于一隅,主于一事,其能廓然通应而无不遍乎?

子曰:治蛊必求其所以然,则知救之之道,又虑其将然,则知备之之方。夫善救则前弊可革矣,善备则后利可久矣,此古圣人所以新天下垂后世之道。

子曰:古之人重改作。变政易法,人心始以为疑者有之矣,久而必信,乃其改作之善也。始既疑之,终不复信,而能善治者,未之有也。

子谓子厚曰:议法既备,必有可行之道。子厚曰:非敢言也。顾欲载之空言,庶有取之者耳。子曰:不行于今,而后世有行之者,亡也。

子曰:圣王为治,修刑罚以齐众,明教化以善俗。刑罚立则教化行矣,教化行而刑措矣。虽曰尚德而不尚刑,顾岂偏废哉?

子曰:自古圣人之救难而定乱也,设施有未暇及焉者,既安之矣,然后为可久可继之治。自汉而下,祸乱既除,则不复有为,姑随时维持而已,所以不能仿佛于三代与!

刘安世问百世可知之道。子曰:以三代而后观之,秦以反道暴政亡,汉兴,尚德行,崇经术,鉴前失也。学士大夫虽未必知道,然背理甚者亦鲜矣,故贼莽之时,多仗节死义之士。世祖兴而褒尚之,势当然也。节久而苦,视死如归，而不明乎礼义之中也，故魏、晋一变而为旷荡浮虚之习，人纪不立，相胥为夷，五胡乱华，行之弊也。阴极则阳生，乱极则治形，隋驱除之，唐混一之，理不可易也。唐室三纲不立，自太宗启之，故后世虽子弟不用父兄之命：玄宗使其子篡，肃宗使其弟反；选武才人，以刺王妃入也；纳寿王妃，以武才人进也。终唐之世，夷狄数为中国患，而藩镇陵犯，卒以亡唐，及乎五季之甚，人为而致也。

子曰：守国者必设险，山河之固，城郭沟洫之阻，特其大端耳。若夫尊卑贵贱之分，明之以等威，异之以物采，凡所以杜绝陵僭，限隔上下，皆险之大用也。

子曰：三代而后，汉为治，唐次之。汉大纲正，唐万目举。

子曰：战国之际，小国介乎强大之间，而足以自持者，先王之分界约束未亡也。今混一之形，如万顷之泽，祖宗涵濡既久矣，故人心弭然柔伏，虽有奸猾，欲起而无端也。

子曰：善为治者，莫善乎静以守之，而或扰之，犹风过乎泽，波涛汹涌，平之实难。故一正则难倾，一倾则难正者，天下之势也。

子曰：古者使以德，爵以功，世禄而不世官，故贤才众而庶绩成。及周之衰，公卿大夫皆世官，政由是败矣。

子曰：今责罪官吏，无养廉耻之道。或曰：何类？子曰：如徒流杖，使以铜赎之类也。古者责不廉，曰簠簋不饬而已，忠厚之至也。

子曰：赐进士第，使卫士掖之以见天子，不若使趋进而雍容也。大臣孰不由此涂出，立侍天子之侧，曾无愧乎？子厚曰：先示以第名，使以次见，则亦可矣。

有少监逮系乎越狱。子曰：卿监以上无逮系，为其近于君也。君有一时之命，有司必执常法，而不敢从焉。君无是命，而有司请加之桎梏，下则叛法，上则无君，非之大也。子厚曰：狱情不得，则如之何？子曰：宁狱情之不得，而朝廷之大义不可亏也。

子曰：后世有治狱而无治市，周公则有其政矣。曹参之治齐，以狱市为寄，其时为近古也。

子曰:举措合义则民心服。

子曰:治则有为治之因,乱必有致乱之因,在人而已矣。

或问:敬者,威仪俨恪之谓乎? 子曰:非也。是所以成敬之具尔。

子曰:为政必立善法,俾可以垂久而传远。若后世变之,则末如之何矣。

子曰:古之仕者为人,今之仕者为己。

或人谋仕于子,邑尉责重,邑簿责轻。子曰:尉能治盗而已,不能使民不为盗。簿佐令治邑,宜使民不为盗也,而谓责轻,可乎?

或曰:治狱之官不可为。子曰:苟能充其职,则一郡无冤民矣。

子曰:立治有体,施治有序,酌而应之,临时之宜也。

子曰:游文定公之门者,多知稽古而爱民,诚如是,亦可从政矣。

或问:蛮夷猾夏,处之若何而后宜? 子曰:诸侯方伯明大义以攘却之,义也;其余列国,谨固封疆可也。若与之和好,以苟免侵暴,则乱华之道也。是故《春秋》谨华夷之辨。

子曰:今之度量权衡,非古法之正也,姑以为准焉可耳。凡物不出于自然,必人为之后成。惟古人能得其自然也。

子曰:明道临政之邦,上下响应,盖有以协和众情,则风动矣。天地造化,风动而已。

子曰:今代之税,视什一为轻矣,但敛之无法而不均,是以疑于重也。

子曰:世未尝无美材也,道不明于天下,则无与成其材。古人之为《诗》,犹今人之乐曲,闾阎童稚皆熟闻而乐道之,故通晓其义。后世老师宿儒尚未能明也,何以兴于《诗》乎? 古礼既废,人伦不明,治家无法,祭则不及其祖,丧必僧之是用,何以立于礼乎? 古人歌咏以养其性情,舞蹈以养其血气,行步有佩玉,登车有鸾和,无故而不去琴瑟,今也俱亡之矣,何以成于乐乎? 噫! 古之成材也易,今之成材也难。

晋城县有令宰书名石,明道记之曰:古者诸侯之国各有史,故其善恶皆见乎后世。自秦罢侯置守令,则史亦从而废。其后惟有功德者或记之,循吏与夫凶残之极者以酷见传,其余则泯然无闻矣。如汉、唐之有天下,皆数百年,其间郡县之政,可书亦多矣;然其所书大率才十数人,使贤者之政不幸而无传,其不肖者复幸而得传,盖其意斯与古史之意异矣。夫图治于长久者,虽圣贤为之,且不能仓卒苟简而就,盖必本之人情,而为之法度,然后可使去恶而从善,则纪纲教条必审定而后行,其民之服循渐渍,亦必待久而乃淳固而不变。今之为吏,三岁而代者固已迟之矣,使皆知礼义,自其始至即皇皇然图所施设,则教令未熟,民情未孚,而吏书已至。傥后之人所志不同,复有甚者,欲新已之政而尽去其旧,则其迹固已无余,而况因循不职者乎?夫以易息之政,而又无以托其传,则宜其去皆未几,而善恶无闻焉。故闻古史之善而不可得,则因今有书前政之名氏以为记者尚近古,第其先后而记之,俾民观其名而不忘其政,后之人得从而质其是非,以为师戒云尔。

子曰:兵以正为本。动众以毒天下而不以正,则民不从而怨敌生,乱亡之道也,是以圣王重焉。东征西怨,义正故也。子曰:行师之道,以号令节制。行师无法,幸而不败耳,胜者时有之矣,圣人之所戒也。

青苗之法初行,明道时居言职,言于上曰:明者见于未形,智者防于未乱。安危之本在人情,治乱之机系事始。众心睽乖,则有言不信矣。万邦协和,则所为必成矣。今条例司劾不行之官,驳老成之奏,乃举一偏而尽阻公议,因小事而先动众心,难乎其能济矣。

子曰:唐朝政事付之尚书省,近乎六官之制,第法不具尔。宇文周官名度数,小有可观者也。隋文之法无不善者,而多以臆决,故不足以持久。

或问:孔子何讥大阅?曰:为国者武备不可废,则农隙而讲肄焉,有时有制,保国守民之道也。鲁之秋八月,则夏六月也,盛夏阅兵,妨农害人,其失政甚矣。有警而为之,无及也;无事而为之,妄动也,是以圣人不与。

子曰:居今之世,则当安今之法令;治今之世,则当酌古以处时。制度必一切更张而可为也,亦何义乎?

子曰:后汉名节之风既成,未必皆自得也,然一变可至于道矣。

子谓子厚曰:洛之俗难化于秦之俗。子厚曰:秦之士俗尤厚,亦和叔启之有力焉。今而用礼渐成风化矣。子曰:由其气质之劲,勇于行也。子厚曰:亦自吾规矩不迫也。

子曰:先王以仁义得天下而教化之,后世以智力取天下而纠持之,古今之所以相绝者远矣。

子曰：三代而后，有圣王者作，必四三王而立制矣。或曰：夫子云三重既备，人事尽矣，而可四乎？子曰：三王之制以宜乎今之世，则四王之道也。若夫建亥为正，则事之悖缪者也。

子曰：五帝公天下，故与贤；三王家天下，故与子。论善之尽，则公而与贤，不易之道也。然贤人难得，而争夺兴焉，故与子以定万世，是亦至公之法也。

子曰：王氏之教靡然而同，是莫大之患也。以彼之才之言，而行其学，故其教易以入人，始也以利从，久则心化之，今而既安矣。天下弊事一日而可革，若众心既定，风俗已成，其何可遽改也？

子曰：赤子未有知，未能言，其志意嗜欲未可求，而其母知之，何也？爱之至谨，出于诚也。视民如父母之于赤子，何失之有？

子曰：必井田、必肉刑、必封建，而后天下可为，非圣人之达道也。善治者放井田而行之而民不病，放封建而临之而民不劳，放肉刑而用之而民不怨，得圣人之意而不胶其迹，迹者圣人因一时之利而利焉者耳。

子曰：治道有就本而言，有就事而言。自本而言，莫大乎引君当道，君正而国定矣。就事而言，未有不变而能有为者也，大变则大益，小变则小补。

子曰：苻坚养民而用之，一败不复振，无本故也。

子曰：用兵以能聚散为上。

子曰：古无之而今有之者一，释、老是也。

子曰：有田则有民，有民则有兵。

侯仲良侍坐，语及牛李朋党事。子曰：作成人材难，变化人才易。元丰诸人，其才皆有用，系君相变化之耳。凡人之情，岂甘心以小人自为也？在小人者用之于君子，则其为用未必不贤于今之人也。

子曰：治道之要有三，曰：立志，责任，求贤。

子曰：贤不肖之在人，治乱之在国，不可归之命。

子曰：宗子无法，则朝廷无世臣。立宗子，则人知重本，朝廷之势自尊矣。古者子弟从父兄，今也父兄从子弟，由不知本也。人之所以顺从而不辞者,以其有尊卑上下之分而已。苟无法以联属之,可乎?

子曰:汉文诛薄昭,李卫公谓诛之是,温公曰诛之非。考之于史,不见所以诛之之故,则未知昭有罪,汉遣使治之而杀汉使乎? 抑将与汉使饮酒,因怒而致杀也? 诛之不以罪,太后忧悒不食而至于大故,则如之何? 如治其罪,而杀王朝之使者,虽寐不安席,食不甘味,昭之死不可免。必知权其轻重,然后可议其诛之当否也。

子曰:论治者贵识体。

子曰:治身齐家以至平天下者,治之道也。建立纲纪,分正百职,顺天揆事,创制立度,以尽天下之务,治之法也。法者,道之用也。

子曰:古之时,分羲和以职天运,以正四时,遂司其方,主其时政,在尧谓之四岳,周乃六卿之任,统天下之治者也。后世学其法者,不复知其道,故星历为一技之事,而与政分矣。

吕进明为使者河东,子问之曰:为政何先? 对曰:莫要于守法。子曰:拘于法而不得有为者,举世皆是也。若某之意,谓犹有可迁就,不害于法,而可有为者也。昔明道为邑,凡及民之事,多众人所谓于法有碍焉者,然明道为之,未尝大戾于法,人亦不以为骇也。谓之得伸其志则不可,求小补焉则过之,与今为政远矣。人虽异之,不至指为狂也。至谓之狂,则必大骇。尽诚为之,不容而后去之,又何嫌乎?

子移书河东使者吕进明曰:王者父天母地,昭事之道,当于严敬。汉武远祀地示于汾阳,既非礼矣。后世之人又建祠宇,其失亦甚。因唐人有妖人作《韦安道传》,遂设以配食焉,诬渎之恶,有大于此者乎? 公为使者,此而不正,尚何为哉? 宜以其象投之河流,不必请于朝,不必询于众,不必虑后患,幸勿疑也。

子移书河东帅曰:公莅镇之初,金言交至,必曰虏既再犯河外,不复来也,可高枕矣。此特常言,未知奇胜之道也。夫攻必取者,攻其所不守也,谓其不来,乃其所以来也。今曰彼不徒兴大众,必不利于河外既空之地,是大不然。彼诚得出吾不意,破荡数垒,已足以劳敝一道,为利大矣。何必负戴而归然后为利也? 夫谋士悦其宽忧,计司幸于缓责,众论既一,公虽未信,而上下之心已懈矣。故为今之计，宁捐力于不用，毋惜功而致悔。岂独使敌人知我有备而不来，当使内地人信吾可恃而愿往，则数年之内，遂至全实，疆场安矣。此长久之策也。自古乘塞御敌，必用骁猛；招徕抚养，多在儒将。今日之事，则异于是。某以荷德之深，思所报也，是以有言，惟公念之。

论事篇

子曰：行事在审己，不必恤浮议，恤浮议而忘审己，其心驰矣。

子曰：息，止也，生也。一事息则一事生，生息之际，无一毫之间，硕果不食，即为复也。

子曰：久阅事机，则机心生。方其阅时，而喜入其趣，则犹物之遗种，未有不生者也。

子曰：天下之事，无一定之理，不进则退，不退则进。时极道穷，理当必变，惟圣人为能通其变于未穷，使其不至于极。尧、舜，时也。

子曰：或谓贤者好贫贱而恶富贵，是反人之情也。所以异于人者，以守义安命焉耳。

或人恶多事。子曰：莫非人事也。人而不为，俾谁为之？

子曰：天下之事，苟善处之，虽悔，可以成功；不善处之，虽利，反以为害。

子曰：人以料事为明，则骎骎乎逆诈而亿不信。

或问无妄之道，子曰：因事之当然，顺理而应之。或曰：圣人制作以利天下，皆造端而非因也，岂妄乎？子曰：因风气之宜，未尝先时而开人也。如不待时，则一圣人足以尽举，又何必累圣继圣而后备？时乃事之端，圣人随时而已。

子曰：疾而委身于庸医，比之不慈不孝，况事亲乎？舍药物可也，是非君子之言也。

子曰：关中学者正礼文，乃一时之事尔。必也修身立教，然后风化及乎后世。

子曰：天地之生，万物之成，合而后遂。天下国家至于事为之末，所以不遂者，由不合也；所以不合者，由有间也。故间隔者，天下之大害，圣王之所必去也。

子曰:惟笃实可以当大事。

子曰:养不全固者,处事则不精,历事则不记。

子曰:豫,备也;豫,逸也。事豫备则逸乐。

子曰:万变皆在人尔,其实无一事。

子曰:一世之才,足以周一世之事。不能大治者,由用之不尽耳。

子曰:君子之遇事,一于敬而已。简细故以自崇,非敬也;饰私智以为奇,非敬也。

子曰:谢良佐因论求举于方州,与就试于大学,得失无以异,遂不复计较,明且勇矣。

子曰:礼院关天下之事,得其人,则凡事举可以考古而立制;非其人,未免随俗而已。

子曰:较事大小,其弊必至于枉尺直寻。

子曰:西边用师,非小故也,未闻一人劝止其事者,自古举事,不以大小,必度其是非可否于众庶而不敢专也。今虽公卿,惟其言而莫违,况其下者乎? 逢合之智如此,几何不至于一言丧邦!

子曰:凡避嫌处事者,皆内不足。所为诚公矣,初何嫌之足避乎?

新法将行,明道言于上曰:天下之理,本诸简易,而行以顺道,则事无不成者。故曰:智者如禹之行水,行其所无事也。舍而行之于险阻,则不足以言智矣。自古兴治,虽有专任独决,能就一时之功者,未闻辅弼之论乖,臣庶之心庆,而能有为者也。况于施置失宜,沮废公论,国政异出,名分不正,用贱陵贵,以不肖治贤者乎! 凡此,皆理不克成,而智者之所不行也。设令由此侥幸就绪,而兴利之臣日进,尚德之风浸衰,非朝廷之福。今天时未顺,地震连年,人心日益摇动,此陛下所宜仰观俯察而深念者也。

子曰:至显莫如事,至微莫如理,而事理一致也,微显一源也。古之所谓善学,以其能通于此而已。

子曰:外事之不知,非患也,人患不能自见耳。

子曰:古之强有力者,将以行礼;今之强有力者,将以为乱。

子曰：公天下之事，苟以私意为之，斯不公矣。

子曰：阅天下之事，至于无可疑，亦足乐矣。

子曰：世以随俗为和，非也，流徇而已矣。君子之和，和于义。

子曰：官守当事，不可以苟免。

子曰：笾豆簠簋不可用于今之世，风气然也。不席地而椅桌，不手饭而匕箸，使其宜于世而未有，圣人亦必作之矣。

吕申公常荐处士常秩，秩既起，他日稍变其节，申公谓知人实难，以语明道，且告之悔。明道曰：然不可以是而懈好贤之心也。申公矍然谢之。

子曰：事以急而败者，十常七八。

子曰：好疑者，于事未至而疑端先萌；好周者，于事未形而周端先著。皆心之病也。

河南程氏粹言卷第二

天地篇

子曰：霜，金气也；露，星月之气也。露结为霜，非也。雷由阴阳相薄而成，盖渗气也。

子曰：雨水冰，上温而下寒也。陨霜不杀草，上寒而下温也。

子曰：日月之为物，阴阳发见之尤盛者也。

刘安节问：人有死于雷霆者，无乃素积不善，常歉然于其心，忽然闻震，则惧而死乎？子曰：非也。雷震之也。然则雷孰使之乎？子曰：夫为不善者，恶气也；赫然而震者，天地之怒气也，相感而相遇故也。曰：雷电相因，何也？子曰：动极则阳形也，是故钻木戛竹皆可以得火。夫二物者，未尝有火也，以动而取之故也。击石火出亦然，惟金不可以得火，至阴之精也；然轧磨既极，则亦能热矣，阳未尝无也。

或问：五德之运，有诸？子曰：有之。大河之患少于唐，多于今，土火异王也。

关子明推占吉凶,必言致之之由与处之之道,曰:大哉人谋,其与天地相终始乎! 故虽天命可以人胜也。善养生者,引将尽之年,善保国者,延既衰之祚,有是理也。

子曰:冬至之前,天地闭塞,可谓静矣。日月运行,未尝息也,则谓之不动可乎? 故曰动静不相离。

子曰:致敬乎鬼神,理也;昵鬼神而求焉,斯不知矣。

子曰:阴过之时必害阳,小人道盛必害君子。欲无害者,惟过为防耳。弗过防之,从或戕之。

或问天帝之异。子曰:以形体谓之天,以主宰谓之帝,以至妙谓之神,以功用谓之神鬼,以情性谓之乾,其实一而已,所自而名之者异也。夫天,专言之则道也。

子曰:天地所以不已,有常久之道也。人能常于可久之道,则与天地合。

或问:日月有定形乎? 抑气散而复聚也? 子曰:难言也。然究其极致,则二端一而已。

范蜀公言鬼神之际,曰:佛氏谓生为此,死为彼,无是理也。子曰:公无惑,则有是言也。蜀公曰:鬼神影响,则世有之。子曰:公有所见,则无是言也。

子曰:卜筮在我,而应之者蓍龟也;祭祀在我,而享之者鬼神也。夫岂有二理哉? 亦一人之心而已。卜筮者以是心求之,其应如响,徇以私意及颠错卦象而问焉,未有能应者,盖无其理也。古之言事鬼神者,曰如有闻焉,如有见焉,则是鬼神答之矣,非真有见闻也。然则如有见闻者,谁欤!

子曰:天聪明自我民聪明,言理无二也。若夫天之所为,人之所能,则各有分矣。

子曰:天地之心以复而见,圣人未尝复,故未尝见其心。

子曰:天地之道,至顺而已矣。大人先天不违,亦顺理而已矣。

或问鬼神之有无。子曰:吾为尔言无,则圣人有是言矣;为尔言有,尔得不于吾言求之乎?

子曰:天地之间,感应而已,尚复何事?

子曰:日月之在天,犹人之有目;目无背见,日月无背照也。

子曰:气化之在人与在天,一也,圣人于其间,有功用而已。

子曰:天地日月,其理一致。月受日光而不为之亏,月之光乃日之光也。地气不上腾,天气不下降;天气下降至于地中,生育万物者,乃天之气也。

或问:日食有常数者也,然治世少而乱世多,岂人事乎? 子曰:天人之理甚微,非烛理明,其孰能识之?

曰:无乃天数人事交相胜负,有多寡之应耶? 子曰:似之,未易言也。

子曰:君子宜获福于天,而有贫瘁夭折者,气之所钟有不周耳。

子曰:天地阴阳之运,升降盈虚,未尝暂息。阳常盈,阴常亏,一盈一亏,参差不齐,而万变生焉。故曰:物之不齐,物之情也。庄周强齐之,岂能齐也?

或谓张绎曰:吾至于闲静之地,则洒然心悦,吾疑其未善也。绎以告子。子曰:然。社稷宗庙之中,不期敬而自敬,是平居未尝敬也。使平居无不敬,则社稷宗庙之中,何敬之改修乎? 然则以静为悦者,必以动为厌。方其静时,所以能悦静之心,又安在哉?

或问:人多惑于鬼神怪异之说,何也? 子曰:不明理故也。求之于事,事则奚尽? 求之于理则无蔽,故君子穷理而已。

子曰:古今异宜,人有所不便者,风气之异也。日月星辰皆气也,亦自异于古耳。月何食? 不受日光也。何为不受? 与日相当,阴盛亢阳,不下于日也。古者鼓以救日月之食,然则月之食亦可鼓者,以其助阳欤?

子曰:五祀非先王之典。以为报邪? 则遗其重而举其轻者。夫门之用,顾大于井之功乎? 祭门而不祭井,何说也。

子曰:当大震惧,能自安而不失者,惟诚敬而已。

子曰:动静者,阴阳之本也;五气之运,则参差不齐矣。

子曰:史迁曰:天与善人,伯夷非善人耶? 此以私意度天道也。必曰颜何为而夭,跖何为而寿,指一人而较之,非知天者也。

子曰:有理则有气,有气则有数,鬼神者数也,数者气之用也。

或谓杀孝妇而旱,岂非众冤所感邪? 子曰:众心固冤之耳,而一人之精诚,自足以动天地也。然则杀暴姑而雨,岂妇冤既释邪?子曰:冤气固散矣,而众心之愤亦平也。

子曰:天地之间,善恶均于覆载,未尝有意于简别有也,顾处之有道耳,圣人即天地也。

子曰:天地之化,虽荡无穷,然阴阳之度,寒暑昼夜之变,莫不有常久之道,所以为中庸也。

子曰:万物皆本乎天,人本乎祖,故以冬至祭天而祖配之。以冬至者,气之始也。万物成形于帝,人成形于父,故以季秋享帝而父配之。以季秋者,物成之时也。

子曰:事鬼神易,为尸难。孝子有思亲之心,以至诚持之,则可以尽其道矣。惟尸象神,祖考所以来格者也。后世巫觋,盖尸之遗意,但流为伪妄,不足以通幽明矣。致神必用尸,后世直以尊卑,势遂不行。三代之末,亦不得已焉而废耳。

子曰:物之名义,与气理通贯。天之所以为天,本何为哉?苍苍焉耳矣。其所以名之曰天,盖自然之理也。名出于理,音出于气。字书由是不可胜穷矣。

子曰:阴阳之气,有常存而不散者,日月是也;有消长而无穷者,寒暑是也。

子曰:天理生生相续不息,无为故也。使竭智巧而为之,未有能不息也。

子曰:在此而梦彼,心感通也;已死而梦见,理感通也。明乎感通,则何远近死生今古之别哉?杨定鬼神之说,其能外是乎?

子曰:老氏言虚能生气,非也。阴阳开阖相因,无有先也,无有后也,可谓今日有阳而后明日有阴,则亦可谓今日有形而后明日有影也。

或问:天地何以不与圣人同忧也?子曰:天地不宰而成化,圣人有心而无为。

子曰:天地生物之气象可见而不可言,善观于此者,必知道也。

圣贤篇

或问:圣人有过乎?子曰:圣人而有过,则不足以为圣人矣。曰:夫子学

《易》而后无大过者,何谓也?子曰:非是之谓也。犹删《诗》定《书》正《乐》之意也。自期年至于五十,然后乃赞《易》,则《易》道之过误鲜矣。曰:《易》亦有过乎?曰:如《八索》之类,乱《易》者多矣。

子曰:圣人之道犹天然,门弟子亲炙而冀及之,然后知其高且远也。使诚若不可及,则趋向之心不几于怠乎?故圣人之教,常俯而就之,曰吾无隐乎尔,吾非生知,好古敏而求之者也,非独使资质庸下者勉思企及,而才气高迈者亦不敢躐等而进也。

子曰:损益文质,随时之宜,三王之法也,孔子告颜渊为邦者,万世不易之法也。

子曰:孟子论子濯孺子之事,特曰不背师可称也,非言事君之道也。事君而若此,不忠之大也。

子曰:齐威之正,正举其事尔,非大正也;管子之仁,仁之功尔,非至仁也。

或问泰伯之三让。子曰:不立一也,逃焉二也,文身三也。

或问:赵盾越境,果可免乎?子曰:越境而反,且不讨贼,犹不免也。必也越境而不反,然后可免耳。

子曰:泰山虽高矣,绝顶之外,无预乎山也。唐、虞事业,自尧、舜观之,亦犹一点浮云过于太虚耳。

子曰:桓魋不能害己,孔子知矣,乃微服过宋。象将杀己,舜知之矣,乃同其忧喜。饥溺而死,有命焉,而禹、稷必救之。国祚修短,有数焉,而周公必祈之。性命并行而不相悖,然后明圣人之用。

子曰:颜回在陋巷,淡然进德,其声气若不可闻者,有孔子在焉。若孟子,安得不以行道为己任哉?

或问:圣人亦有为贫之仕乎?子曰:为委吏乘田是也。或曰:抑为之兆乎?曰:非也。为鲁司寇则为之兆也。或人因以是勉子从仕。子曰:至于饥饿不能出门户之时,又徐为之谋耳。

子曰:子厚之气似明道。

子曰:天子之职守宗庙,而尧、舜以天下与人;诸侯之职守社稷,而大王委去之。惟圣贤乃与于此,学者守法可也。

子曰:圣贤在上,天下未尝无小人也,能使小人不敢肆其恶而已。夫小人之本心,亦未尝不知圣贤之可说也,故四凶立尧朝,必顺而听命。圣人岂不察其终出于恶哉?亦喜其面革畏罪而已。苟诚信其假善,而不知其包藏,则危道也。是以惟尧舜之盛,于此未尝无戒,戒所当戒也。

或问:伐国不问仁人,然则古之人不伐国,其伐者皆非仁人乎?子曰:展禽之时,诸侯以土地之故,暴民逞欲,不义之伐多矣,仁人所不忍见也,况忍言之乎?昔武王伐纣,则无非仁人也。

子曰:强者易抑,子路是也;弱者难强,宰我是也。

子曰:信一也,而有深浅,七十子闻一言于仲尼,则终身守之,而未必知道,此信于人者也。若夫自信,孰得而移之?

刘安节问曰:志笃于善而梦其事者,正乎?不正?子曰:是亦心动也。孔子梦见周公,何也?子曰:圣人无非诚,梦亦诚,不梦亦诚。梦则有矣,梦见周公则有矣,亦岂寝而必梦,梦而必见周公欤?

子语杨迪曰:近所讲问,设端多矣,而不失大概。夫二三子岂皆智不足以知之?由不能自立于众说漂煦之间耳,信不笃故也。仲尼之门人,其所见非尽能与圣人同也,惟不敢执己而惟师之信,故求而后得。夫信而加思,乃致知之方也。若纷然用疑,终亦必亡而已矣。

子曰:其亡其亡,系于包桑。汉王允、唐李德裕功未及成而祸败从之者,不知包桑之戒也。

李观有言:使管仲而未死,内嬖复六人,何伤威公之伯乎?子曰:管仲为国政之时,齐侯之心未蛊也;既蛊矣,虽两管仲,将如之何?未有蛊心于女色,而尽心于用贤也。

或问:郭璞以鸠占,何理也?子曰:举此意,向此事,则有此兆象矣,非鸠可占也。使鸠可占,非独鸠也。

或问:孔子不幸而遇害于匡,则颜子死之可乎?子曰:今有二人,相与远行,则患难有相死之道,况回于夫子乎?曰:亲在则可乎?子曰:今有二人,相与搏虎,其致心悉力,义所当然也。至于危急之际,顾曰吾有亲,则舍而去之,是不义之大者也。其可否,当预于未行之前,不当临难而后言也。曰:父母存,不许友以死,则如此义何? 子曰:有可者,远行捕虎之譬也。有不可者,如游侠之徒以亲既亡,乃为人报仇而杀身,则乱民也。

子曰:知几者,君子之独见,非众人所能及也。穆生为酒醴而去,免于胥靡之辱;袁闳为土室之隐,免于党锢之祸;薛方守箕山之节,免于新室之污。其知几矣。

子曰:汉世之贤良,举而后至,若公孙弘犹强起之者,今则求举而自进也。抑曰欲廷对天子之问,言天下之事,犹之可也。苟志于科目之美,为进取之资而已,得则肆,失则沮,肆则悦,沮则悲,不贤不良,孰加于此!

子曰:守节秉义,而才不足以济天下之难者,李固、王允、周颙、王导之徒是已。

刘安节问:高宗得傅说于梦,何理也? 子曰:其心求贤辅,虽寤寐不忘也。故精神既至,则兆见乎梦。文王卜猎而获太公,亦犹是也。曰;岂梦之者往乎? 抑见梦之者来乎? 曰:犹之明鉴,有物可见,岂可谓与鉴物有来往哉?

或问:周公欲代武王之死,其有是理邪? 抑曰为之命邪? 子曰:其欲代其兄之死也,发于至诚,而奚命之论? 然则在圣人,则有可移之理也。

子曰:圣贤于乱世,虽知道之将废,不忍坐视而不救也,必区区致力于未极之间,强此之衰,难彼之进,图其暂安,而冀其引久,苟得为之,孔、孟之屑为也。王允之于汉,谢安之于晋,亦其庶矣。

子曰:仲尼无迹,颜子之迹微显,孟子之迹著见。

子曰:颜子示不违如愚之学于后世,和气自然,不言而化者也。孟子则显其才用,盖亦时焉而已矣。学者以颜子为师,则于圣人之气象类矣。

子曰:古人以兄弟之子犹子也,而人自以私意小智观之,不见其犹也。或谓孔子嫁其女,异于兄弟之女,是又以私意小智观之,不知圣人之心也。夫孔子盖以因其年德相配而归之,何避嫌之有? 避嫌之事,贤者且不为,而况圣人乎?

子曰:陈平言宰相之职,近乎有学。

子曰:颜子非乐箪瓢陋巷也,不以贫累其心,而改其所乐也。

子曰:伯夷不食周粟,其道虽隘,而又能不念旧恶,其量亦宏。

朱光庭问:周公仰而思之者,其果有所合乎? 子曰:周公固无不合者矣。如其有之,则必若是其勤劳而不敢已也。

子曰:游酢、杨时,始也为佛氏之学,既而知不足安也,则来有所请,庶乎其能变。

谢良佐既见明道,退,而门人问曰:良佐何如? 子曰:其才能广而充之,吾道有望矣。

子曰:颜子虚中受道,子贡亿度而知之。

子曰:子厚、尧夫之学,善自开大者也。尧夫细行或不谨,而其卷舒运用亦熟矣。

子曰:邦无道而自晦以免患,可以为智矣,而比干则非不知也。

子曰:颜、孟知之所至则同,至于渊懿温淳,则未若颜子者。

子曰:观武帝问贤良,禹、汤水旱,厥咎何由,公孙弘曰:尧遭洪水,不闻禹世有洪水也。而不对所由,奸人也。

子曰:尧、舜,生而知之者也;汤、武,学而至之者也。文之德似尧、舜,禹之德似汤、武,虽然,皆圣人也。

子曰:身之,言履也;反之,言归乎正也。

子曰:仲尼元气也,颜子犹春生也,孟子则兼秋杀,见之矣。

子曰:学圣人者,必观其气象。《乡党》所载,善乎其形容也,读而味之,想而存之,如见乎其人。

子曰:鲁、卫、齐、梁之君,不足与有为,孔、孟非不知也,然自任以道,则无不可为者也。

子曰:颜子具体,顾微耳,在充之而已;孟子生而大全,顾未粹耳,在养之而已。

子曰:传圣人之道,以笃实得之者,曾子是也。易箦之际,非几于圣者不及也。推此志也,禹、稷之功,其所优为也。

子曰:圣人无梦,气清也;愚人多梦,气昏也。孔子梦周公,诚也,盖诚为夜梦之影也。学者于此,亦可验其心志之定否、操术之邪正也。

子曰:周勃入北军,问士卒,如有右袒,将何处哉?已知其心为刘氏者,不必问也。当是之时,非陈平为之谋,亦不能济矣。迎文帝于霸桥而请间,则非其时;见河东守尉于其国而严兵,则非其事;几于无所能者,由不知学也。

子曰:仲尼浑然,乃天地也;颜子粹然,犹和风庆云也;孟子岩岩然,犹泰山北斗也。

周茂叔曰:荀卿不知诚。子曰:既诚矣,尚何事于养心哉?

子曰:王仲淹,隐德君子也;其书有格言,非其自著也,续之者剿入其说耳,所谓售伪必假真也。通之所得,粹矣,非荀、杨所及。续经,其伪益甚矣。自汉以来,制诏之足纪者,寡矣;晋宋以后,诗之足采,微矣。

孙觉问:孔明如何人也?子曰:王佐。曰:然则何以区区守一隅,不能大有为于天下也?子曰:孔明欲定中原,与先主有成说矣,不及而死,天也。曰:圣贤杀一不辜而得天下则不为,孔明保一国,杀人多矣。子曰:以天下之力,诛天下之贼,义有大于杀也。孔子请讨陈恒,使鲁用之,能不戮一人乎?曰:三国之兴,孰为正?子曰:蜀之君臣,志在复兴汉室,正矣。

子曰:杨、墨,学仁义而失之者,则后之学者有不为仁义者,则其失岂特杨、墨哉?

子曰:与巽之语,闻而多碍者,先入也;与与叔语,宜碍而信者,致诚也。

子曰:君子正己而无恤乎人。沙随之会,晋侯怒成公后期而不见鲁,当是时,国家有难,彼曲我直,君子不以为耻也。

子曰:世云汉高能用子房,非也,子房用汉高耳。

子曰:杨子云去就无足观,其曰明哲煌煌,旁烛无疆,则悔其蹈乱无先知之明也;其曰逊于不虞,以保天命,则欲以苟容为全身之道也。使彼知圣贤见几而作,其及是乎?苟至于无可奈何,则区区之命,亦安足保也!

子曰:尧夫襟怀放旷,如空中楼阁,四通八达也。

子曰:杨子云之过,非必见于美新投阁也。夫其黾勉莽、贤之间而不能去,是安得为大丈夫也哉?

子曰:韩信多多益办,分数明而已。

子曰:君实谓其应世之具,犹药之参苓也,可以补养和平,不可以攻治沉痼,自处如是,必有救之之术矣。

或问:舜能化瞽、象于不格奸,而曷为不能化商均也? 子曰:舜以天下与人,必得如己者,故难于商均之恶,岂闻如瞽、象之甚焉?

子曰:张良进退出处之际皆有理,盖儒者也。

子曰:孔门善问,无若颜子,而乃终日如愚,无所问也。

子曰:司马君实能受尽言,故与之言必尽。

子曰:颜子默识,曾子笃实,得圣人之道者,二子也。

或谓:颜子为人,殆怯乎? 子曰:孰勇于颜子? 颜子曰:舜何人也? 予何人也? 有为者亦若是。有而若无,实而若虚,孰勇于颜子?

或问:汉文多灾异,汉宣多祥瑞,何也? 子曰:如小人日行不善,人不为言,君子一有不善,则群起而议之,一道也。白者易污,全者易毁,一道也。以《风》《雅》考之,幽王大恶为小恶,宣王小恶为大恶,一道也。

子曰:孟子言己志,有德之言也;论圣人之事,造道之言也。

子曰:子贡之知,亚于颜子,知之而未能至之者也。

或问:伊尹出处,有似乎孔子,而非圣之时,何也? 子曰:其任也气象胜。

子曰:人有颜子之德,则有孟子之事功,孟子之事功,与禹、稷并。

或问:孟子何以能知言? 子曰:譬之坐乎堂上,则辨其堂下之声如丝竹也;苟杂处乎众言之间,群音器器然,己且不能自明,尚何暇他人之知乎?

子曰:孔子为宰,为陪臣,皆可以行大道,若孟子,必得宾师之位而后行也。

子曰:明叔明辩有才气,其于世务练习,盖美材也;其学晚溺于佛,所谓日月至焉而已者,岂不可惜哉!

游酢得《西铭》诵之,则涣然于心,曰:此中庸之理也。能求于语言之外也。

子曰:和叔任道,风力甚劲,而深浅缜密,则于与叔不逮。

鲜于侁问曰:颜子何以不能改其乐? 子曰:知其所乐,则知其不改。谓其所乐者何乐也？曰：乐道而已。子曰：使颜子以道为可乐而乐乎，则非颜子矣。他日，侁以语邹浩，浩曰：吾虽未识夫子，而知其心矣。

或谓：佛氏引人入道，比之孔子为径直乎？子曰：果其径也，则仲尼岂固使学者迂曲所行而难于有至哉？故求径途而之大道，是犹冒险阻，披荆棘，以祈至于四达之衢尔。

孟子曰：可以仕则仕，可以止则止，可以久则久，可以速则速，孔子也，孔子圣之时者也。知《易》者莫如孟子矣。孟子曰：王者之迹熄而《诗》亡。《诗》亡而后《春秋》作，《春秋》天子之事也。知《春秋》者莫如孟子矣。

子曰：孔子之道，著见于行，如《乡党》所载者，自诚而明也；由《乡党》之所载而学之，以至于孔子者，自明而诚也；及其至焉，一也。

子曰：闻善言则拜者，禹之所以为圣也；以能问于不能者，颜子之所以为贤也。后之学者，有一善则充然而自足，哀哉！

或问：舜不告而娶，为无后也，而与拂父母之心孰重？子曰：非直不告也，告而不可，然后尧使之娶耳。尧以君命瞽瞍，舜虽不告，尧固告之矣。在瞽瞍不敢违，而在舜为可娶也，君臣父子夫妇之道，于是乎皆得。曰：然则象将杀舜，而尧不治焉，何也？子曰：象之欲杀舜，无可见之迹，发人隐匿而治之，非尧也。

子曰：伊尹之耕于莘，傅说之筑于岩，天下之事，非一一而学之；天下之贤才，非人人而知之也，明其在我者而已。

子曰：董子有言：仁人正其谊不谋其利，明其道不计其功。度越诸子远矣。

或问：陋巷贫贱之人，亦有以自乐，何独颜子？子曰：贫贱而在陋巷，俄然处富贵，则失其本心者众矣。颜子箪瓢由是，万钟由是。

子曰：有学不至而言至者，循其言可以入道。门人曰：何谓也？子曰：真积力久则入，荀卿之言也；优而柔之，使自求之，餍而饫之，使自驱之，若江河之浸，膏泽之润，涣然冰释，怡然理顺，杜预之言也；思之思之，又重新思之，思而不通，鬼神将通之，非鬼神之力也，精诚之极也，管子之言也。此三者，循其言皆可以入道，而三子初不能及此也。

子曰:孔子教人,各因其才,有以文学入者,有以政事入者,有以言语入者,有以德行入者。

子曰:老氏之言杂权诈,秦愚黔首,其术盖有所自。

或问:高宗之于傅说,文王之于太公,知之素矣,恐民之未信也,故假梦卜以重其事。子曰:然则是伪也,圣人无伪。

子曰:盟可用,要之则不可用。要而盟,与不盟同。使要盟而可用,则卖国背君,亦可要也。是故孔子舍蒲人之约,而卒适卫。

子曰:颜子之怒在物而不在己,故不迁。

子曰:仲尼之门,不仕于大夫之家,惟颜、闵、曾子数人而已。

或问:小白、子纠孰长? 子曰:小白长。何以知之? 子曰:汉史不云乎? 齐威杀其弟,盖古之传者云尔。有如子纠兄也,管仲辅之为得正,小白既夺其国,而又杀之,则管仲之于威公,乃不与同世之仇也。若计其后功而与其事威,圣人之言,无乃甚害于义,而启后世反复不忠之患乎?

子曰:生而知之者,谓理也,义也;若古今之故,非学不能知也。故孔子问礼乐,访官名,而不害乎生知也。礼乐官名,其文制有旧,非可凿知而苟为者。

子曰:人所不可能者,圣人不为也。或曰周公能为人臣所不能为,陋哉斯言也!

子曰:荀子谓博闻广见可以取道,欲力行尧、舜之所行,其所学皆外也。

子曰:工尹商阳追吴师,既及之,而曰我朝不坐,宴不与,杀三人足以反命。夫商阳惟当致力君命,而乃行私情于其间,慢莫甚焉,孔子盖不与也。其曰杀人之中又有礼焉,盖记《礼》者之谬也。

子曰:曾子易箦之际,志于正而已矣,无所虑也;与行一不义、杀一不辜而得天下不为者,同心。

子曰:孔子之道,得其传者,曾子而已矣。时门弟子才辩明智之士非不众也,而传圣人之道者,乃质鲁之人也。观易箦之事,非几于圣者不足以臻此。继其传者,有子思,则可见矣。

刘安节问:孔子未尝以仁许人,而称管仲曰:如其仁,何也? 子曰:阐幽之道也。子路以管仲不死子纠为未仁，其言管仲小矣，是以圣人推其有仁之功，或抑或扬，各有攸当。圣人之言类如此，学者自得可也。

子曰：在邦家而无怨，圣人发明仲弓，使之知仁也。然在家有怨者焉，舜是也；在邦而有怨者焉，周公是也。

子曰：尧、舜、孔子，语其圣则不异，语其事功则有异。

子曰：象忧喜，舜亦忧喜，天理人情之至也。舜之于象，周公之于管叔，其用心一也。管叔初未尝有恶，使周公逆度其兄将畔而不使，是诚何心哉？惟管叔之畔，非周公所能知也，则其过有所不免矣。

子曰：齐王欲养弟子以万钟，使夫国人有所矜式，其心善矣，于孟子有可处之义也，然时子以利诱孟子门人，故孟子曰：我非欲富也，如其欲富，则辞十万而受万乎？故当知孟子非不肯为国人矜式者，特不可以利诱耳。

子曰：不已则无间，天之道也；纯则不二，文王之德也。文王其犹天欤？

或问：庄周何如？子曰：其学无礼无本，然形容道理之言，则亦有善者。

子曰：世之博闻强识者众矣，其终未有不入于禅学者。特立不惑，子厚、尧夫而已，然其说之流，亦未免于有弊也。

子曰：瞻之在前，未能及也；忽焉在后，则又过也。其差甚微，其失则有过不及之异。是微也，惟颜子知之，故兴卓尔之叹也。

或问：后世有作，虞帝弗可及，何也？子曰：譬之于地，肇开而种之，其资毓于物者，何如其茂也！久则渐磨矣。虞舜当未开之时，及其聪明，如此其盛，宜乎后世莫能及也。胡不观之，有天地之盛衰，有一时之盛衰，有一月之盛衰，有一辰之盛衰，一国有几家，一家有几人，其荣枯休戚未有同者，阴阳消长，气之不齐，理之常也。

子曰：知之既至，其意自诚，其心自正。颜子有不善未尝不知，知之至也；知之至，是以未尝复行，有复行焉者，知之不至耳。

子曰：善恶皆天理，谓之恶者，或过或不及。无非恶也，杨、墨之类是也。

明道十五六时，周茂叔论圣道之要，遂厌科举，慨然欲为道学，而未知其方也。及泛滥于诸家，出入于释、老者几十年，反求诸《六经》，而后得之。

明道志康节之墓曰：先生少时，自雄其才，慷慨有大志。既学，力慕高远,谓先王之事为可必致。及其学益老,德益邵,玩心高明,观天地运化,阴阳消长,以达乎万物之变,然后颓然乎顺,浩然乎归。德气粹然,望之可知其贤,然不事表暴,不设防畛,正而不谅,通而不污,清明坦夷,洞彻中外。其与人言,必依于孝弟忠信,乐道人之善,而未尝及其恶。故贤者乐其德,不肖者服其化,所以厚风俗,成人材之功亦多矣。昔七十子学于仲尼,其传可见者,惟曾子所以告子思,而子思所以授孟子者耳。其余门人,各以其才之所宜为学,虽同尊圣人,所因而入者,门户则众矣。况后此千有余岁,师道不立,学者莫知所从来。独先生之学,得之于李挺之,挺之得之于穆伯长,推其源流,远有端绪。今李、穆之言及其行事,概可见也,而先生淳一不杂,汪洋高大,乃其所自得者多矣。然而名其学者,岂所谓门户之众,各有所因而入者与?语成德者,昔难其居。若先生之道,以其所至而论之,可谓安且成矣。

伯淳既没,公卿大夫议以明道先生号之。子为之言曰:周公死,圣人之道不行;孟轲死,圣人之学不传。道不行,百世无善治;学不传,千载无真儒。无善治,士犹得以明弗善治之道,以淑诸人,以传诸后;无真儒,则天下贸贸焉莫知所之,人欲肆而天理灭矣。先生生千四百年之后,得不传之学于遗经,天不憗遗,哲人早世。学者于道,知所向,然后见斯人之为功;知所至,然后见斯名之称情。山可夷,谷可堙,明道之名,亘万古而长存也。

君臣篇

子曰:人君欲附天下,当显名其道,诚意以待物,恕己以及人,发政施仁,使四海蒙其惠泽可也。若乃暴其小惠,违道干誉,欲致天下之亲己,则其道狭矣。非特人君为然也,臣之于君,竭其忠诚,致其才力,用否在君而已,不可阿谀逢迎,以求君之厚己也。虽朋友亦然,修身诚意以待之,疏戚在人而已,不可巧言令色,曲从苟合,以求人之与己也。虽乡党亲戚亦然。

子曰:君道以人心悦服为本。

子曰:君臣朋友之际,其合不正,未有久而不离者。故贤者顺理而安行,智者知几而固守。

子曰:君子有为于天下,惟义而已,不可则止,无苟为,亦无必为。

子曰:止恶当于其微,至盛而后禁,则劳而有伤矣。君恶既甚,虽以圣人救之,亦不免咈违也。民恶既甚,虽以圣人治之,亦不免于刑戮也。

子曰:人臣以忠信善道事其君者,必达其所蔽,而因其所明,乃能入矣。虽有所蔽,亦有所明,未有冥然而皆蔽者也。古之善谏者,必因君心所明,而后见纳。是故讦直强果者,其说多忤;温厚明辨者,其说多行。爱戚姬,将易嫡庶,是其所蔽也;素重四老人之贤而不能致,是其所明也。四老人之力,孰与夫公卿及天下之心? 其言之切,孰与周昌、叔孙通也? 高祖不从彼而从此者,留侯不攻其蔽而就其明也。赵王太后爱其少子长安君,不使为质于齐,是其蔽也;爱之欲其富贵久长于齐,是其所明也。左师触龙所以导之者,亦因其明尔,故其受命如响。夫教人者,亦如此而已。

子曰:小人之于君,能深夺其志,未有显明以道合者。

子曰:王者奉若天道,动无非天者,故称天王,命则天命也,讨则天讨也。尽天道者,王道也。后世以智力持天下者,霸道也。

子曰:人臣身居大位,功盖天下,而民怀之,则危疑之地也。必也诚积于中,动不违理,威福不自己出,人惟知有君而已,然后位极而无逼上之嫌,势重而无专权之过。斯可谓明哲君子矣,周公、孔明其人也。郭子仪有再造社稷之功,威震人主,而上不疑之也,亦其次欤!

张子厚再召如京师,过子曰:往终无补也,不如退而闲居,讲明道义,以资后学,犹之可也。子曰:何必然? 义当往则往,义当来则来耳。

子曰:刚健之臣事柔弱之君,而不为矫饰之行者鲜矣。夫上下之交不诚而以伪也,其能久相有乎?

或问:《升》卦有大臣之事乎? 子曰:道何所不在? 曰:大臣而犹升也,则何之矣? 子曰:上则升君于道,下则升贤于朝,己则止其分耳,分则当止而德则当升也。尽是道者,文王也。

子曰:士有志在朝廷而才不足者,有才可以济而诚不足者。苟诚至焉,正色率下,则用之天下治矣。

刘安节问:赐鲁天子礼乐以祀周公,可乎? 子曰:不可。人臣而用天子之所用,周公之法乱矣。成王之赐,伯禽之受,皆过也。王氏谓人臣有不能为之功,而周公能之,故赐以人臣不能用之礼乐,非也。人臣无不能为之功,周公亦尽其分耳。人臣所当为者而不为,则谁为之也? 事亲若曾子可也,其孝非过乎子之分也。亦免责而已。臣之于君,犹子之于父。苟不尽其责之所当为,则事业何自而立? 而谓人臣有不能为之功,是犹曰人子有不能为之孝也,而可乎? 后世有恃功责报而怏怏于君者,必此之言夫!

子曰:当为国之时,既尽其防虑之道矣,而犹不免,则命也。苟唯致其命,安其然,则危塞险难无足以动其心者,行吾义而已,斯可谓之君子。

子曰:君子之处高位也,有拯而无随焉;在下位也,则有当拯,有当随焉。

或问:为官僚而言事于长,理直则不见从也,则如之何? 子曰:亦权其轻重而已。事重于去则当去,事轻于去则当留,事大于争则当争,事小于争则当已。虽然,今之仕于官者,其有能去者,必有之矣,而吾未见之也。

范公为谏官,尝谏上曰:今欲富国强兵,将何以为? 子闻之曰:野哉! 乌足以格其君? 《周礼》所记,亦有强富之术,惟孟子为梁惠王言利之不可为,至于不夺不餍,言兵之不可用,至于及其所爱也,庶乎其可矣。

子曰:凡谏说于君,论辩于人,理胜则事明,气忿则招拂。

子曰:臣贤于君,则辅君以所不能,伊尹之于太甲,周公之于成王,孔明之于刘禅是也。臣不及君,则赞助之而已。

子曰:君子之事君也,不得其心,则尽其诚以感发其志而已,诚积而动,则虽昏蒙可开也,虽柔弱可辅也,虽不正可正也。古之人,事庸君常主而克行其道者,以己诚上达,而其君信之之笃耳。管仲之相威公,孔明之辅后主是也。

或问:陈平当王诸吕时,何不谏? 曰:王陵廷争不从,则去其位,平自意复谏者,未必不激吕氏之怒也。夫汉初君臣,徒以智力相胜,胜者为君,其臣之者非心说而臣事之也。当王诸吕时,而责平等以死节,庸肯苟死乎?

子曰:士方在下,自进而干君,未有信而用之者也。古之君子,必待上致敬尽礼而后往者,非欲崇己以为大也,盖尊德乐道之诚心,不如是不足与有为耳。

或谓:《屯》之九五曰屯其膏,然则人君亦有屯乎? 子曰:非谓其名位有损也,号令有所不行,德泽有所不下,威权去己而不识所收,如鲁昭公、高贵乡公是也。或不胜其忿,起而骤正之,则致凶之道。其惟盘庚、周宣乎!修德用贤,追先王之政,而诸侯复朝焉,盖以道驯致,不以暴为之也。若唐之僖宗、昭宗是也;恬然不为,至于屯极,则有亡而已。

昔有典选,其子当迁官,而固不之迁者,其心本自以为公,而不知乃所以为私也。或曰:古者直道而行,于嫌有所不避,后世人伪竞生,是以不免耳。

子曰:非无时也,时者人之所为,盖无其人耳。

子曰:择才而用,虽在君;以身许国,则在己。道合而后进,得正则吉矣。汲汲以求遇者,终必自失,非君子自重之道也。故伊尹、武侯救世之心非不切,必待礼而后出者以此。

子曰:事君者,知人主不当自圣,则不为谄谀之言;知人臣义无私交,则不为阿党之计。

或问:臣子加谥于君父,当极其美,有诸? 曰:正终大事也,加君父以不正之谥,知忠孝者不为也。

子曰:人臣之义,位愈高而思所以报国者当愈勤。饥则为用,饱则飞去,是以鹰犬自期也,曾是之谓爱身乎?

或谓:礼局设官,地清而职闲,可居也。子曰:朝廷举动有一违礼,则礼官当任其责,安得谓之闲?

或曰:未有大臣如介甫得君者。子曰:介甫自知之。其求去自表于上曰:忠不足取信,事事待于自明。使君臣之契果深,而有是言乎?

子曰:君贵明,不贵察;臣贵正,不贵权。

子曰:君子不轻天下而重其身,不轻其身而重天下。凡为其所当为,不为其所不可为者而已。

或问:孔子事君尽礼,而人以为谄。礼与谄异矣,谄何疑于尽礼? 子曰:当时事君者,于礼不能尽也,故以讥圣人。非孔子而言,必曰小人以为谄也,孔子曰:人以为谄而已。圣人道大德宏,故其言如此。

子进讲至南容三复白圭,中侍谓讲至南字,请隐之,子不听。讲毕进曰:人君居兆人之上,处天下之尊,只惧怕人过为崇奉,以生骄慢之心,此皆近习诌媚以养之耳。昔仁宗之世,宫嫔谓正月为初月,易蒸饼曰炊饼,皆此类,天下至今以为非。嫌名旧名,请勿复讳也。翼日,孙觉讲曰:子畏于正,子曰:以讳之故,独无地名可称也,谓畏于正,此何义也?

司马温公、吕申公、韩康公上子行义于朝,遂命以官,典西都之教,子辞不听,又辞曰:上嗣位之初,方图大治,首拔一人于畎亩之中,宜得英材,使天下耸动,知朝廷之急贤也。今乃官庸常之人,则天下何望?后世何观?朝廷之举何为?臣之受也何义?臣虽至愚,敢贪宠禄以速戾于厥躬?是以罔虞刑威,而必尽其说。愿陛下广知人之明以照四方,充取臣之心以求真贤,求之以其方,待之以其道,虽圣贤亦将为陛下出矣,况如臣者,何足道哉?又不听而召之至京师,且使校雠馆阁。子以布衣造朝也,则曰:草莱之臣蒙召而至,未见君,先受命,非礼也。既见于庭,又命之陛对,遂有讲筵之除。子退而上疏曰:知人则哲,尧、舜所难。臣进对于顷刻之间,陛下见臣何者而遽加擢任也?今之用臣,盖非常之举,必将责其报效,此天下之所观听也。苟或不然,则失望于今,而贻笑于后,可不谨哉?臣请有所言焉。古之人君,守成业而致盛治者,莫如周成王,其所以成德,则由乎周公。周公之辅成王也,幼而习之,所见必正事,所闻必正言,左右前后皆正人,故习与性长,化与心成。今陛下春秋方富,辅养之道不可不至也。所谓辅养之道,非谓告诏以言,过而后谏也,尤在涵养熏陶之而已矣。今夫一日之间,接贤士大夫之时多,亲寺人宦官之时少,则气质自化,德器自成。臣欲谨选贤德之士,以侍劝讲,讲读既罢,常留以备访问,从容燕语,不独渐磨德义,至于人情物态,稼穑艰难,日积既久,自然通达,比之深处宫闱,为益多矣。夫传德义者,在乎防闻见之非,节嗜欲之过;保身体者,在乎适起居之宜,存畏谨之心。故左右近侍,宜选老成重厚小心之人,服饰器用,皆须朴实之物;俾华巧靡丽不至于前,浅俗之言不入于耳。凡动作言语,必使劝讲者知之,庶几随事箴规,应时谏正。调护圣躬,莫过乎此矣。人君居崇高之位,持威福之柄,百官畏惧而莫敢仰视,万方崇奉而所欲必得,苟非知道畏义,所养如此,其惑可知。则中常之君,无不骄肆;英明之主,自然满假。此古今同患,治乱所由也。所以周公告成王,称前王之德,以寅畏祗惧为首云。夫儒者得以经术进说于人君,言听则志行,自昔抱道之士,孰不愿之？顾恨弗获。然自古君臣道合,靡不由至诚感通,信以发志。臣也道未行于室家,善未孚于乡党,而何足以动人主之心乎？苟不度其诚之未至,而姑善辞说于进退之间,为一时之观则可矣,必欲通于神明,光于四海,久而无斁,臣知其不可也。是以欲进而思义,喜时而愧己。夫海宇至广,贤俊非一人,愿博谋群臣,旁加收择,期得出类之贤,置诸左右,辅成圣德,则为宗社生灵之福矣。久之,意有不合,上书太后曰:臣鄙人也,少不喜进取,以读书求道为事,于兹几三十年。昔在两朝,累为当涂者荐扬。臣于是时,自顾道学之不足,不愿仕也。及上嗣位,陛下临朝,大臣仰体求贤愿治之心,搜扬岩穴,首及微臣,以为:召而不往,子思、孟轲则可,盖二人者处宾师之位,不往所以规其君也;如臣微贱,食土之毛而为王民,召而不至,则邦有常宪矣。是以奔走承命,甫至阙庭之外,又有馆职之除,方且表辞,遂蒙赐对。臣于是时,尚未有意于仕也。进至帝陛,咫尺天光,未尝一言及于朝政。陛下视臣,岂求进者哉？既而亲奉玉音,擢置经筵,事出望外,惘然惊惕。臣于斯时,虽以不才而辞,然许国之心已萌矣。辞不获命,于是服勤厥职。夫性朴而言拙,臣之所短也。若夫爱上之心,事上之礼,告上之道,则不敢不尽也。陛下心存至公,躬行大道,开纳忠言,委用耆德,直欲举太平,不止于因循苟安而已。苟能日谨一日,天下之事,诚不足虑。而方今所谓至急,为长久之计,则莫若辅养上德。历观前古,成就幼主,莫备于周公,为万世之法。愿陛下扩高世之见,以圣人之言为必可信,以先王之道为必可行,勿狃滞于近规,勿迁惑于众口,然后知周公诚不我欺也。考之《立政》之书,其言常伯常任之尊,与缀衣虎贲之贱,同以为戒,要在得人,以为知恤者鲜也。终篇反复,惟此一事而已。夫仆臣正厥后,克圣左右,侍御仆从,罔非正人,旦夕承弼,然后起居出入无违礼也,发号施令无不善也。后世不复知此,以谓人主就学,所以涉书史览古今也。夫此一端而已,苟曰如是而足,则能文宫人可以备劝讲,知书内侍可以充辅导,又何必置官设职,求贤德之士哉？自古帝王才质,鲜不过人,然完德有道之君至少,其故何哉？皆辅养不得其道,而势位使之然也。臣服职以来,六侍迩御,但见诸臣拱手默坐,当讲说者竦立案傍,解释数行,则已肃退。如此,虽弥年积岁,所益几何也？

亦已异于周公辅成王之道矣。或以谓上方冲幼宜尔者,不知本之论也。古之人,自能食能言而教之。是故大学之法,以豫为先。盖人之幼也,智愚未有所主,则当以格言至论,日陈于前,盈耳充腹,久自安习,若固有之者,日复一日,虽有谗说摇惑,不能入也。若为之不豫,及乎稍长,私虑偏好生于内,众口辨言铄于外,欲其纯全,不可得已。故所急在先,而不忧其太早也。或又曰:圣上天资至美,自无违道,则尤非也。莫圣于禹,而益以丹朱傲游慢虐为之戒,禹岂不知是也?以唐太宗之聪睿,躬历艰难,力平祸乱,年亦长矣,其始也,恶隋炀帝之侈丽,毁其层观,未六七年,乃欲治乾阳殿矣。人心奚常之有?所以圣贤处崇高之位,当盛明之际,不忘规戒,为虑至深远也。况幼冲之君,而可懈于闲邪拂违之道乎?夫开发之道有方,而朋习之益至切。夫学悦而后入,宜使上心泰而体舒,然后有所悦怿。今也前对大臣,动虞违谬,一言之出,史必书之。非所以逊人主之志而乐于学也。凡侍讲读,皆使兼视他职,比于辅导,则弗专矣。夫告于人者,非积其诚意则不能感发。古人以蒲卢喻教,谓以诚化也。今夫钟,怒而击之则声武,悲而击之则声哀。诚意之入也,其于人亦犹是矣。若使营营于职事,纷纷于心思,及至上前,然后责功于简册,望化于颊舌,不亦浅乎?道衰学废,世不得闻此言也久矣。虽闻之,必笑之,以为迂且诞也。陛下高识远见,当蒙鉴采。圣学不传,臣幸得之于遗经,不自量度,方且区区驾其说于学以示天下后世,不虞幸会,得备讲说于人主之侧。诚使臣得以所学上沃帝听,则圣人之道有可行之望,岂特臣之幸哉?

　　神宗首召伯淳,首访致治之要。子对曰:君道稽古正学,明善恶之归,辨忠邪之分,晓然趋道之至正,君志定而天下之治成矣。上曰:定志之道如何?子对曰:正心诚意,择善而固执之也。夫义理不先定,则多听而易惑,志意不先定,则守善而或移。必也以圣人之训为必当从,以先王之治为必可法,不为后世驳杂之政所牵滞,不为流俗因循之论所迁改,信道极于笃,自知极于明,去邪勿疑,任贤勿贰,必期致治如三代之隆而后已也。然患常生于忽微,而志亦戒乎渐习。故古之人君,虽从容燕闲,必有诵训箴谏,左右前后,罔匪正人,辅成德业。臣愿尊礼老成,访求儒学之士,不必劳以官职,俾日亲便座,讲论道义,又博延俊彦陪侍,法从朝夕延见,讲磨治体,则睿智益明,王猷允塞矣。今四海靡靡,日益偷薄,末俗哓哓,无复廉耻,盖亦尊德乐义之风未孚,而笃诚忠厚之化尚郁也。惟陛下稽圣人之训,法先王之治,体乾刚健而力行之,则天下之幸。上嘉纳焉。

明道告神宗曰:人主当防未萌之欲。上拱手前坐曰:当为卿戒之。因论人才。上曰:朕未之见也。曰:陛下奈何轻天下之士?上耸然曰:朕不敢。明道之未为台谏也,察荆公已信用矣,明道每进见,必陈君道以至诚仁爱为本,未尝一言及功利。上始疑其迂阔,而礼貌不少替也。一日,极论治道,上敛容谢曰:此尧、舜之事也,朕何敢当?明道愀然曰:陛下此言,非天下之福。上益敬之。荆公画策寖行,子意多不合,令出有不便者,即论奏之;其尤有益,则论大臣不同心,谓小臣预大计;谓青苗收二分之息,谓鬻祠部度牒良民为僧,谓民情怨咨而公论壅遏,谓兴利之臣日进而尚德之风寖衰,上不敢用,子遂以罪去。

明道补外官,入辞,上犹眷眷问政。他日,明道曰:当是时,吾不能感动君心,顾吾学未至,德未成也。虽然,河滨之人捧土塞孟津,亦复可笑。人力不胜,以至于今,岂非命哉!

心性篇

刘安节问:心有限量乎?曰:天下无性外之物,以有限量之形气用之,不以其道,安能广大其心也?心则性也,在天为命,在人为性,所主为心,实一道也。通乎道,则何限量之有。必曰有限量,是性外有物乎?

子曰:耳目能视听而不能远者,气有限也。心无远近。

子曰:占出于自然之理,声发于自然之气。听声者知其资之善恶,善卜者知其人之姓氏,是一道也。

子曰:论性而不及气,则不备;论气而不及性,则不明。

子曰:冲漠无眹,而万象森然,未应不为先,已应不为后。如百寻之木,本根枝叶则一气也。若曰高明之极,无形可见,必也形诸轨辙之间,非也。高明之极,轨辙之间,皆一贯耳。

子曰:见闻之知,乃物交而知,非德性所知。德性所知,不待于见闻。

子曰:告子言生之谓性,通人物而言之也。孟子道性善,极本原而语之也。生之谓性,其言是也。然人有人之性,物有物之性,牛有牛之性,马有马之性,而告子一之,则不可也。使孟子不申问,告子不嗣说,乌知告子之未知义,孟子为知言?

子曰:凡物既散则尽,未有能复归本原之地也。造化不穷,盖生气也。近取诸身,于出入息气见阖辟往来之理。呼气既往,往则不返,非吸既往之气而后为呼也。

子曰:上天之载,无声无臭之可闻,其体则谓之易,其理则谓之道,其命在人则谓之性,其用无穷则谓之神,一而已矣。

或问:性与天道,是诚不可得而闻乎?子曰:可自得之,而不可以言传也。他日,谢良佐曰:子贡即夫子之文章而知性与天道矣,使其不闻,又安能言之?夫子可谓善言,子贡可谓善听。

子曰:人心必有所止,无止则听于物,惟物之听,何所往而不妄也?或曰:心在我,既已入于妄矣,将谁使之?子曰:心实使之。

子曰:视听言动,身之用也。由中而应乎外,制乎外所以养其中也。

子曰:心本至虚,必应物无迹也。蔽交于前,其中则迁。故视听言动,必复于礼,制于外所以安其中也,久则诚矣。

张子曰:性通极于无,气其一物尔。命同禀于性,遇其适然尔。力行不至,难以语性,可以言气;行同报异,难以语命,可以言遇也。或问:命与遇异乎?子曰:遇不遇即命也。曰:长平死者四十万,其命齐乎?子曰:遇白起则命也。有如四海九州岛之人,同日而死也,则亦常事尔。世之人以为是骇然耳,所见少也。

或问:韩文公、杨雄言性如何?子曰:其所言者才耳。

或问:尽心之道,岂谓有恻隐之心而尽乎恻隐,有羞恶之心而尽乎羞恶也哉?子曰:尽则无不尽,苟一一而尽之,乌乎而能尽?

韩侍郎曰:凡人视听言动,不免幻妄者,盖性之不善也。子哂之曰:谓性不善者,则求一善性而易之,可乎?

子曰:君子虑及天下后世,而不止乎一身者,穷理而不尽性也。小人以一朝之忿,曾身之不惶恤,非其性之尽也。

子曰:天人无二,不必以合言;性无内外,不可以分语。

子曰:理与心一,而人不能会为一者,有己则喜自私,私则万殊,宜其难一也。

子曰:气质沉静,于受学为易。

子曰:志御气则治,气役志则乱。人忿欲胜志者有矣,以义理胜气者鲜矣。

王介甫曰:因物之性而生之,直内之敬也;成物之形而不可易,方外之义也。

子曰:信斯言也,是物先有性,然后坤因而生之,则可乎?

子曰:动以人则妄,动以天则无妄。

子曰:言愈多,于道未必明,故言以简为贵。

子曰:不知性善,不可以言学;知性之善而以忠信为本,是曰先立乎其大者也。

或曰:穷理,智之事也;尽性,仁之事也;至于命,圣人之事也。子曰:不然也。诚穷理,则性命皆在是,盖立言之势,不得不云尔也。

子曰:有为不善于我之侧而我不见,有言善事于我之侧而我闻之者,敬也,心主于一也。

或曰:惟闭目静坐,为可以养心。子曰:岂其然乎? 有心于息虑,则思虑不可息矣。

子曰:人之知识未尝不全,其蒙者犹寐也,呼而觉之,斯不蒙矣。

子曰:有得无得,于其心气验之;裕然而无不充悦者,实有得也;切切然心劳而气耗,谓已有得,皆揣度而知之者也。

子曰:所守不约,则泛然而无功。约莫如敬。

子曰:守之必严,执之必定,少息而纵之,则存者亡矣。

子曰:义理客气,相为消长者也。以其消长多寡,而君子小人之分,日以相远矣。

子曰:公则同,私则异,同者天心也。

或问:人有耻不能之心,可乎? 子曰:耻不能而为之,可也;耻不能而隐之,不可也。至于疾人之能,又大不可也。若小道曲艺,虽不能焉,君子不耻也。

或问:君子存之,何所存也? 子曰:存天理也。天理未尝亡,而庶民则亡之者众矣。

或问:志乎道,而玩之不乐,居之不安,何也? 子曰:无乃助之长欤?

子曰:人莫不知命之不可迁也,临患难而能不惧,处贫贱而能不变,视富贵而能不慕者,吾未见其人也。

或问敬忠孚信之别。子曰:一心之谓敬,尽心之谓忠,存之于中之谓孚,见之于事之谓信。

子曰:自得而动者,犹以手举物,无不从也。虑而后动者,犹以物取物,有中有不中矣。

或问:人情本明,其有蔽,何也? 子曰:性无不善,其偏蔽者,由气禀清浊之不齐也。

子曰:德性云者,言性可贵也。性之德,言性所有也。

张子曰:太虚至清,清则无碍,无碍故神。反清则浊,浊则有碍,碍则形窒矣。子曰:神气相极,周而无余。谓气外有神,神外有气,是两之也。清者为神,浊者何独非神乎?

或问:独处夜行而多惧心,何也? 子曰:烛理不明也。明理则知所惧者皆妄,又何惧矣? 知其妄而犹不免者,气不充也,敬不足也。

子曰:以私己为心者,枉道拂理,谄曲邪佞,无所不至,不仁孰甚焉!

子曰:尽性至命,必本于孝弟。穷神知化,由通于礼乐。刘安节问曰:孝弟之行,何以能尽性至命也? 子曰:世之言道者,以性命为高远,孝弟为切近,而不知其一统。道无本末精粗之别,洒扫应对,形而上者在焉。世岂无孝弟之人? 而不能尽心至命者,亦由之而弗知也。人见礼乐坏崩,则曰礼乐亡矣,然未尝亡也。夫盗贼,人之至不足道者也,必有总属,必有德顺,然后能群起,而谓礼乐一日亡,可乎? 礼乐无所不在,而未尝亡也,则于穷神知化乎何有？

子曰：未有不能体道而能无思者，故坐忘则坐驰，有忘之心，是则思而已矣。

或问：性之成形，犹金之为器欤？ 子曰：气比之金可也，不可以比性。

子曰：泛乎其思之，不如守约。思则来，舍则去，思之弗熟也。

子曰：天德云者，谓所受于天者未尝不全也。苟无污坏，则直行之耳。或有污坏，则敬以复之耳。其不必治而修，则不治而修，义也。其必治而修，则治而修，亦义也。其全天德一也。

或问：性善而情不善乎？ 子曰：情者性之动也，要归之正而已，亦何得以不善名之？

子曰：受于天之谓性，禀于气之谓才。才有善否，由气禀有偏正也。性则无不善。能养其气以复其正，则才亦无不善矣。

或问：赤子之心与圣人之心何以异？ 子曰：赤子之心已发，发而去道未远也。圣人之心，如明镜，如止水。

或问志意之别。子曰：志自所存主言之，发则意也。发而当，理也；发而不当，私也。

子曰：弘而不毅，则难立；毅而不弘，则无以居之。

杨迪言于子曰：心迹，固夫子以为无可判之理，迪也疑焉。子曰：然则舜同象之忧喜，孟子不以为伪，即是宜精思以得之，而何易言也？

子曰：与叔昔者之学杂，故常以思虑纷扰为患，而今也求所以虚而静之，遂以养气为有助也。夫养气之道，非槁形灰心之谓也。人者生物也，不能不动，而欲槁其形；不能不思，而欲灰其心；心灰而形槁，则是死而已也。其从事于敬以直内，所患则亡矣。

游酢曰：能戒谨于不睹不闻之中，则上天之载，可循序而进矣。子曰：是则然矣。虽然，其序如之何，循之又如何也？ 荀卿曰：始乎为士，终也为圣，其言是也。而曰性者恶也，礼者伪也，然则由士而圣人者，彼亦不知其所循之序矣。可不深思而谨择乎？

子曰：有能全体此心，学虽未尽，但随分以应事物，虽不中不远矣。

子曰:西北与东南,人材不同,气之厚薄异也。

或问:心有存亡乎? 子曰:以心无形体也,自操舍言之耳。夫心之所存,一主乎事,则在此矣。子因以目视地曰:过则无声臭矣。其曰放心者,谓心本善而流于不善是放心也。心则无存亡矣。

子曰:佛者平居高谈,自谓见性得尽,至其应物处事,则有惘然不知者,是实未尽所得也。

或问:有言求中于喜怒哀乐未发之前可也。子曰:求则是有思也,思则是已发也。然则何所据依,何以用功哉? 子曰:存养而已矣。及其久也,喜怒哀乐之发,不期中而自中矣。

子曰:不欲则不惑,惑者由有所欲也。欲,非必盘乐也,心有所向,无非欲也。

或曰:心未有所感之时,何所寓也? 子曰:莫知其向,何为而求所寓? 有寓,非所以言心也,惟敬以操之而已。

子曰:邪说虽炽,终不能胜正道。以人之秉彝不可亡也。然亦恶其善惑人心,是以孟子欲正人心,息邪说。

子曰:人必有仁义之心,然后仁义之气睟然达于外。

子曰:善恶云云者,犹杞柳之论也。善恶混云者,犹湍水之说也。

子曰:人性果恶耶,则圣人何为能反其性,以至于斯也?

子曰:受命于天。或者服饵致寿,是天命而可增益也。

子曰:卜筮将以决疑也。今之人独计其一身之穷通而已,非惑夫?

子曰:君子以识为本,行次焉。今有人,力能行之,而识不足以知之,则有异端之惑,将流荡而不知反,好恶失其宜,是非乱其真,虽有尾生之信、曾子之孝,吾弗贵也。

子厚曰:必有事焉而勿正心,勿忘勿助长者,其入神之奥乎! 学者欲以思虑求之,既以自累其心于不神矣,乌得而求之哉? 子曰:有所事,乃有思也,无思则无事矣。孟子于是论养气之道,而未遽及夫神也。子厚曰:勿忘者,亦不舍其灵明,善应之耳。子曰:存不舍之心,安得谓之灵明? 然则其能善乎? 子曰:意、必、固、我既亡之后,必有事焉,此学者所宜尽心也。

子曰:夜气之所存者,良知也,良能也。苟扩而充之,化旦昼之所梏,为夜气之所存,然后有以至于圣人也。

子曰:甚矣,欲之害人也! 人为不善,欲诱之也。诱之而不知,则至于灭天理而不知反。故目则欲色,耳则欲声,鼻则欲香,口则欲味,体则欲安,此皆有以使之也。然则何以窒其欲? 曰:思而已矣。觉莫要于思,惟思为能窒欲。

子曰:自性得者皆善也,而有仁义礼智之名者,以其所施之不同。合而言之,一道也。舍而行之,是悖理而违道也。而世言道与性者,必曰超然眇乎四端之外,是亦不学之过也。

子曰:闻见之知非德性之知,德性所知,不假闻见。

子曰:世之人乐其所不当乐,不乐其所当乐;慕其所不当慕,不慕其所当慕;皆由不思轻重之分,不知求放心而求放鸡犬者也。

子曰:有一物而相离者,如形无影不害其形成形,水无波不害其为水。有两物而必相须者,心无目不能视,目无心不能识也。

子曰:莫大于性。小人云者,非其性然也,自溺于小而已,是故圣人闵之。

子曰:人之性犹器,受光于日。佛氏言性,犹置器日下,倾此于彼尔,日固未尝动也。

子曰:心具天德,心有不尽,则于天德不尽,其于知天难矣。

子曰:真元之气,气所由生,外物之气,不得以杂之;然必资物之气而后可以养元气,本一气也。人居天地一气之中,犹鱼之在水,饮食之真味,寒暑之节宜,皆外气涵养之道也。

子曰:神与气未尝相离,不以生存,不以死亡,而佛言有一物不亡而常存,能盗胎夺荫,则无是理也。

子曰:不诚不庄,而曰尽性者,无之。性之德无伪慢,不免乎伪慢者,未尝知其性也。

子曰:体会必以心。谓体会非心,于是有心小性大之说。圣人之心,与天为一。或者滞心于智识之间,故自见其小耳。

或问:克伐怨欲不行而非仁,同也? 子曰:无是四者,非仁而何? 原宪之问,在于止而不行,未免于有是心也。故曰可以为难而已。盖将以起原宪之问而进之,而宪不能也。

或问:君子存之,如何其存也? 子曰:必有事焉而勿正心,勿忘勿助长,乃存之之道也。

子曰:无妄,天性也。万物各得其性,一毫不加损矣。

子曰:感而遂通,感非自外也。

子曰:退藏于密者,用之源也。

子曰:人心,私欲也,危而不安;道心,天理也,微而难得。惟其如是,所以贵于精一也。精之一之,然后能执其中,中者极至之谓也。

子曰:鸢飞戾天,鱼跃于渊,言其上下察也,此子思开示学者切要之语也。孟子曰:必有事焉而勿正心,勿忘,其意犹是也。有得于此者,乐则生,生则乌可已也? 无得于此者,役役于见闻,知思为机变之巧而已。

子曰:知命者达理也,受命者得其应也。天之应若影响然,得其应者常理也。致微而观之,未有不应者;自浅狭之所见,则谓其有差矣。天命可易乎? 然有可易者,惟其有德者能之。

韩康公曰:今有人顿然明尽者,子信诸? 子曰:必也生而知之,然未之见也。凡所贵乎学者,不谓生而知之者也。孟子曰:尽其心者,知其性也;存其心,养其性,所以事天也,言其至也。佛氏于阴阳生死古今,未之识也,而谓得夫形而上者与吾圣人无二致,可乎? 人才智愈明,其所陷溺愈深,可不戒乎?

子曰:学必知自慊之道。有一毫不自慊,则子厚所谓有外之心,不足以合天心也。

子曰:率气在志,养气在直内;有私意则馁,无不义则浩然。

子曰:心活则周流无穷,而不滞于一隅。

子曰:质之美者,一明即尽,浊滓浑化,斯与天地同体矣。庄敬持养,抑其次也;及其至,则一也。

或问:多怒多惊,何也? 子曰:主心不定也。

子曰:心尽乎,智周万物;而不尽乎,如死灰。形尽乎,动容周旋;而不尽乎,如槁木。以寂灭湛静为道者,其分远矣。

张子厚问伯淳曰:定性未能不动,犹累于外物,何也？子曰:所谓定者,静亦定,动亦定,无将迎,无内外。苟以物为外,牵己而从之,是以性为有内外也。性为随于外,则当其在外时,何者在内也？是有意于绝外诱,而不知性之无内外也。既以内外为二本,则又乌可语定哉？夫天地之常,以其心普万物而无心,圣人之常,以其情顺万事而无情。故君子之学,莫若廓然而大公,物来而顺应。苟规规于外诱之除,将见灭于东,生于西也。非其日之不足,顾其端无穷,不可得而除也。人之情各有所蔽,故不能适道。其害在于是内而自私也,用智也。自私则不能以有为为应迹,用智则不能以明觉为自然。今以恶外物之心,而求照无物之地,是反鉴而索照也。与其非外而是内,不若内外之两忘也。两忘,则澄然无事矣,无事则定,定则明,明则何物之为累哉？圣人之喜,以物之当喜;圣人之怒以,物之当怒;喜怒不系于心而系于物,圣人未尝绝物而不应也。人之情易发而难制者,惟怒为甚。能以方怒之时,遽忘怒心,而观理之是非,亦可见外诱之不足恶,而于道亦思过半矣。

人物篇

子曰:万物之始,气化而已。既形气相禅,则形化长而气化消。

子曰:人以累物为患,必以忘物为贤,其失一也。

子曰:物固有是理,因而充长之,不俟乎造为,故曰益长裕而不设,设则伪矣。

子曰:观物理,于察己之理明,则无往而不识矣。

子曰:君子循理,故常泰;小人役于物,故多忧戚。

子曰:时者,圣人之所不能为也,而人之智愚,世之治乱,圣人必示以可易之道者,岂徒为教哉？盖有其理也。

子曰:物形有小大精粗之不同,神则一而已。

子曰:物相入则相说,说则相入。说以正为贵。君子之道,致说于民,如天地之施焉。

子曰：君子之自尚，盖非一致：有抱道不偶，而高洁自守者焉；有知止足之戒，退而保身者焉；有量能度分，安于不求者焉；有清介远引，不屑世故者焉。孔子所谓志则可者，进退合道者也。

子曰：二气五行，刚柔万殊，圣人由一理复其初也。

子曰：非仁无以见天地。

子曰：感慨杀身，常人之所易；处死生之际，雍容就义，君子之所难。

子曰：观物于静中，皆有春意。

子曰：圣贤之处世，莫不于大同之中有不同焉。不能大同者，是乱常拂理而已；不能不同者，是随俗习污而已。

子曰：一行非所以名圣人。

子曰：有志之士，不以天下万物挠己；己立矣，则运天下，济万物，必有余裕。

或问：凡人辨论，自直其说，求胜人而无含容之气，何也？ 子曰：识量狭也。圣人之有量，天资也；君子之有量，学识也。圣人与日月并明，故天地同量。下此者，犹之江海也，钟鼎也，釜斛也，斗筲也，其涯虽异，其受也不齐，而未有不满者也。惟道无限量，知道者量必宏，学而充之，则亦随其知之所至而已。人有受一荐而满者，有得一官而满者，推而上之，至于为公辅而满者，方其未满，犹可蔽也，既不能承，则必盈溢，不可掩也。邓艾位登三公，年七十矣，其自处亦善，及破蜀有功，则心动矣。谢安闻苻坚之败，不形喜色，及折屐齿，则心动矣。有饮酒既醉而执礼愈恭者，虽贤于颠沛，而为酒所动，一也。富贵公子折身过于谦抑，视骄傲者亦贤矣，亦为富贵所动也。

或问：视朋友之过，不告则不忠，善告之不听，则当何如？ 子曰：诚意交孚于未言之前，虽不言人信之矣。不信者，诚不至也。

子曰：匹夫悍卒，见难而能死者，多矣。惟妻孥之牵，情欲之爱，能断而不惑者，鲜矣哉！

子曰：勇一也，而用不同。勇于气者，小人也；勇于义者，君子也。

刘安节问：人有少而勇，老而怯；少而廉，老而贪。何为其然也？ 子曰：

志不立,为气所使故也。志胜气,则一定而不可变也。曾子易箦之际,其气微可知也。惟其志既坚,则虽死生之际,亦不为之动,况老少之异乎?

子曰:以己及物,仁也;推己及物,恕也。

子曰:天下之聚,贵以正。聚不以正,于人则为苟合,于财则为悖入。

子曰:学者必识圣贤之体:圣人犹化工也,贤人犹巧工也,翦彩以为花,设色以画之,非不宛然肖之,而欲观生意之自然,则无之也。

子曰:不以己待物,而以物待物,是谓无我。

子曰:圣人之明犹日月,不可过也,过则不明矣。

子曰:一介之士,苟存心于爱物,亦必有所济。

子曰:气之所钟,有偏正,故有人物之殊;有清浊,故有智愚之等。

刘安节问:太古之时,人物同生。子曰:然。纯气为人,繁气为物乎? 子曰:然。其所生也,无所从受,则气之所化乎? 子曰:然。

子曰:物穷而不变,则无不易之理。《易》者,变而不穷也。

子曰:万物始生也,郁结未通,则实塞于天地之间,至于畅茂,则塞意亡矣。

子曰:哲人知几,诚之于思乎! 志士励行,守之于为乎! 顺理则裕,而从欲则危乎!

子曰:君子之教人,或引之,或拒之,或各因所亏者成之而已。

张子曰:洪钟未尝有声,由扣乃有声。圣人未尝有知,由问乃有知。子曰:谓圣人无知,则当不问之时,其犹木石乎? 张子曰:有不知则有知,无不知则无知,故曰圣人未尝有知,由问乃有知也。

或问:天民与大人之道何以异? 子曰:顺天而行道者,天民也;顺天而为政者,天吏也;大人则进乎此矣。

子曰:君子处难,贵守正而不知其他也;守正而难不解,则命也。遇难而不固其守,以自放于邪滥,虽使苟免,斯亦恶德也。知义命,不为也。

子曰:先儒母弟之说,非也。《礼》云立嫡子,母弟者谓嫡也,非以同母为加亲也。以同母为加亲,是知母而不知父,非人道也。

子曰:圣人之德,无所不盛。古之称圣人者,自其尤盛而言之。尤盛者,见于所遇也。而或以为圣人有能有不能,非知圣人者也。

子曰:厚责于吾所感,薄责于吾所应,惟君子能之。

子曰:圣人责人缓而不迫,事正则已矣。

或问:君子之与小人处也,必有侵陵困辱之患,则如之何?曰:于是而能反己,兢谨以远其祸,则德益进矣。《诗》不曰:他山之石,可以攻玉?

子曰:人各亲其亲,然后能不独亲其亲。

子曰:君子常过于厚,小人常过于薄。君子常过于爱,小人常过于忍。

子曰:欲利己者必损人,欲利财者必敛怨。

子曰:今之世,称曰善人者,岂如无恶可欲也哉?殆亦昏弃无立之异名。

子曰:圣人之心未尝有,志亦无不在,盖其道合内外,体万物。

子曰:圣人之心,虽当忧劳,未尝不安静;其在安静,亦有至忧,而未尝劳也。

子曰:万物之理皆至足,而人于君臣父子之间,不能尽其分者多矣。

子曰:无物无理,惟格物可以尽理。

或问:圣人之道,其难知也?子曰:圣人未尝言易以骄人之志,亦未尝言难以阻人之进,盖曰未之思也,夫何远之有?是言也,涵蓄无穷之旨,学者宜深思也。

子曰:羁靮以御马,而不以制牛,人皆知羁靮之制在人,而不知羁靮之用本于马也。圣人之化亦如是。

子曰:君子之道,贵乎有成。有济物之用,而未及乎物,犹无有也。

子曰:天地万物之理,无独必有对。

子曰:圣人,天地之用也。

子曰:圣人尽道,以其身之所行者教人,是欲天下之人皆至于圣人之域也。佛氏逃父弃家,毁绝伦类,独处山林之下,乃以所轻所贱者施诸人,岂圣人君子之心哉?

子曰:凡物有形,则声色臭味具焉。四者之虚实均而实胜也,意言数象亦然。

子曰:梦之所接无形声,而心所感通则有形声之理。物生者气聚也,物死者气散也。

子曰:君子在蹇则有以处蹇,在困则有以处困,道无时而不可行也,不以蹇而蹇,困而困也。

子曰:元者物之先也。物之先,未有不善者。成而后有败,兴而后有衰,得而后有失,事无不然者。故孔子赞之曰:元者善之长也。

子曰:凡人有己,必用才。圣人忘己,何才之足言?

或问:符瑞之事有诸? 子曰:有之。圣人不道焉,何也? 曰:因灾异而修德则无损,因祯祥而自恃则有害,是以不道也。

子曰:尧夫云:能物物,则我为物之人也;不能物物,则我为物之物也。夫人自人,物自物,其理昭矣。

子曰:合而生,非来也;尽而死,非往也。然而精气归于天,形魄归于地,谓之往亦可矣。

子曰:与昧者语,如持掖醉人,左扶之则右仆,右扶之则左仆,欲其卓立中涂,不可得也。

子曰:庄周言神人者,非也。圣而不可知,则不可得而名,故以神称之,非谓神人加于圣人一等也。

子尝言:昔游乎雍华之间,关西学者六七人从予行。一日亡千钱,仆者曰:非晨装遗失,必涉水沉之矣。子曰:惜哉! 有谓子曰:是诚可惜也。又有曰:微哉千钱,又何足惜? 又有曰:水中囊中,人亡人得,可以一视,何叹可惜? 子曰:人苟得之,则非亡矣。今乃坠诸水,则无用,吾是以叹之。及语吕与叔曰:人之器识,乃如是之不同也! 与叔曰:夫三子之言如何? 子曰:最后者善。与叔曰:善则善矣,观夫子之言,则见其有体而无用也。予因善志之。既十有五年,阅故编见之,思与叔不幸而蚤死,为之陨涕。

子曰:君子之学,必日进则日新,不日进必日退,未有不进而不退者。惟圣人之道,无进退,以其所造者极也。

子曰:圣人之言,其远如天,若不可阶而升也。其近若地,则亦可以履而行也。

子曰:有求为圣人之志,然后可以共学;学而善思,然后可以适道。

子曰:多权者害诚,好功者害义,取名者贼心。

子曰:君子好成物,故吉;人好败物,故凶。

子曰:万物皆备于我。心与事遇,则内之所重者更互而见。此一事重则此一事出。惟能物各付物,则无不可矣。

子曰:为有为而以无为为之,是乃有为耳。圣人无为异于是。

子曰:元气会则生圣贤。

子曰:凡物参和交感则生,离散不和则死。

子曰:君子之于义,犹小人之于利也。唯其深喻,是以笃好。

子曰:圣人济物之心无穷,而力或有所不及。

子曰:聚为精气,散为游魂;聚则为物,散则为变。观聚散,则鬼神之情状著矣。万物之始终,不越聚散而已。鬼神者,造化之功也。

子曰:才高者多过,过则一出焉,一入焉。才卑者多不及,不及者殆且弛矣。

或曰:凡物之出,各自其气之所胜而化焉。子曰:何以见之? 曰:如木之生,新根既大,则旧根化矣。子曰:是克也。或曰:克则木化为土而何? 子曰:非化也,克也。物无一定,盛衰相因,古之人以迭王言五行,尽之矣。或曰:五行一气也,其本一物耳。子曰:五物也。五物备,然后生。犹五常一道也,无五则亦无道。然而既曰五矣,则不可浑而为一也。

子曰:物有本末,而本末非二道也。

子曰:致中和,天地位焉,万物育焉,曰致曰位,非圣人不能言,子思盖得之云尔。

子曰:圣人无私无我,故功高天下,而无一介累其心。盖有一介存焉,未免乎私己也。

子曰:圣人之心,如天地之造,生养万物而不尸其功,应物而见于彼,复何存于此乎?

子曰:轻浮巧利之人,去仁远矣。

子曰:天理无私。一入于私,虽欲善其言行,皆非礼。

子曰:不履圣贤之行,则亦不能入其阃奥。

子曰:不可为而为之,圣人无忘天下之心也。

子曰:隘与不恭,君子不由,拔本塞源之教也。

子曰:因是人有可喜则喜之,圣人之心本无喜也。因是人有可怒则怒之,圣人之心本无怒也。譬诸明镜试悬,美物至则美,丑物至则丑,镜何有美丑哉?君子役物,小人役于物。今人见可喜可怒之事,必容心其间,若不啻在己者,亦劳矣。

子曰:上下一于敬,则天地自位,万物自育,气无不和,四灵何所不至?此圣人修己以安百姓之道也。

子曰:为恶之人,原于不知思,有思则心悟。

子曰:物未尝不齐也,强欲齐之者,非物不齐也,汝自不齐耳。

子曰:上竿而戏者,自数尺至于百尺,习化其高也,况圣人至诚妙物之功乎!

子曰:圣人一言,即全体用,不期然而然也。

子曰:人之所以为人者,以有天理也。天理之不存,则与禽兽何异矣?

或问:于《传》有言,太古之时,人有牛头蛇身者,信乎?子曰:谓之人,则无是矣。或言其赋形之有肖焉,则可谓云尔已矣。

子曰:物我一理,明此则尽彼,尽则通,此合内外之道也。语其大,至天地之所以高厚;语其小,至于一草一木所以如此者,皆穷理之功也。

子曰:穷物理者,穷其所以然也。天之高,地之厚,鬼神之幽显,必有所以然者。苟曰天惟高耳,地惟厚耳,鬼神惟幽显耳,是则辞而已,尚何有哉?

子曰:惟圣人凝然不动。

子曰:惟圣人善通变。

子曰:五行在天地之间,有则具有,无生出先后之次也。或水火金木土之五者为有序不可也,然则精神魂魄意之五者为序亦不可也。

——辑自(宋)程颢、程颐《二程集》,第四册,中华书局1981年出版,第1167—1272页。又,中华书局编辑出版的两册《二程集》("理学丛书"),亦收《二程粹言》,1981年出版(2004年重印本)

附录二 杨文靖公墓志铭

胡文定公

　　自孟子没，遗经仅在，而圣学不传。所谓见而知之，与闻而知之者，世无其人。则有西方之杰，窥见间隙，遂入中国。举世倾动，靡然从之，于是人皆失其本心，莫知所止，而天理灭矣。宋嘉祐中，有河南二程先生得孟子不传之学于遗经，以倡天下，而升堂睹奥，号称高第，在南方则广平游定夫、上蔡谢显道与公三人是也。

　　公讳时，字中立，姓杨氏。既没逾年。诸孤以右史吕本中所次《行状》来请铭。谨案杨氏出于弘农，为望姓，五世祖唐末避地闽中，寓南剑之将乐县，因家焉。

　　公资禀异甚，八岁能属文。熙宁九年中进士第，调汀州司户参军，不赴，杜门种学，渟滀涵浸，人莫能测者几十年。久之，乃调徐州司法。丁继母忧，服阕，授虔州司法。公烛理精深，晓习律令，有疑狱，众所不决者，皆立断。与郡将议事，守正不倾。罢外艰，除丧，迁瀛洲防御推官。

　　知潭州浏阳县。安抚使张公舜民以客礼待之。漕使胡师文恶公之与张善也，岁饥，方赈，劾以不催积欠，坐冲替。张公入长谏垣，荐之，除荆南教授，改宣德郎、知杭州余杭县，迁南京宗子博士。会省员，知越州萧山县，提点均州明道观、成都府国宁观。后例罢，差监常州市易务，公年几七十矣。

　　是时天下多故，或说当世贵人以为事至此必败，宜力引耆德老成，置诸左右，开导上意，庶几犹可及也，则以秘书郎召。到阙，迁著作郎，及对，陈徼戒之言,除迩美殿说书。公知时势将变,遂陈论政事,其略曰:"近日蠲除租税,而广济军以放税降官,是诏令为虚文耳;安土之民不被惠泽,而流亡为盗者独免租赋,百姓何惮不为盗;夫信不可去,急于食也,宜从前诏嘉祐通商榷茶之法,公私两便;今茶租钱如故,而榷法愈急,宜少宽之;诸犯榷货,不得根究来历,今茶法独许根究,追呼蔓延,奸狯充斥,宜即革之;东南州县均敷盐钞,迫于殿最,计口而授,人何以堪。宜酌中立额,使州县易办,发运司宜给籴本,以复转般之;旧和预买,宜损其数而实支所买之直;燕云之军,宜退守内郡,以省运输之劳;燕云之地,宜募边民为弓箭手,使习骑射,以杀常胜军之势;卫士,天子爪牙,而分为二三,宜循其旧,不可增损。"凡十余事,执政不能用,而虏骑已入寇。则又言:"今日所急者,莫大于收人心。边事之兴,免夫之役,毒被海内,误国之罪,宜有所归。西城聚敛,东南花石,其害尤甚,宿奸巨猾,借应奉之名,豪夺民财,不可数计。天下积愤郁而不得发几二十年,欲致人和,去此三者。"

会渊圣嗣位,公乞对曰:"君臣一体。上皇痛自引咎,至托以倦勤避位。而宰执叙迁安受不辞,此何理也? 城下之盟,辱亦甚矣,主辱臣死,大臣宜任其责,而皆首为窜亡自全之计,陛下孤立何赖焉? 乞正典刑,为臣予不忠之戒。童贯为三路总帅,虏人侵疆,弃军而归,置而不问,故梁方平、何灌相继逃去,大河天险,弃而不守,虏人奄至城下,而朝廷不知,帅臣失职,无甚于此,宜以军法从事。防城所仍用阉人提举,授以兵柄,此覆车之辙,不可复蹈。"渊圣大喜,擢右谏议大夫。

虏人厚取金帛,又遂赂以三镇,遂讲和而去。公上疏曰:"河朔朝廷重地,三镇又河朔要藩,今一旦弃之虏廷,以二十州之地,贯吾腹中,距京城无藩篱之固,戎马疾驱,不数日而至,此非经远之谋。四方勤王之师,逾月而后集,使之无功而去,厚赐之则无名,不与则生怨,不可不虑也。始闻三镇之民欲以死拒守,今若以兵摄之,①使腹背受敌,宜可为也。朝廷欲专守和议,以

---

①　今若以兵蹑之　"摄",原作"蹑",各本同,误。《宋史》卷四二八:"三镇拒其前,吾以重兵摄其后",据改。按:原校记在卷末,今按本书体例,随文在该页下注,下同此。

契丹百年之好,犹不能保,宁能保此狂虏乎!夫要盟神不信,宜审处之,无至噬脐。"

于是渊圣乃诏出师,而议者多持两端,屡进屡却。公又言:"闻虏人驻兵磁、相,劫掠无算,誓书之墨未干,而叛不旋踵。肃王初约及河而反,今挟之以往,此叛盟之大者,吾虽欲专守和议,不可得也。今三镇之民以死拒之于前,吾以重兵拥其后,此万全之计,望断自宸衷,无惑浮言。"而议者不一,故终失此机会,于是太原诸郡皆告急矣。

太学生伏阙,乞留李纲、种师道,军民从之者数万人。执政虑其生乱,引高欢事揭榜于衢,且请以礼起邦彦。公言:"士民伏阙,诟骂大臣,发其隐慝,无所不至,出于一时忠愤,非有作乱之心,无足深罪。李邦彦首画遁逃之策,捐金割地,质亲王以主和议,罢李纲而纳誓书,李邺奉使失辞,惟虏言是听,此二人者国人之所同弃也。今敷告中外,乃推平贼和议之归功此二人,非先王宪天自民之意,宜收还榜示,以慰人心。"邦彦等既罢,赵野尚存,公复言:"野昔尝建言,①请禁士庶以'天'、'王'、'君'、'圣'为名者,上皇后以为谄谀之论,废格不行,而野犹泰然不以为耻,乞赐罢黜。"上皆从之。

或意太学生又将伏阙鼓乱,乃以公兼国子祭酒,遂言:"蔡京以继述神宗皇帝为名,实挟王安石以图身利,故推尊安石,加以王爵,配享孔子庙庭。然致今日之祸者,实安石有以启之也。谨按安石著为邪说,②以涂学者耳目、败坏其心术者,不可缕数,姑即一二事明之。昔神宗皇帝称美汉文罢露台之费,安石乃言:'陛下若能以尧舜之道治天下,虽竭天下以自奉,不为过也。'夫尧舜茅茨土阶,其称禹曰'克俭于家',则竭天下者,必非尧舜之道。后王黼以三公领应奉司,号为享上,实安石自奉之说有以倡之也。其释《凫鹥》之末章则曰:'以道守成者,役使群众,泰然而不为骄,宰制万物,费而不为侈。'

---

① 野昔尝建言 "言",原作"不",各本同。按日本庆安二年风月庄左卫门刻本、日本文政七年刻本作"言",据改。

② 谨按安石著为邪说 "著",原作"昔",误。按《宋史》卷四二八:"谨按安石佞管、高之术,伤六艺以文奸言,变乱祖宗法度……其著为邪说,以涂学者耳目。"又本卷下文《答陈幾叟书》,"其章疏中所论王氏著为邪说,以涂学者耳目",可参考。

按此章止谓能持盈，则神祇祖考安乐之，无后艰耳，而安石独为此说。后蔡京辈争以奢僭相高，轻费妄用，穷极淫侈，实安石此说有以倡之也，其害岂不甚哉！乞正其学术之谬，追夺王爵，明诏中外，毁去配享之像。"遂降安石从祀之列。谏官冯澥力主王氏，上疏诋公，又会学官纷争，有旨皆罢。即上章乞出，除给事中，章又四上，请去益坚。以徽猷阁直学士提举西京崇福宫，又恳辞职名不当得。有旨："杨某学行醇固，谏诤有声，请闲除职，累月恳辞，宜从其志，以励廉退。"改徽猷阁待制。

上即位，除工部侍郎。论自古贤圣之君，未有不以典学为务者，以君德再是故也。上然之，除兼侍讲。二年，以老疾乞出，除龙图阁直学士，提举杭州洞霄宫。四年，上章告老，从之。绍兴五年四月二十四日终于正寝，享年八十有三，葬本邑西山之原。

近臣朱震奏，公尝排邪说以正天下学术之谬，辩诬谤以明宣仁圣烈之功，雪冤抑以复照慈圣献之位，据经论事，不愧古人。所著《三经义辩》，有益学者，乞下本州岛抄录。仍优恤家。有旨赠官，赙以金帛。娶余氏，赠硕人，先卒。子五人，迪早卒，迥、遹、适、造已仕。女四人，长适陈渊，次陆棠，次李郁，次未嫁。孙男七人，孙女五人，曾孙一人。

公天资夷旷，济以问学，充养有道，德器早成。积于中者，纯粹而闳深；见于外者，简易而平淡。闲居和乐，色笑可亲。临事裁处，不动声气。与之游者，虽群居终日，嗒然不语，饮人以和，而鄙薄之态自不形也。推本孟子性善之说，发明《中庸》《大学》之道，有欲知方者，为指其攸趣，无所隐也。当时公卿大夫之贤者，莫不尊信之。

崇宁初，代余典教渚宫，始获从公游，三十年间，出处险夷，亦尝睨之熟矣。视公一饭，虽蔬食脆甘，若皆可于口，未尝有所嗜也。每加一衣，虽狐貉缊袍，皆适于体，未尝有所择也。平生居处，虽敝庐厦屋，若皆可以托宿，未尝有所羡而求安也。故山之田园，皆先世所遗，守其世业，亦无所营增豆区之入也。老之将至，沉伏下僚，厄穷遗佚，若将终身焉，子孙满前，每食不饱，亦不改其乐也。

然则公于斯世，所欲不存，果何求哉？心则远矣。凡训释论辩，以辟邪说,存于今者,其传浸广,故特载宣和末年及靖康之初诸所建白,以表其深切著明。而公之学于河南小尝试之,其用已如此,所谓"援而止之而止",必有以也。进不隐贤,必以其道,岂不信乎!世或以不屑去疑公,盖浅之为丈夫也。铭曰:

天不丧道,文其在兹。维天之命,尸者其谁?孰能识车中之状,意欲施之。兄弟而处,并为世师。伟兹三贤,阔步共驰。有学术业,颜其馁而。公名最显,垂范有词。① 岂不见庸,孔艰厥时。狂澜奔溃,砥柱不攲。邪说害正,倚门则挥。嗟彼奸罔,谗言诋欺。我扶有极,人用不迷。奚必来世,判其是非。有援则止,直道何疵。不勉而和,展也可夷。河流在北,伊水之湄。谁其似者,订此铭诗。

龟山志铭辩

宏问:"何故西方之杰,窥见间隙,遂入中国?"答曰:"自孟子既没,世无传心之学,此一片田地,渐渐抛荒。至东晋时,无人耕种,佛之徒如达么(摩)辈最为桀黠,见此间隙,以为无人,遂入中国。面壁端坐,扬眉瞬目,到处称尊,此土之人,拱手归降,不能出他圈襕。"

宏又问:"佛之徒既是直指人心,见性成佛,何故却言'人人失其本心,莫知所止'?"答曰:"释氏自言'直指人心,见性成佛',吾却言'失其本心,莫知所止',大段悬远。"宏又问:"何故悬远?"答曰:"昔明道先生有言:'以吾观于儒、释,事事是,句句合,然而不同。'"宏又问:"既云'事事是,句句合',何故却不同?"答曰:"若于此见得,许汝具一只眼。"宏又问:"据《杨氏家录》称先生不欲为市易官,吕居仁亦云辞不就,今《志》中何故削去'不就'二字?"答曰:"此是它门未曾契勘古人出处大致。若书'不就'两字,便不小了龟山。差监市易务即辞不就除秘书省校书郎却授而不辞,似此行径,虽子贡之辩,也分说不出来。今但只书差监市易务,公年几七十矣,即古人乘田委吏之比,意思浑洪,不卑小官之意,自在其中,乃是画出个活底杨龟山也。并迁

---

① 垂范有词 "词",原作"祠",据成化本改。

著作郎,并迩英殿说书时,一向究说将去,不消更引高丽国王事说它龟山。前代如伍琼亦尝荐诸贤于董卓,卓召用之,除申屠蟠外,诸贤皆至,或旬月遍历三台而无非之者,此亦是有底事,不足为文饰也。"宏又问:"攻王氏一章,①却似迂阔,何故载之?"答曰:"此是取王氏心肝底刽子手段,何可不书?书之则王氏心肝悬在肉案上,人人见得,而诐淫邪遁之辞皆破矣。"

宏又问:"或说龟山被召,过南京见刘器之。刘问此行何为?龟山曰:'以贫故。'刘曰:'若以贫故,则更不消说。'"答曰:"传言如此,未知信否。若据吾则不然。刘若问此行何为,但对曰'老年无用处,且入这保社。'它若更问还有转身一路否?但曰'料得无处分说,一任傍人点检'。不然者,若问此行何为,只答云'竿木随身',亦自脱洒。"宏再问:"何故载'果何求哉,心则远矣'一句?"答曰:"陶公是古之逸民也,地位甚高,决非惠远所能招,刘雷之徒所能友也。观其诗曰:'结庐在人境,而无车马喧。问君何能尔,心远地自偏。'即可知其为人,故提此一句以表之,而龟山之贤可想见矣。世人以功名富贵累其心者,何处更有这般气象?但深味'心则远矣'一句,即孟子所谓'所欲不存,若将终身',若固有气象,亦在其中矣。"宏又问:"如何是心则远矣"? 答曰:"或尚友古人,或志在天下,或虑及后世,或不求人知而求天知,皆所谓心远矣。"

宏又问:《行状云》"陈公瓘、邹公浩皆以师礼事先生,何故不载?"答曰:"凡公卿大夫之贤者,于当世有道之士,莫不师尊之。其称先生有二义:一则如后进之于先达,或年齿居长,或声望早著,心高仰之,故称先生,若韩子之于庐全,欧阳永叔之于孙明复是也;其一如子弟之于父兄,居则侍立,出则杖屦,服勤至死,心丧三年,若子贡、曾子之于仲尼,近世吕与叔、潘康仲之于张横渠是也。今一概称以师礼事先生,恐二公子之门人未达,故不复书。大观庚寅在都城,尝见了翁与龟山书称中立先生,初亦疑之,后乃知字者亲厚之意,先生者高仰之称也,亦可见矣。兼龟山道学自为当世所高,而《志》中已称'公卿大夫之贤者,莫不尊信之'矣,不必更引二公以为重。"

---

① 攻王氏一章 "攻",原作"差",据成化本改。

宏又问：“《行状云》'胡公之徒，实传其学'，此事如何？”答曰：“吾于谢、游、杨三公皆义兼师友，实尊信之，若论其传授，却自有来历。据龟山所见在《中庸》，自明道先生所授，吾所闻在《春秋》，自伊川先生所发。汝但观吾《春秋传》，乃是白头六十岁以后所著，必无大段抵牾，更有改易去处。其书十万余言，大抵是说此事，试详阅之，必自知来历矣。”

答陈幾叟书

《龟山志铭》，初不敢下笔，以情意之厚，义难固辞，故不得已勉强为之。世人之知龟山者甚多，而疑谤之者亦不少。故安国论其行己处，自饮食衣服居处之际，至于若将终身不改其乐事，皆有实以折服众多之口，至其大略，又用《语》《孟》《正蒙》三说为证，故措辞虽不工，而意却有所主。只如差监市易务事，乃平生履历，故不可阙，若据龟山所言，却甚明白，虽书“不就”，无害也，但《行录》乃言“不欲为市易官”，于语脉中转了龟山之意，却似嫌其太卑冗而不为，须当削去“不就”二字。夫年已七十，欲为筦库，即见得遗佚阨穷不悯怨之意，正要此一句用，岂可不书乎？其后以秘书召，迁著作郎等事，此正谓“援而止之而止”者也。夫援而止之而止，未有是处，而龟山独称为仁者，特以进不隐贤，必以其道耳。故备载所论当时政事十余条，此事它人不能言，而龟山独能言之，又时然后发，所以尤可贵耳。当时宰执中若能听言，委直院吴元忠辈画一条具，因南郊赦文行下，决须救得一半，不至如后来大段狼狈也。若龟山此举，可谓老婆心切矣。世人不察其用心之所在，知之者见其赴召，则曰此御笔也。夫违御笔者以大不恭论，自政和末年以来已是海行指挥，岂可以此定贤者之出处。以其不可违而就召，假有论及申屠蟠笑而不答之事，则又何辞以对？故龟山之赴召，非畏海行指挥，乃惧天下之人在涂炭之中，而有恻然不忍人之心，是以不屑去耳。故安国于龟山宣和、靖康中诸所建白，详载其本末，所以致其区区之意，破纷纷之议，使天下后世疑谤者莫不自消释矣。其章疏中所论王氏著为邪说，以涂学者耳目，败坏其心术，又即一二事以明之，此真拔本塞源者也。幾叟何以尚言犹是一时之论乎？《五经》皆空言也，虽不如《春秋》一句即是一事，然明理以垂训，以待后之学者。岂曰小补之哉？故说者以谓《五经》如药方，《春秋》犹用药治病，此亦互相发耳。《志》中又载近臣所论"辟邪说以正天下学术之谬"，"所著《三经义辩》有益学者"。夫以义辩为有益，则新义之为害可知，故《志》篇之末独言，凡著述论辩，其存于今者非见诸行事。故因此语反复证明诸所建白之尤为深切耳，而著述论辩之功自在，若以为缓辞则误矣。故安国意不欲有所改更，必欲更之，但曰"著述论辩存于今者，其传浸广"可也，公更思之，如何？

　　——辑自朱熹《伊洛渊源录》卷一〇，《朱子全书》，第 12 册，上海古籍出版社、安徽教育出版社 2002 年出版，第 1048—1058 页

附录三　行　状　略

吕舍人

　　虔守楚潘议法平允,而通判杨增多刻深,先生每从潘议,增以先生为附太守轻己。及潘去后,守林某议不持平,先生力与之争,方知先生能有守也。

　　知潭州浏阳县,安抚使张公舜民雅敬重先生,每见必设拜席与均礼。知杭州余杭县,简易不为烦苛,远近悦服。蔡京方相贵盛,母前葬余杭。用日者之言,欲浚湖潴水为形势便利,托言欲以便民。事下余杭县,先生询问父老,人人以为不便,即条上其事,得不行。知越州萧山县,萧山之人闻先生名,不治自化,人人图画先生形像,就家祠焉。

　　或说当世贵人以为事至此必败,宜力引耆德老成,置上左右,开导上意,庶几犹可及也。会路允迪、傅墨卿使高丽,高丽王问两人龟山先生今在何处,两人对方召赴阙矣。及还,遂以名闻,因劝政府宜及此时力引先生。政府然之,遂以秘书郎召。及对,陈儆戒之言,上嘉纳焉。

　　太原被围,朝廷遣姚古救援,古逗留不进。先生上言,乞诛古以肃军政。又率同列上疏,论蔡京、王黼、童贯等罪恶,或死或贬。乞罢宦者典修京城事。且录《五代史传》以进。朝廷置详议司,议天下利病。先生以为三省政事所出,六曹分治,各有攸司,今乃别辟官属,新进小生未必贤于六曹长贰也。朝廷从其议。又乞褒复元祐名臣凡在党籍者,力辩宣仁诬谤,乞复元祐皇后位号。凡所论皆切当时要务。

　　太学诸生诣阙上书,议者疑其生事徼乱。先生即见上,言诸生欲忠于朝廷耳,本无他意,但择老成有行义者为之长贰,即自定矣。渊圣喜曰:"此无逾卿者矣。"即命先生兼国子祭酒。

今上即位,本中之先君子初在政府,首为上言先生之贤,于是除工部侍郎。

先生天资仁厚,宽大能容物。又不见其涯涘,不为崖异绝俗之行,以求世俗名誉。与人交,终始如一。性至孝,幼丧母,哀毁如成人,事继母尤谨。熙宁中,既举进士得官,闻河南两程先生之道,即往从之学。是时从两先生学者甚众,而先生独归,闲居累年,沉浸经书,推广师说,穷探力索,务极其趣,涵蓄广大而不敢轻自肆也。

本中尝闻于前辈长者,以为明道先生温然纯粹,终身无疾言遽色,先生实似之。

——辑自(宋)朱熹《伊洛渊源录》卷一〇,《朱子全书》,第 12 册,上海古籍出版社、安徽教育出版社 2002 年出版,第 1059—1061 页

附录四 （杨文靖公）遗事九条

朱熹《伊洛渊源录》（节录）

明道在颍昌时,先生寻医调官京师,因往颍昌从学。明道甚喜,每言曰:"杨君最会得容易。"及归,送之出门,谓坐客曰:"吾道南矣。"先是,建州林志宁出入潞公门下求教,潞公云:"此中无以相益,有二程先生者,可往从之。"因使人送明道处。志宁乃语定夫及先生,先生谓:"不可不一见也。"于是同行。时谢显道亦在。谢为人诚实,但聪悟不及先生,故明道每言:"杨君聪明,谢君如水投石。"然亦未尝不称其善。伊川自涪归,见学者凋落,多从佛学,独先生与谢丈不变,因叹曰:"学者皆流夷狄矣,惟有谢、杨二君长进。"见《龟山语录》。

杨时于新学极精,今日一有所问,即能知其短而持之。介甫之学大抵支离,伯淳尝与杨时读了数篇,其后尽能推类以通之。见程氏遗书。

伊川《答杨中立论西铭》,中立书尾云:"判然无疑。"伊川曰:"杨时也未判然。"见祁宽所记尹和靖语。

旧在二先生之门者,伯淳最爱中立,正叔最爱定夫。观二人气象亦相似。见《上蔡语录》。

先生曰:官司设法卖酒,所在张乐集妓女,以来小民,此最为害教,而必为之辞曰"与民同乐",岂不诬哉!夫引诱无知之民,以渔其财,是在百姓为之,理亦当禁,而官吏为之,上下不以为怪,不知为政之过也。且民之有财,亦须上之人与之爱惜,不与之爱惜而巧求暗取之,虽无鞭笞以强民,其所为有甚于鞭笞者矣。余在潭州浏阳，方官散青苗时，凡酒肆茶店，与夫俳优戏剧之罔民财者，悉有以禁之，散钱已，然后令如故。官卖酒旧常至是时，亦必以妓乐随处张设，颇得民利。或以请不许，往往民间得钱，遂用之有力。见《龟山语录》。

又言常平法、州县寺舍，岁用有余，则以归官，赈民之穷饿者。余为浏阳日，方为立法，使行旅之疾病饥踣于道者。随所在申县，县令寺舍饮食之。欲人之入于吾境者，无不得其所也。其事未及行，而余以罪去官，至今以为恨。

元城刘公问胡珵曰："毗陵莫常得书，中立安否？"曰："杨先生近有除命，以秘书郎召对。"公曰："谁所荐？"珵曰："传闻是蔡攸。"公曰："此曹立党相倾，不知中立肯来否。"见《道护录》。

胡文定公与杨大谏书曰："大谏初承诏命，众论有疑，安国独以为以明道先生之心为心者，裂裳裹足，不俟屦屦而在途也。"又与宰相书曰："龙图阁直学士致仕杨公时造养深远，烛理甚明，混迹同尘，知之者鲜。知之者知其文学而已，不知者以为蔡氏所引。此公无求于人，蔡氏焉能浼之。行年八十，志气未衰，精力少年殆不能及。上方响意儒学，日新圣德，延礼此老，置之经席，朝夕咨访，裨补必多。至如裁决危疑，经理世务，若烛照数计而龟卜，又可助相府之忠谋也。"又《答胡应仲书》云："杨先生世事殊不屑意，虽祖褐裸裎不以浼。"见《胡文定公集》。

昔西南夷人尝以梅圣俞《雪诗》织布，而永叔只于《野录》载之，其事不入志铭。然则姓名为蛮夷君长所知，岂足道哉！《龟山行状》中载高丽国王事，所以不得书也。见《胡氏传家录》。

遵道墓志铭略　此昔先君子吏部府君所作。

公讳迪，字遵道。为髫髫儿已能力学，指物即赋，凛然如成人。既冠，益贯穿古今。孝友和易，中外无间言。平居无喜愠色。至急人困乏而乐其为善，则矫然敢为，必极其意而后已。与人辩论，纲振条析，发微诣极，冰解的破，闻者钦耸，退而察其私，言若不能出诸口。故无贤不肖爱敬之，盖度不身践、不苟言也。里有货讼，不决者连年，公一言而两家为之平，其诚信于人如此。游太学,声出等夷,一旦弃而不顾,抱经游于伊川之门,以藐然少年周还群公之间,同门之士,咸敛手以推先。伊川少然可,雅器许之。《伊川答龟山书》曰:"令子名迪者,好学质美,当成远器。"于《易》《春秋》尤精诣。崇宁三年以疾卒。予不及识公,自来闽中,多从龟山门士游,间论近世学者,至公皆曰吾不及也。谨为之铭,铭曰:

斯文盛衰,天实命之。有嗜其径,异端乘之。道堙不治。以与世违。有志于得,俗学昏之。以见自私,乖戾莫施。孰为毅然,莫乘莫惛。天盖佑之,使与斯文。屹屹龟山,渊源伊洛。如星之斗,以表后学。公为之子。妙质夙成。目濡心淳,食息训经。不躐不陵,师训是程。轨道以趋,不畔墨绳,行满乡党,世孰知之。遗文蔚然,不可瑕疵。胡不百年,以究其业。赍志莫陈,方壮而析,禾其或者。尚相公子,我铭幽竁,以告来世。

——辑自(宋)朱熹《伊洛渊源录》卷一〇,《朱子全书》,第 12 册,上海古籍出版社、安徽教育出版社 2002 年出版,第 1061—1064 页

附录五 《宋史》杨时本传

杨时字中立,南剑将乐人,幼颖异,能属文,稍长,潜心经史。熙宁九年,中进士第。时河南程颢与弟颐讲孔、孟绝学于熙、丰之际,河洛之士翕然师之。时调官不赴,以师礼见颢于颍昌,相得甚欢。其归也,颢目送之曰:"吾道南矣。"四年而颢死,时闻之,设位哭寝门,而以书赴告同学者。至是,又见程颐于洛,时盖年四十矣。一日见颐,颐偶瞑坐,时与游酢侍立不去,颐既觉,则门外雪深一尺矣。关西张载尝著《西铭》,二程深推服之,时疑其近于兼爱,与其师颐辨论往复,闻理一分殊之说,始豁然无疑。

杜门不仕者十年,久之,历知浏阳、余杭、萧山三县,皆有惠政,民思之不忘。张舜民在谏垣,荐之,得荆州教授。时安于州县,未尝求闻达,而德望日重,四方之士不远千里从之游,号曰龟山先生。

时天下多故,有言于蔡京者,以为事至此必败,宜引耆德老成置诸左右,庶几犹可及,时宰是之。会有使高丽者,国主问龟山安在,使回以闻。召为秘书郎,迁著作郎。及面对,奏曰:

尧、舜曰"允执厥中",孟子曰"汤执中",《洪範》曰"皇建其有极",历世圣人由斯道也。熙宁之初,大臣文六艺之言以行其私,祖宗之法纷更殆尽。元祐继之,尽复祖宗之旧,熙宁之法一切废革。至绍圣、崇宁抑又甚焉,凡元祐之政事著在令甲,皆焚之以灭其迹。自是分为二党,缙绅之祸至今未殄。臣愿明诏有司,条具祖宗之法,著为纲目,有宜于今者举而行之,当损益者损益之,元祐、熙、丰姑置勿问,一趋于中而已。

朝廷方图燕云,虚内事外,时遂陈时政之弊,且谓:"燕云之师宜退守内地,以省转输之劳,募边民为弓弩手,以杀常胜军之势。"又言:"都城居四达之衢,无高山巨浸以为阻卫,士人怀异心,缓急不可倚仗。"执政不能用。登对,力陈君臣警戒,正在无虞之时,乞为《宣和会计录》,以周知天下财物出入之数。徽宗首肯之。

除迩英殿说书。闻金人入攻,谓执政曰:"今日事势如积薪已然,当自奋励,以竦动观听。若示以怯懦之形,萎靡不振,则事去矣。昔汲黯在朝,淮南寝谋。论黯之才,未必能过公孙弘辈也,特其直气可以镇压奸雄之心尔。朝廷威望弗振,使奸雄一以弘辈视之,则无复可为也。要害之地,当严为守备,比至都城,尚何及哉?近边州军宜坚壁清野,勿与之战,使之自困。若攻战略地,当遣援兵追袭,使之腹背受敌,则可以制胜矣。"且谓:"今日之事,当以收人心为先。人心不附,虽有高城深池、坚甲利兵,不足恃也。免夫之役,毒被海内,西城聚敛,①东南花石,其害尤甚。前此盖尝罢之,诏墨未干,而花石供奉之舟已衔尾矣。今虽复申前令,而祸根不除,人谁信之?欲致人和,去此三者,正今日之先务也。"

金人围京城,勤王之兵四集,而莫相统一。时言:"唐九节度之师不立统帅,虽李、郭之善用兵,犹不免败衄。今诸路乌合之众,臣谓当立统帅,一号令,示纪律,而后士卒始用命。"又言:"童贯为三路大帅,敌人侵疆,弃军而归,孥戮之有余罪,朝廷置之不问,故梁方平、何灌皆相继而遁。当正典刑,以为臣子不忠之戒。童贯握兵二十余年,覆军杀将,驯至今日,比闻防城仍用阉人,覆车之辙,不可复蹈。"疏上,除右谏议大夫兼侍讲。

---

① 西城聚敛 "西城",原作"京城",据宋《杨龟山先生集》卷四《论金人入寇其二》、《皇朝道学名臣言行外录》卷六"杨时"条改。

敌兵初退，议者欲割三镇以讲和，时极言其不可，曰："河朔为朝廷重地，而三镇又河朔之要藩也。自周世宗迄太祖、太宗，百战而后得之，一旦弃之北庭，使敌骑疾驱，贯吾腹心，不数日可至京城。今闻三镇之民以死拒之，三镇拒其前，吾以重兵蹑其后尚可为也。若种师道、刘光世皆一时名将，始至而未用，乞召问方略。"疏上，钦宗诏出师，而议者多持两端，时抗疏曰："闻金人驻磁、相，破大名，劫虏驱掠，无有纪极，誓墨未干，而背不旋踵，吾虽欲专守和议，不可得也。夫越数千里之远，犯入国都，危道也。彼见勤王之师四面而集，亦惧而归，非爱我而不攻。朝廷割三镇二十州之地与之，①是欲助寇而自攻也。闻肃王初与之约，及河而返，今挟之以往，此败盟之大者。臣窃谓朝廷宜以肃王为问，责其败盟，必得肃王而后已。"时太原围闭数月，而姚古拥兵逗留不进，时上疏乞诛古以肃军政，拔偏裨之可将者代之。不报。

李纲之罢，太学生伏阙上书，乞留纲与种师道，军民集者数十万，朝廷欲防禁之。吴敏乞用时以靖太学，时得召对，言："诸生伏阙纷纷，忠于朝廷，非有他意，但择老成有行谊者为之长贰，则将自定。"钦宗曰："无逾于卿。"遂以时兼国子祭酒。首言："三省政事所出，六曹分治，各有攸司。今乃别辟官属，②新进少年，未必贤于六曹分治长贰。"又言：

蔡京用事二十余年，蠹国害民，几危宗社，人所切齿，而论其罪者，莫知其所本也。盖京以继述神宗为名，实挟王安石以图身利，故推尊安石，加以王爵，配飨孔子庙庭。今日之祸，实安石有以启之。

谨按安石挟管、商之术，饰六艺以文奸言，变乱祖宗法度。当时司马光已言其为害当见于数十年之后，今日之事，若合符契。其著为邪说以涂学者耳目，而败坏其心术者，不可缕数，姑即一二事明之。

昔神宗尝称美汉文惜百金以罢露台，安石乃言："陛下若能以尧、舜

① 三镇二十州　"二十"，原作"三十"，据《杨龟山先生集》卷首《胡安国杨时墓志铭》、《三朝北盟会编》卷三九改。

② 别辟官属　"辟"，原作"辞"，据《杨龟山先生集》卷首《吕本中行状略》改。

之道治天下,虽竭天下以自奉不为过,守财之言非正理。"曾不知尧、舜茅茨土阶,禹曰"克俭于家",则竭天下以自奉者,必非尧、舜之道。其后王黼以应奉花石之事,竭天下之力,号为享上,实安石有以倡之也。其释《兔罝》守成之诗,于末章则谓:"以道守成者,役使群众,泰而不为骄,宰制万物,费而不为侈,孰弊弊然以爱为事。"《诗》之所言,正谓能持盈则神祇祖考安乐之,而无后艰尔。自古释之者,未有泰而不为骄、费而不为侈之说也。安石独倡为此说,以启人主之侈心,后蔡京辈轻费妄用,以侈靡为事。安石邪说之害如此。

伏望追夺王爵,明诏中外,毁去配享之像,使邪说淫辞不为学者之惑。

疏上,安石遂降从祀之列。士之习王氏学取科第者,已数十年,不复知其非,忽闻以为邪说,议论纷然。谏官冯澥力主王氏,上疏诋时。会学官中有纷争者,有旨学官并罢,时亦罢祭酒。

时又言:"元祐党籍中,惟司马光一人独褒显,而未及吕公著、韩维、范纯仁、吕大防、安焘辈。建中初言官陈瓘已褒赠,而未及邹浩。"于是元祐诸臣皆次第牵复。

寻四上章乞罢谏省,除给事中,辞,乞致仕,除徽猷阁直学士、提举嵩山崇福宫。时力辞直学士之命,改除徽猷阁待制、提举崇福宫。陛辞,犹上书乞选将练兵,为战守之备。

高宗即位,除工部侍郎。陛对言:"自古圣贤之君,未有不以典学为务。"除兼侍读。乞修《建炎会计录》,乞恤勤王之兵,乞宽假言者。连章丐外,以龙图阁直学士提举杭州洞霄宫。已而告老,以本官致仕,优游林泉,以著书讲学为事。卒年八十三,谥文靖。

时在东郡,所交皆天下士,先达陈瓘、邹浩皆以师礼事时。暨渡江,东南学者推时为程氏正宗。与胡安国往来讲论尤多。时浮沉州县四十有七年,晚居谏省,仅九十日,凡所论列皆切于世道,而其大者,则辟王氏经学,排靖康和议,使邪说不作。凡绍兴初崇尚元祐学术,而朱熹、张栻之学得程氏之正,其源委脉络皆出于时。

子迪,力学通经,亦学师程颐云。

——(元)脱脱等撰:《宋史》卷四二八《道学二·杨时传》,中华书局1985年出版,第12738—12743页

附录六 《宋史》罗从彦本传

罗从彦字仲素,南剑人,以累举恩为惠州博罗县主簿。闻同郡杨时得河南程氏学,慨然慕之,及时为萧山令,遂徒步往学焉。时熟察之,乃喜曰:"惟从彦可与言道。"于是日益以亲,时弟子千余人,无及从彦者。从彦初见时三日,即惊汗浃背,曰:"不至是,几虚过一生矣。"尝与时讲《易》,至乾九四爻,云:"伊川说甚善。"从彦即鬻田走洛,见颐问之,颐反复以告,从彦谢曰:"闻之龟山具是矣。"乃归卒业。

沙县陈渊,杨时之婿也,尝诣从彦,必竟日乃返,谓人曰:"自吾交仲素,日闻所不闻,奥学清节,真南州之冠冕也。"既而筑室山中,绝意仕进,终日端坐,间谒时将溪上,吟咏而归,恒充然自得焉。

尝采祖宗故事为《遵尧录》,靖康中,拟献阙下,会国难不果。尝与学者论治曰:"祖宗法度不可废,德泽不可恃。废法度则变乱之事起,恃德泽则骄佚之心生。自古德泽最厚莫若尧、舜,向使子孙可恃,则尧、舜必传其子。法度之明莫如周,向使子孙世守文、武、成、康之遗绪,虽至今存可也。"又曰:"君子在朝则天下必治,盖君子进则常有乱世之言,使人主多忧而善心生,故治。小人在朝则天下乱,盖小人进则常有治世之言,使人主多乐而怠心生,故乱。"又曰:"天下之变不起于四方,而起于朝廷。譬如人之伤气,则寒暑易侵;木之伤心,则风雨易折。故内有林甫之奸,则外必有禄山之乱;内有卢杞之奸,则外必有朱泚之叛。"

其论士行曰:"周、孔之心使人明道,学者果能明道,则周、孔之心,深自得之。三代人才得周、孔之心，而明道者多，故视死生去就如寒暑昼夜之移，而忠义行之者易。至汉、唐以经术古文相尚，而失周、孔之心，故经术自董生、公孙弘倡之，古文自韩愈、柳宗元启之，于是明道者寡，故视死生去就如万钧九鼎之重，而忠义行之者难。呜呼，学者所见，自汉、唐丧矣。"又曰："士之立朝，要以正直忠厚为本。正直则朝廷无过失，忠厚则天下无嗟怨。一于正直而不忠厚，则渐入于刻；一于忠厚而不正直，则流入于懦。"其议论醇正类此。

朱熹谓："龟山倡道东南，士之游其门者甚众，然潜思力行、任重诣极如仲素，一人而已。"绍兴中卒，学者称之曰豫章先生，淳祐间谥文质。

——(元)脱脱等撰：《宋史》卷四二八《道学二》，中华书局 1985 年出版，第 12743—12745 页

附录七 《宋史》李侗本传

李侗字愿中,南剑州剑浦人。年二十四,闻郡人罗从彦得河、洛之学,遂以书谒之,其略曰:

侗闻之,天下有三本焉,父生之,师教之,君治之,阙其一则本不立。古之圣贤莫不有师,其肄业之勤惰,涉道之浅深,求益之先后,若存若亡,其详不可得而考。惟洙、泗之间,七十二弟子之徒,议论问答,具在方册,有足稽焉,是得夫子而益明矣。孟氏之后,道失其传,枝分派别,自立门户,天下真儒不复见于世。其聚徒成群,所以相传授者,句读文义而已尔,谓之熄焉可也。

其惟先生服膺龟山先生之讲席有年矣,况尝及伊川先生之门,得不传之道于千五百年之后,性明而修,行完而洁,扩之以广大,体之以仁恕,精深微妙,各极其至,汉、唐诸儒无近似者。至于不言而饮人以和,与人并立而使人化,如春风发物,盖亦莫知其所以然也。凡读圣贤之书,粗有识见者,孰不愿得授经门下,以质所疑,至于异论之人,固当置而勿论也。

侗之愚鄙,徒以习举子业,不得服役于门下,而今日拳拳欲求教者,以谓所求有大于利禄也。抑侗闻之,道可以治心,犹食之充饱,衣之御寒也。人有迫于饥寒之患者,皇皇焉为衣食之谋,造次颠沛,未始忘也。至于心之不治,有没世不知虑,岂爱心不若口体哉,弗思甚矣。

侗不量资质之陋,徒以祖父以儒学起家,不忍坠箕裘之业,孜孜矻矻为利禄之学,虽知真儒有作,闻风而起,固不若先生亲炙之得于动静语默之间,目击而意全也。今生二十有四岁,茫乎未有所止,烛理未明而是非无以辨,宅心不广而喜怒易以摇,操履不完而悔吝多,精神不充而智巧袭,拣焉而不净,守焉而不敷,朝夕恐惧,不啻如饥寒切身者求充饥御寒之具也。不然,安敢以不肖之身为先生之累哉。

从之累年,授《春秋》《中庸》《语》《孟》之说。从彦好静坐,侗退入室中,亦静坐。从彦令静中看喜怒哀乐未发前气象,而求所谓"中"者,久之,而于天下之理该摄洞贯,以次融释,各有条序,从彦亟称许焉。

既而退居山田,谢绝世故余四十年,食饮或不充,而怡然自适。事亲孝谨,仲兄性刚多忤,侗事之得其欢心。闺门内外,夷愉肃穆,若无人声,而众事自理。亲戚有贫不能婚嫁者,则为经理振助之。与乡人处,饮食言笑,终日油油如也。

其接后学,答问不倦,虽随人浅深施教,而必自反身自得始。故其言曰:"学问之道不在多言,但默坐澄心,体认天理。若是,虽一毫私欲之发,亦退听矣。"又曰:"学者之病,在于未有洒然冰解冻释处。如孔门诸子,群居终日,交相切磨,又得夫子为之依归,日用之间观感而化者多矣。恐于融释而不脱落处,①非言说所及也。"又曰:"读书者知其所言莫非吾事,而即吾身以求之,则凡圣贤所至而吾所未至者,皆可勉而进矣。若直求之文字,以资诵说,其不为玩物丧志者几希。"又曰:"讲学切在深潜缜密,然后气味深长,蹊径不差。若概以理一,而不察其分之殊,此学者所以流于疑似乱真之说而不自知也。"尝以黄庭坚之称濂溪周茂叔"胸中洒落,如光风霁月",为善形容有道者气象,尝讽诵之,而顾谓学者存此于胸中,庶几遇事廓然,而义理少进矣。

其语《中庸》曰:"圣门之传是书,其所以开悟后学无遗策矣。然所谓'喜怒哀乐未发谓之中'者,又一篇之指要也。若徒记诵而已,则亦奚以为哉?必也体之于身,实见是理,若颜子之叹,卓然若有所见,而不违乎心目之

---

① 原校记:"恐于融释而不脱落处",按朱熹《朱文公文集》卷九七《李公行状》、《皇朝道学名臣言行外录》卷一"李侗"条,"而"下均无"不"字。

间,然后扩充而往,无所不通,则庶乎其可以言中庸矣。"其语《春秋》曰:"春秋一事各是发明一例,如观山水,徙步而形势不同,不可拘以一法。然所以难言者,盖以常人之心推测圣人,未到圣人洒然处,岂能无失耶?"

侗既闲居,若无意当世,而伤时忧国,论事感激动人。尝曰:"今日三纲不振,义利不分。三纲不振,故人心邪僻,不堪任用,是致上下之气间隔,而中国日衰。义利不分,故自王安石用事,陷溺人心,至今不自知觉。人趋利而不知义,则主势日孤,人主当于此留意,不然,则是所谓'虽有粟,吾得而食诸'也。"

是时史部员外郎朱松与侗为同门友,雅重侗,遣子熹从学,熹卒得其传。沙县邓迪尝谓松曰:"愿中如冰壶秋月,莹彻无瑕,非吾曹所及。"松以谓知言。而熹亦称侗:"姿禀劲特,气节豪迈,而充养完粹,无复圭角,精纯之气达于面目,色温言厉,神定气和,语默动静,端详闲泰,自然之中若有成法。平日恂恂,于事若无甚可否,及其酬酢事变,断以义理,则有截然不可犯者。"又谓自从侗学,辞去复来,则所闻益超绝。其上达不已如此。

侗子友直、信甫皆举进士,试吏旁郡,更请迎养。归道武夷,会闽帅汪应辰以书币来迎,侗往见之,至之日疾作,遂卒,年七十有一。

信甫仕至监察御史,出知衢州,擢广东、江东宪,以特立不容于朝云。

——(元)脱脱等撰:《宋史》卷四二八《道学二》,中华书局 1985 年出版,第 12745—12749 页

附录八 《宋元学案·龟山学案》(节录)

龟山学案序录

祖望谨案:明道喜龟山,伊川喜上蔡,盖其气象相似也。龟山独邀耆寿,遂为南渡洛学太宗,晦翁、南轩、东莱皆其所自出。然龟山之夹杂异学,亦不下于上蔡。述《龟山学案》。梓材案:是卷《学案》,卢氏所藏原底已佚,而黄本有之,亦谢山修补本也。

文靖杨龟山先生时

杨时,字中立,南剑将乐人,熙宁九年进士,调官不赴,以师礼见明道于颍昌。明道喜甚,每言杨君会得最容易。其归也,目送之曰:"吾道南矣!"明道没,又见伊川于洛,先生年已四十,事伊川愈恭。一日,伊川偶瞑坐,先生与游定夫侍立不去。伊川既觉,则门外雪深一尺矣。横渠著《西铭》,先生疑其近于兼爱,与伊川辩论往复,闻"理一分殊"之说,始豁然无疑,由是浸淫经书,推广师说。始解褐徐州司法。数转,知浏阳县,安抚张舜民礼之,不以属吏待,而漕使胡师文恶而劾之。舜民入长谏垣,荐之,除荆南教授。改知余杭县,简易不为烦苛,远近悦服。蔡京方贵盛,葬母余杭,以日者言欲浚湖,先生格之。改知萧山,邑人重其名,多画像事之。提点明道、国宁二观。宣和四年,年七十,罢祠禄,贫甚。郭慎求在朝,问其所欲,先生曰:"求一管库,以为贫。"差监常州市易务,先生曰:"市易事,吾素不以为然,岂可就乎!"有鼓山张觷者,为蔡京塾客,一日令诸生习走,诸生曰:"先生长者,寻常令某等缓步。若疾行,非所闻命。"觷曰:"天下事被汝翁已坏,且晚贼发,先及汝家。苟能善走,或可逃死。"诸生以张为心疾,告京,京矍然曰:"此非汝曹所知。"出而问计于觷,觷曰:"唯有收拾人才为第一义。"京问其人,遂以先生对。会傅国华使高丽,高丽王问龟山先生今在何处,国华还,以闻,召为秘书郎,迁著作郎,除迩英殿说书。先生言:"近日蠲除租税,而广济军以放税降官,是诏令为虚文耳! 安土之民不被惠泽,而流亡为盗者独免租税,百姓何惮而不为盗? 嘉祐通商榷茶之法,公私两便。今茶租如故,而榷法愈急,宜少宽之。诸犯榷货不得根究来历,今茶法独许根究,追呼蔓延,犴狴充斥,宜即革之。东南州县均敷盐钞,迫于殿最,计口而授,人何以堪? 发运司宜给籴本,以复转搬之旧。和预买宜损其数,而实支所买之直。燕、云之军宜退守内郡,以省运输之劳。燕、云之地,宜募边民为弓箭手,使习骑射,以杀常胜军之势。卫士,天子爪牙,而分为二三,宜循其旧,不可增损。"凡十余事,执政不能用。而边事告急,则又言:"今日所急者,莫大于收人心。军兴以来,免夫之役,毒被海内。西城聚敛,①东南花石,其害尤甚。宿奸巨猾,借应奉之名,豪夺民财,天下积愤,郁而不得发者几二十年。欲致人和,去此三者。"钦宗嗣立,先生专对曰:"君臣一体。上皇痛自引咎,至托以倦勤避位,而宰执叙迁,安受不辞,此何理也? 城下之盟,辱亦甚矣。主辱臣死,大臣宜任其责,而皆为窜亡自全之计,陛下孤立,非有刑章,不忠何戒? 童贯为三路总帅,丧师而归,置之不问,故梁方平、何灌效尤相继,大河不守,敌人奄至城下,而朝廷不知。帅臣失职,无甚于此! 阉人握兵二十余年,覆军杀将,驯至今日。比闻防城仍用阉人,覆车之辙,不可复蹈。"疏上,除右谏议大夫兼侍讲。敌兵初退,议割三镇以讲和,先生极言其不可。李忠定纲罢,太学生伏阙上书,留②忠定与种忠宪师道,军民集者数万,③朝廷忧其致乱。先生召对,言:"诸生伏阙

①　"西城" 原作"西北",据《杨龟山先生集》卷四《论金人入寇》其二及《皇朝道学名臣言行外录》卷六"杨时"条改。

②　《宋史》本传"留"上有"乞"字。

③　"数万" 《宋史》本传作"数十万"。又《李纲传》亦云"军民不期而集者数十万"。

纷纷,忠于国家,非有他意。但择其老成有行谊者为之长贰,则将自定。"钦宗曰:"无逾于卿!"遂以先生兼国子祭酒。上言:"蔡京以继述神宗为名,实挟王安石以图身利,故推崇安石,加以王爵,配享孔子朝廷。然致今日之祸者,实安石有以启之也。谨按安石昔为邪说以涂学者耳目,败坏其心术者,不可缕数,姑即一二事明之。昔神宗皇帝称美汉文罢露台之费,安石乃言:'陛下若能以尧、舜之道治天下,虽竭天下以自奉,不为过也。'夫尧、舜茅茨土阶,其称禹曰'克俭于家',则竭天下者,必非尧、舜之道。后王黼以三公领应奉司,号为享上,实安石自奉之说有以倡之也。其释《凫鹥》之末章,则曰:'以道守成者,役使群众,泰而不为骄;宰制万物,费而为侈。'《诗》之所言,止谓能持盈则神祇祖考安乐之,无后艰耳,而安石独为异说。后蔡京辈争以奢僭相高,轻费妄用,以导人主,实安石此说有以倡之也。伏望追夺王爵,明诏中外,斥配享之像,使邪说淫辞不为学者之惑。"于是降安石于从祀,毁《三经》板。然王氏之学,士子习之以取科第者,业数十年,不复知其非,忽闻以为邪说,相与聚哄,先生亦谨避之。耿南仲言:"或者以王氏学不可用,陛下观祖宗时,道德之学,人才、兵力、财用,能如熙、丰时乎? 安可轻信一人之言以变之?"批答:"前日指挥,更不施行。"孙觌言先生"曩与蔡京诸子游,今众议攻京,而时曰慎毋攻居安"。居安者,京长子攸之字也。先生遂罢,以徽猷阁直学士提举西京崇福宫。高宗即位,除工部侍郎。陛对,言:"自古圣贤之君,未有不以典学为务者,以君德在是故也。"除兼侍讲。连章丐外,以龙图阁直学士提举杭州洞霄宫。寻致仕。绍兴五年四月二十四日卒,年八十三。给事中朱震上言,先生尝"辩诬谤以明宣仁圣烈之功,雪冤抑以复昭慈圣献之位,排邪说以正天下学术之谬",为之请恤,诏谥文靖。学者称龟山先生。所著有《三经义辩》等书。云濠案:明林熙春刊定《龟山集》四十二卷。子迪。

百家谨案:二程得孟子不传之秘于遗经,以倡天下。而升堂睹奥,号称高第者,游、杨、尹、谢、吕其最也。顾诸子各有所传,而独龟山之后,三传而有朱子,使此道大光,衣被天下,则大程"道南"目送之语,不可谓非前谶也。

——(清)黄宗羲原著,全祖望补修,《宋元学案》卷二五《龟山学案》,中华书局,1986 年出版,第 944—947 页

《宋元学案·龟山学案》语录

或曰:"以术行道而心正,如何?"曰:"谓之君子,岂有心不正者。当论其所行之是否尔!且以术行道,未免枉己。与其自枉,不若不得行之愈也。"

人臣之事君,岂可佐以刑名之说,如此,是使人主失仁心也。人主无仁心,则不足以得人。故人臣能使其君视民如伤,则王道行矣。

梓材谨案:原本此下有一条,移入《荆公新学略》。

理财、作人两事,其说非不善。然世儒所谓理财者,务为聚敛;而所谓作人者,起其奔竞好进之心而已。《易》之言理财,《诗》之言作人,似不如此。

梓材谨案:此下有一条,移为《附录》。

物有圭角,多刺人眼目,亦易玷阙。故君子处世,当浑然天成,则人不厌弃矣。

沟浍之量不可以容江河,江河之量不可以容沧海,有所局故也。若君子则以天地为量,何所不容!有能捐一金而不顾者,未必能捐十金;能捐十金而不顾者,未必能捐百金。此由所见之熟与不熟,非能真知其义之当与否也。若得其义矣,虽一分不妄予,亦不妄取。

知合内外之道,则颜子、禹、稷之所同可见。盖自诚意正心推之,至于可以平天下,此内外之道所以合也。故观其诚意正心,则知天下由是而平;观其天下平,则知非意诚心正不能也。兹乃禹、稷、颜回之所以同也。

梓材谨案:此下有二条,其一为李似祖、曹令德二先生立传于后,其一移为郑季常先生《附录》。

易曰:"君子敬以直内,义以方外。"夫尽其诚心而无伪焉,所谓直也。若施之于事,则厚薄隆杀一定而不可易,为有方矣。敬与义本无二。所主者敬,而义则自此出焉,故有内外之辨,其实义亦敬也。故孟子之言义,曰:"行吾敬"而已。

"毋意"云者,谓无私意尔。若诚意,则不可无也。

问:"操则存,如何?"曰:"古之学者,视听言动无非礼,所以操心也。至于无故不彻琴瑟,行则闻佩玉,登车则闻和鸾,盖皆欲收其放心,不使惰慢邪僻之气得而入焉。故曰：'不有博弈者乎？为之犹贤乎已！'夫博弈非君子所为，而云尔者，以是可以收其放心尔。说经义至不可践履处，便非经义。若圣人之言，岂有人做不得处。学者所以不免求之释、老，为其有高明处。如《六经》中自有妙理，却不深思，只于平易中认了。曾不知圣人将妙理只于寻常事说了。"

人性上不可添一物。尧、舜所以为万世法，亦只是率性而已。所谓率性，循天理是也。外边用计用数，假饶立得功业，只是人欲之私。与圣贤作处，天地悬隔。

梓材谨案：此下一条，移入刘李诸儒，为翟先生霖别立一传。

人各有胜心。胜心去尽，而惟天理之循，则机巧变诈不作。若怀其胜心，施之于事，必于一己之是非为正，其间不能无窒碍处，又固执之以不移，此机巧变诈之所由生也。孔子曰："不知命，无以为君子。"知命，只是事事循天理而已。循天理，则于事无固必；无固必，则计较无所用。

孔子曰："自古皆有死，民无信不立。"今天下上自朝廷大臣，下至州县官吏，莫不以欺诞为事，而未有以救之，只此风俗，怎抵当他！

谓学校以分数多少校士人文章，使之胸中日夕只在利害上，如此作人，要何用！

朝廷作事，若要上下小大同心同德，须是道理明。盖天下只是一理，故其所为必同。若用智谋，则人人出其私意，私意万人万样，安得同！因举旧记正叔先生之语云："公则一，私则万殊。人心不同犹面，其蔽于私乎！"

问："《易》有太极，莫便是道之所谓中否？"曰："然。""若是，则本无定位，当处即是太极邪？"曰："然。""两仪、四象、八卦，如何自此生？"曰："既有太极，便有上下；有上下，便有左右前后；有左右前后四方，便有四维。皆自然之理也。"

梨洲《答万公择》曰：统三百八十四爻之阴阳，即为两仪。统六十四卦之纯阳、纯阴、阳卦多阴、阴卦多阳，即为四象。四象之分布，即为八卦。故两仪、四象、八卦，生则俱生，无有次第。

学者若不以敬为事，便无用心处。致一之谓敬，无适之谓一。

大抵人能住得,然后可以有为。才智之士,非有学力,却住不得。

《字说》所谓"大同于物者,离人焉"。曰:杨子言"和同天人之际,使之无间",不知是同是不同。若以为同,未尝离人。又所谓"性觉真空者,离人焉"。若离人而之天,正所谓顽空通。总老言经中说十识,第八庵摩罗识,唐言白净无垢;第九阿赖邪识,唐言善恶种子。白净无垢,即孟子之言性善是也。言性善,可谓探其本。言善恶混,乃是于善恶已萌处看。荆公盖不知此。

若使死可以救世,则虽死不足恤,然岂有杀贤人君子之人。君子能使天下治,以死救天下,乃君子分上事,不足怪,然亦须死得是。孟子曰:"可以死,可以无死,死伤勇。"如必要以死任事为能外死生,是乃以死生为大事者也,未必能外死生。

道心之微,非精一,其孰能执之? 惟道心之微而验之于喜怒乐未发之际,则其义自见,非言论所及也。尧咨舜,舜命禹,三圣相授,惟中而已。孔子之言非略也。

以上梨洲原本。

《六经》不言无心。

古人宁道不行,不轻去就。

经纶本之诚意。

管仲之功,子路未必能之,然子路范我驰驱者也,管仲诡遇耳!

象杀舜,是万章所传之谬。据书但云象傲。

聪明宪天,任理而已。揣知情状,失君之道,谓之不聪不明可也。

天下之习不能蔽,正叔一人而已,只自然不堕流俗。

以上谢山补。

祖望谨案:慈溪黄氏曰:"龟山气象和平,议论醇正,说经旨极切,论人物极严,可以垂训万世,使不间于异端,岂不诚醇儒哉! 乃不料其晚年竟溺于佛氏。如云:'总老言经中说十识,第八庵摩罗识,唐言白净无垢;第九阿赖邪识,唐言善恶种子。白净无垢,即孟子之言性善。'又云:'庞居士谓"神通并妙用,运水与搬柴",此即尧、舜之道在行止疾徐间。'又云:'《圆觉经》言

作止任灭是四病,作即所谓助长,止即所谓不耘苗,任、灭即是无事.'又云:
'谓形色为天性,亦犹所谓"色即是空".'又云:'《维摩经》云"真心是道
场",儒佛至此,实无二理.'又云:'《庄子逍遥游》所谓"无入不自得",《养
生主》所谓"行其所无事".'如此数则,可骇可叹!"黄氏之言,真龟山之诤臣
也,故附于此。

龟山文集

世之学者皆言穷达有命,特信之未笃,某窃谓其知之未至也。知之,斯
信之矣。今告人曰:"水火不可蹈!"人必信之,以其知之也。告人曰:"富贵
在天,不可求。"亦必曰然,而未有信而不求者,以其知之不若蹈水火之著明
也。《与杨仲远》。

夫至道之归,固非笔舌能尽也。要以身体之,心验之,雍容自尽、燕闲静
一之中默而识之,兼忘于书言意象之表,则庶乎其至矣。反是,皆口耳诵数
之学也。《寄翁好德》。

为是道者,必先乎明善,然后知所以为善也。明善在致知,致知在格物。
号物之数至于万,则物盖有不可胜穷者。反身而诚,则举天下之物在我矣。
《诗》曰:"天生烝民,有物有则。"凡形色具于吾身者,无非物也,而各有则
焉。反而求之,则天下之理得矣。由是而通天下之志,类万物之情,参天地
之化,其则不达矣!《答李杭》。

《中庸》曰:"喜怒哀乐之未发谓之中,发而皆中节谓之和。"学者当于喜
怒哀乐发之际,以心体之,则中之义自见。执而勿失,无人欲之私焉,发必中
节矣。发而中节,中固未尝忘也。孔子之恸,孟子之喜,因其可恸可喜而已,
于孔、孟何有哉!其恸也,其喜也,中固自若也。鉴之照物,因物而异形,而
鉴之明未尝异也。庄生所谓"出怒不怒,则怒出于不怒;出为无为,则为出于
不为",亦此意也。若圣人而无喜怒哀乐,则天下之达道废矣。一人横行于
天下,武王亦不必耻也。故于是四者,当论其中节不中节,不当论其有无也。
夫圣人所谓"毋意"者,岂了然若木石然哉?毋私意而已,诚意固不可无也。
若所谓示见者,则非诚意矣,圣人不为也。故孟子论舜曰:"彼以爱兄之道

来,则诚信而喜之,奚伪焉!"无诚意,是伪也。

致知必先于格物,物格而后知至斯知止矣,此其序也。盖格物所以致知,格物而至于物格,则知之者矣。所谓止者,乃其至处也。自修身推而至于平天下,莫不有道焉,而皆以诚意为主。苟无诚意,虽有其道,不能行。《中庸》论天下国家有九经,而卒曰"所以行之者一",一者何?诚而已。盖天下国家之大,未有不诚而能动者也。然而非格物致知,乌足以知其道哉!《大学》所论诚意、正心、修身、治天下国家之道,其原乃在乎物格,推之而已。若谓意诚便足以平天下,则先王之典章法物皆虚器也。故明道先生尝谓"有《关雎》《麟趾》之意,然后可以行《周官》之法度",正谓此尔。以上《答学者》。

自致知至于虑而后得,进德之序也。譬之适四方者,未知所之,必问道所从出,所谓致知也。知其所之,则知止矣,语至则未也。知止而至之,在学者力行而已,非教者之所及也。《答吕秀才》。

夫精义入神,乃所以致用;利用安身,乃所以崇德。此合内外之道也。天下之物,理一而分殊。知其理一,所以为仁;知其分殊,所以为义。权其分之轻重,无铢分之差,则精矣。夫为仁由己尔,何力不足之有!颜渊之"克己复礼",仲弓之"出门如见大宾,使民如承大祭",若此皆用力处也。但以身体之,当自知尔。

夫通天下一气也,人受天地之中以生,其虚盈常与天地流通,宁非刚大乎?人惟自梏于形体,故不见其至大;不知集义所生,故不见其至刚。善养气者,无加损焉,勿暴之而已,乃所谓"直"也。用意以养之,皆揠苗者也,曲孰甚焉!以上《答胡康侯》。

学始于致知,终于知至而止焉。致知在格物,物固不可胜穷也,反身而诚,则举天下之物在我矣。《诗》曰:"天生烝民,有物有则。"凡形色之具于吾身,无非物也,而各有则焉。目之于色,耳之于声,口鼻之于臭味,接于外而不得遁焉者,其必有以也。知其体物而不可遗,则天下之理得矣。天下之理得,则物与吾一也,无有能乱吾之知思,而意其有不诚乎?由是而通天下之志,类万物之情,赞天地之化,其则不达矣,则其知可不谓之至矣乎?知至矣,则宜有止也。譬之四方万里之远,苟无止焉,则将焉归乎?故"见其进,未见其止",孔子之所惜也。古之圣人,自诚意、正心至于平天下,其理一而已,所以合内外之道也。世儒之论,以高明处己,中庸处人,离内外,判心迹,其失是矣。故余窃谓《大学》者,其学者之门乎! 不由其门,而欲望其堂奥,非余所知也。《题萧欲仁大学篇后》。

附录

虔州有疑狱,众所不决者,先生皆立断。虔守楚潜议法平允,而通判杨增多刻深,先生每从潜议,增以先生为附太守,轻己。及潜去后,守议不持平,先生力与之争,方知其有守。

钦宗即位,先生疏言:"河朔朝廷重地,三镇又河朔要藩,今一旦弃之与敌,以十二州之地贯吾腹中,距京城无藩篱之固,戎马疾驱,不数日而至,非经久之计也。四方勤王之师,逾月而后集,使之无功而去,厚赐之则无名,不与则生怨,复有急召之,宜有不应命者,不可不虑也。传闻三镇欲以死拒之,今若以兵蹑其后,使腹背受敌,宜可为也。朝廷欲专守和议,以契丹百年之好,犹不能保,况此狂敌乎? 夫要盟神不信,宜审处之,无至噬脐。"

又言:"闻敌人驱兵磁、相,劫掠无算。誓书之墨未干,而叛不旋踵。肃王初约及河而反,今挟之以往,此叛盟之大者。臣谓宜以肃王为问,责其败盟,必得肃王而后已。三镇之民以死拒之于前,吾以重兵拥其后,必得所欲。若犹未从,则声其罪而讨之。师直为壮。是举也,直在我矣。"于是议者不一,终失此机会,太原诸郡皆告急矣。

太学生伏阙之事,执政惧其生乱,引高欢事揭榜于衢,且请以礼起李邦彦。先生言:"士民出于忠愤,非有作乱之心,无足深罪。邦彦首画遁逃之策,捐金割地,质亲王以主和议,罢李纲而约誓书。李邺奉使失词,惟敌言是听。此二人者,国人所同弃。而敷告中外,乃推二人平贼、和议之功,非先王宪天自民之意。宜收还榜示,以慰人心。"皆从之。

伊川自涪归,见学者雕落,多从佛学,独先生与上蔡不变,因叹曰:"学者皆流于夷狄矣! 惟有杨、谢长进。"

或劝先生解经,曰:"不敢易也。曾子曰:'吾日三省吾身:为人谋而不忠乎？与朋友交而不信乎？传不习乎？'夫传而不习，以处己则不信，以待人则不忠，三者胥失也。昔有劝正叔先生出《易传》示人者，正叔曰：'独不望学之进乎？姑迟之，觉耄即传矣。'盖已耄则学不复进故也。学不复进，若犹不可传，是其言不足以垂后矣。"

刘元城《道护录》曰：龟山有除命，不知何人荐。曰："闻是蔡攸，曰不知肯来否。"补。

胡文定曰：吾于谢、游、杨三公，义兼师友，实尊信之。若论其传授，却自有来历。据龟山所见在《中庸》，自明道先生所授。吾所闻在《春秋》，自伊川先生所发。

又与先生书曰：大谏初承诏命，众论犹疑。安国独以为以明道先生之心为心者，裂裳裹足，不俟屦而在途也。

又《与宰相书》曰：杨公时造养深远，烛理甚明，混迹同尘，知之者鲜。知之者，知其文学而已。不知者，以为蔡氏所引。此公无求于人，蔡氏焉能浼之！文定自注。行年八十，志气未衰。精力少年，殆不能及。上方响意儒学，日新圣德，延礼此老，置之经席，朝夕咨访，裨补必多。至如裁决危疑，经理庶务，若烛照数计而龟卜，又可助相府之忠谋也。

又《答胡应仲书》曰：杨先生世事殊不屑意，虽祖褐裸裎，不以为浼。

文定作先生墓志，载先生奏安石为邪说之事。五峰问文定："此章直似迂阔，何以载之？"文定曰："此是取王氏心肝底刽子手段，何可不书？书之则王氏心肝悬在肉案上，人人见得，而诐淫邪遁之辞皆破矣。"

吕紫微《童蒙训》曰：崇宁初，本中始问杨中立先生于关止叔治，止叔称先生学有自得，有力量，常言："人所以畏死者，以世皆畏死，习以成风耳。如皆不畏，则亦不畏也。凡此皆讲学未明，知之未至而然。"补。

朱子曰：龟山过黄亭詹季鲁家，季鲁问《易》，龟山取一张纸，画个圈子，用墨涂其半，云："这便是《易》。"此说极好！只是一阴一阳，做出许般样。

问："龟山何意出来？"朱子曰："当此之时，苟有大力量，真能转移天下之事，来得也不枉。既不能然，又只随众鹘突。"

朱子又曰：龟山之出，人多议之，惟文定之言曰："当时若能听用，须救得一半。"语最当。文定云:"先生志铭备载所论当时政事十余条,当时宰执中若能听用,委直院辈画一条具,因南郊赦文行下,必须救得一半,不至如后来大段狼狈也。"盖龟山当此时虽负重名,亦无杀活手段。若谓其怀蔡氏汲引之恩,力庇其子,至有"慎勿攻居安"之语,则诬矣。幸而此言出于孙觌,人亦不信。

张南轩《答胡广仲书》曰:龟山宣和一出,在某之隘,终未能无少疑。恐自处太高。磨不磷,涅不缁,在圣人乃可言。高弟如闵子,盖有汝上之言矣。至于以世俗利心观之者,则不知龟山者也,何足辩哉!补。

宗羲案:朱子言:"龟山晚年之出,未免禄仕,苟且就之。然来得已不是,及至,又无可为者,只是说没紧要底事。所以使世上一等人笑儒者,以为不足用,正坐此耳。"此定论也。盖龟山学问从庄、列入手,视世事多不经意,走熟"援而止之而止"一路。若使伊川,于此等去处,便毅然斩断葛藤矣。故上蔡云:"伯淳最爱中立,正叔最爱定夫,二人气象相似也。"龟山虽似明道,明道却有杀活手段,决不至徒尔劳攘一番。为伊川易,为明道难,龟山固两失之矣。虽然,后人何曾梦到龟山地位,又何容轻议也!

黄东发《日钞》曰:横渠思索高深,往往杜后学之所宜先,似不若龟山之平直,动可人意。然其精到之语,必前此圣贤之所未发,斥绝异端,一语不流。高明者多自立,浑厚者易迁变,此任道之有贵于刚大哉!补。

——(清)黄宗羲原著,全祖望补修:《宋元学案》卷二五《龟山学案》,第二册,第947—958页

附录九 《四库全书总目》二程粹言提要

二程粹言二卷两江总督采进本

宋杨时撰。时字中立,南剑州将乐人。熙宁九年进士,官至国子祭酒。高宗即位,除工部侍郎,兼侍读,以龙图阁直学士提举杭州洞霄宫。卒谥文靖。事迹具《宋史》本传。时始以师礼见明道于颍昌,相得甚欢。明道没,又见伊川于洛。南渡以后,朱子及张栻等皆诵说程氏,屹然自辟一门户。其源委脉络,实出于时。是书乃其自洛归闽时以二程子门人所记师说,采撮编次,分为十篇。朱子尝称明道之言,发明极致,善开发人。伊川之言,即事明理,尤耐咀嚼。然当时记录既多,如《遗书》《外书》《雅言》《师说》《杂说》之类,卷帙浩繁,读者不能骤窥其要。又记者意损,尤不免抵牾庞杂。朱子尝欲删订为节本而未就。世传张栻所编《伊川粹言》二卷,又出依托。惟时师事二程,亲承指授,所记录终较剽窃贩鬻者为真。程氏一家之学,观于此书,亦可云思过半矣。

——(清)永瑢、纪昀等:《四库全书总目》卷九二《子部》儒家类二,中华书局,1965年出版,第778页

附录十 《四库全书总目》龟山集提要

龟山集四十二卷浙江鲍士恭家藏本

宋杨时撰。时事迹具《宋史·道学传》。是集凡书奏、表札、讲义、经解、史论、记、序、跋各一卷,语录四卷,答问二卷,辨二卷,书七卷,杂著一卷,哀辞祭文一卷,状述一卷,志铭八卷,诗五卷。时受蔡京之荐、虽朱子亦不能无疑。然叶梦得为蔡京门客、南渡后作《避暑录话》《石林诗话》诸书、尚祖护熙宁绍圣之局。

时于蔡京既败以后、即力持公论。集中载上钦宗第七疏,诋京与王黼之乱政,而请罢王安石配享。则尚非始终党附者比。又于靖康被兵之时,首以诚意进言,虽未免少迂。而其他排和议,争三镇,请一统帅,罢奄寺守城,以及茶务、盐法、转般、籴买、坑冶、盗贼、边防、军制诸议,皆于时势安危,言之凿凿,亦尚非空谈性命,不达世变之论。盖瑕瑜并见,通蔽互形,过誉过毁,皆讲学家门户之私,不足据也。时受学程子,传之沙县罗从彦,再传为延平李侗,三传而及朱子,开闽中道学之脉。其东林书院存于无锡,又为明季讲授之宗。本不以文章见重,而笃实质朴,要不失为儒者之言。旧版散佚,明宏治壬戌,将乐知县李熙重刊,并为十六卷。后常州东林书院刊本,分为三十六卷。宜兴刊本,又并为三十五卷。万历辛卯,将乐知县林熙春重刊,定为四十二卷。此本为顺治庚寅时裔孙令闻所刊,其卷帙一仍熙春之旧云。

案时卒于高宗建炎四年。其入南宋日浅,故旧皆系之北宋末。然南宋一代之儒风,与一代之朝论,实皆传时之绪馀。故今编录南宋诸集,冠以宗泽,著其说不用而偏安之局遂成。次之以时,著其说一行而讲学之风遂炽。观于二集以考验当年之时势,可以见世变之大凡矣。

——(清)永瑢、纪昀等撰:《四库全书总目》卷一五六《集部》别集九,中华书局1965年出版,第1344页

附录十一　道南释名[①]

　　按:我的小学母校道南创于清光绪三十四年(戊申,1908),今为福建南安市道南中心小学。道南命名,导源于宋理学大师杨时(杨龟山先生)。校歌上说:"吾道南,家学溯渊源","龟山教泽喜绵长"。校训"忠信笃敬"直接来源于龟山语录。道南创校八十周年校庆筹备会上我讲了这渊源。时任南安教育局党组书记、局长、后任南安人大常委、校友总会会长杨文汉同志极力主张要我把这个典故写出来。我写了这篇《道南释名》发表于校友校刊上,又收入八十周年纪念专刊,后来又收入校庆一百周年纪念特刊(2008年)。道南创校的先贤们很有学问,创校意义伟大,说明龟山学脉、道南学统影响深远。为此,我把这篇短文附录于此,一是说明道南学脉渊源流长;二是亦为道南创校一百十周年纪念,缅怀前贤,敬仰前辈学者、师长,以励来者。吾道而南,辉煌万年!

道 南 释 名

　　无论从东南西北任何方向步入故乡后坑的入口处,都可望见珠山上红

---

　　① 原文编者按:本文作者杨渭生,1946年春季毕业的老校友,浙江大学人文学院历史系教授、韩国研究所特约研究员。其著述等身,为海内知名学者、教授。事迹入载《中国社会科学家大辞典》(中、英文版)、《世界名人录》等十多种中外名典。

旗飘扬,黉舍井然,这就是闻名遐迩的母校——道南。

道南,是家乡学童启蒙、成材的摇篮。它诞生于清光绪三十四年(1908),为南安第一完小之一,在福建乃至全国近代教育史上亦是屈指可数的新"学堂"。

道南,这闪光的名字,寓意甚深。它出典于《宋史·杨时传》。杨时(1053—1135),字中立,世称龟山先生,福建将乐人。他是我国宋代著名的大学者,曾任荆州教授,官至右谏议大夫兼国子祭酒(宋朝政府国立大学校长)。南宋初,除工部侍郎以龙图阁直学士致仕,专事著书讲学。传世著作有《二程粹言》《龟山先生语录》《龟山先生全集》等。杨时在北宋熙宁九年(1076)登进士,调官不赴,先后到河南颍昌、洛阳拜二程(程颢、程颐)为师。其后,杨时南归,程颢目送之曰:"吾道南矣!"东南学者称龟山先生。是为"程氏正宗"。清康熙皇帝亲笔为龟山书院题写"程氏正宗"这四个大字。杨时的学生有千余人,后来都成了学者、名流。集宋代理学之大成者朱熹称他的学问得程氏之正,究其源委脉络,皆出于杨时。这就是说,道南,是从"吾道南矣"引发而来的,记得校歌上的第一句,便是"吾道南、吾道南,家学溯渊源","龟山教泽喜长绵",实已点明校名的由来。

这个"道",是什么意思呢? 唐代大文豪韩愈在所撰《原道》篇,最先提出"道统"论。他认为,中国最大最好的道德和学问,从尧、舜、禹、汤、文、武、周公传到孔子,孔子传孟子,这称"道统"。孟子身后,这"道统"不得其传。宋代的理学家承认韩愈这个道统论,并加以发展。从《论语·尧曰篇》和《尚书·大禹谟》找出"允执厥中"等十六字,明确标出这就是"道统心传"。同时,又认为二程上承孟子,"道统"并未中断,这又是一个发展。称程颢为"明道先生",明的就是这个"道"。杨时字中立,实际上也是从"允执厥中"这个哲学命题中来的。因为宋儒提倡"中庸哲学",不偏不倚,"适中"、"用中",为最大学问。《宋史·道学传》承袭宋儒的解释,对道学的起源、道统的传授及两宋主要道学家的轮廓作了简要的说明。程颢讲"吾道南矣!"即说杨时是得其道统心传的,是程门弟子的正宗。从程颢讲这句话,至今已近千年。我在1991年为国际宋史研讨会(北京会议)所撰的《杨时与道学——

龟山学术述论之一》，全面论证了龟山对道学理论（包括道统论）的阐扬和发展，对道学的传授、伊洛之学南传和福建闽学道学化所作的杰出贡献。道南八十周年校庆时，我作一对联："程门立雪吾道其南顿使八闽开学派，祖泽流芳典型常在长怀四教感师恩。"亦是说明这个学术渊源。可见，以道学南移为背景，把一所小学的校名定为"道南"，其寓意是很深远的，富有高深的哲理。

第一，它表明立校的宗旨，是要宏扬国学，尊师重道，培育英才。它以"初学入德之门"为教学之本，希望学校成为继承和发扬光大祖国优秀传统的堂基，把"道南"办成第一流的学校，把学生培养成为将来国家的栋梁、第一流的学者。

第二，它富有强烈的爱国主义精神。因为1908年正处于帝国主义列强企图蚕食鲸吞我国的晚清时代，又是我国无数志士仁人正在追求救国救民的真理，革命先行者孙中山先生在海内外领导民主主义革命的关键时刻。此时此地，创办新式小学，取名"道南"，迸发出了时代的火花，展现了东方黎明的曙光。校歌上说："可爱诸学子，相期勉力继前贤，当仁原不让，及时奋发莫迁延，今日挽狂澜，责任在青年。"这体现前贤当时要办学堂，倡变革，外御强敌、内存新政，寄希望于青年，奋发图强，振兴中华的宏图壮志，闪耀着强烈的爱国思想的光芒。

第三，顾名思义，"吾道在南方"，表明本校是南洋爱国华侨热心家乡公益事业而创办起来的。它是南安最早的侨校之一。爱国华侨兴办学校的丰功伟绩，永垂青史。同时，"道"犹路也，道南是家乡少年就学成材的道路，通向南洋，通向全球，是建功立业的光明大道，一语双关，任重而道远，意义极其深长。

综上所述三点，吾道南，可谓道学正宗，时代先锋！永远奋进，止于至善。祖师们创校之艰辛，功盖北斗珠山，德被万方。

正是这样，一百年来，道南为祖国培养了一批又一批人才。它曾是名师云集、英才辈出的好学校，它的名誉之高，学风之好，为人们所向往。假如光阴能倒流六十五年，我愿重新投入母校的怀抱，从头学起。母校的创始祖师在二十世纪初即寄希望于青年创造二十世纪的伟大事业。如今,我们在庆祝母校一百周年盛典之际,更当与时俱进,努力向前,奔向二十一世纪。让伟大的精神,创造出新世纪的辉煌业绩,以告慰开山祖师在天之灵!我衷心祝愿母校的领导、老师和同学们,能够面向祖国四化,面向世界,面向未来,发扬道南的优良传统,继往开来,勤奋教学,创造最佳的成绩,为祖国培养更多更好的人才,为国家创新富强、社会文明和谐、人民幸福安康,作出应有的贡献。

作为校友,我对所有对母校道南有过贡献的前辈、师长和乡亲,深表敬佩、感戴和怀念!与其爱之深,所以力图知之详。这就是我为"道南"释名的缘由。不知是否能表先贤立校命名的微意,愿与校友诸君共商共勉。

——原载道南中心小学建校八十周年(1988)纪念册,收入一百周年纪念特刊《世纪荣光》,2008 年 11 月出版

后　记

　　早在七十多年前,我在小学读书时听老师讲授,对理学大师杨龟山先生就怀有敬仰之情,并崇拜这位学问高深的鸿儒学者。因为龟山先生(杨时)亦属于弘农"四知堂"第三十四世,算是杨家本宗的老祖宗之一,称文靖公,大家都很崇拜他。

　　我的小学母校道南(当时称"道南学校")创于清光绪三十四年戊申(1908),今为福建省南安市道南中心小学。"道南"命名,源于宋儒大程子(程颢)"吾道南矣"这一经典。校歌上"吾道南,吾道南,家学溯渊源","龟山教泽喜绵长";校训"忠信笃敬"直接来源于《龟山语录》,说明龟山文脉、道南学统影响深远。我从小就受此学统的教育。

　　1945年上半年,我家乡第一次公祭后汉朝廷中枢三公之一太尉杨震公。当时有个筹备委员会。我高小毕业班的年级主任杨玉怀先生、国文老师杨序修先生(国文根底很好的名师)推荐我参加筹备会,为当时唯一参加筹备会的学生代表,主要任务是帮助布置展览室、张贴有关资料等杂务,聆听有关问题的讨论。其中,就有《宋史》卷四二八《杨时传》的资料,这是我第一次接触到杨时的资料,给我很深的记忆。

　　1952年夏,我高中毕业,参加当年全国第一次高等学校招生考试及闽南漳州考区集训班,并被杭州浙师院录取。但因被人诬告,不让我升大学。经我抗争上诉,幸得上级领导英明救了我,我才得于1953年来杭上大学,后冤案得平反昭雪,对此我无限感恩!因受此重大打击,我进大学后,走进书的世界,较多地接触到《资治通鉴》《续资治通鉴长编》和《宋史》,其中也搜集到不少有关龟山先生的资料。曾有一个心愿,想搜集、整理、辑佚有关杨时的资料,设想编一部完整的点校本《杨龟山先生全集》,写一本《杨龟山全传》。我一个老同学正好在福建将乐县工作,他热情地帮我在当地搜集了不少资料(包括宗谱资料)。可惜,在"文化大革命"中,因是"老保",我怕造反派来抄家,就忍痛把这些资料烧了。"文化大革命"后不久,这位同学去世,资料也就没有办法再找回来。同时,如众所知,在"文化大革命"前,由于各种原因,加上业务工作繁忙,根本不可能进行研究工作。"文化大革命"后又忙于教学科研规划,又忙于不少行政事务工作,因此,原来的设想空挂在那里,没有办法进行。改革开放后,我曾设想写五篇有关杨时的系列论文,但由于各种因素干扰,只完成了两篇文章(现收入本书)。每念至此,极为难过。

直至 2017 年 1 月 16 日,我的《慎思轩文存》经过 39 个月的折腾终于出版,我忽然想起应当抓紧时间,编著一本有关杨时的书,以圆我多年的夙愿。因岁月如梭,年龄日增,精力不如当年。所以,我拼着老命,把这本小书编写出来,总算有个交代。从我在儿童时代聆听老师传授,第一次领教了有关杨龟山先生的学术思想,到本书的出版,经历七十多年,可谓学缘深深!

我的好友朱瑞熙教授在百忙之中,在 7 月酷热的盛暑,热情地为本书作《序》,感激无似,甚感友谊可贵也。前杭州大学(今浙江大学)原宋史研究室的老同事,现杭州市南宋史研究中心主任何忠礼教授根据《南宋及南宋都城临安研究系列丛书》的需要,帮助出版本书,并在丛书体例等方面多所指点,极为感谢。我的年青朋友、书法名家蔡罕教授为本书题写书名,均此致谢。

一贯支持我从事文史研究、奋力笔耕,我的老同学、夫人吴丽云女士与我患难与共,风风雨雨走过了半个多世纪的激荡岁月,多么艰难,多么不容易!可是她五年前仓促归天,今日中秋,花好月圆,而她人走月空,我无限哀痛和怀念。愿将本书献给她一睹为快,天上人间永相念,无限感慨。

　　对所有关心、支持和帮助我的老首长、亲朋好友和我的学生们(年青朋友们)一并致意,我深表感恩、感激! 天地间只是一个"理",人世间特重于情缘。

杨渭生

2017 年 10 月 4 日中秋佳节时

图书在版编目(CIP)数据

南宋理学一代宗师:杨时思想研究/杨渭生著.
—上海:上海古籍出版社,2018.11
(南宋及南宋都城临安研究系列丛书.专题研究)
ISBN 978 - 7 - 5325 - 9023 - 0

Ⅰ.①南… Ⅱ.①杨… Ⅲ.①杨时(1053—1135)—
理学—思想评论 Ⅳ.①B244.995

中国版本图书馆 CIP 数据核字(2018)第 245336 号

南宋及南宋都城临安研究系列丛书

南宋理学一代宗师——杨时思想研究   杨渭生 著

责任编辑　陈丽娟
出版发行　上海古籍出版社
　　　　　地址:上海瑞金二路 272 号　　邮编:200020
　　　　　(1)网址:www.guji.com.cn
　　　　　(2)E-mail:gujil@guji.com.cn
　　　　　(3)易文网网址:www.ewen.co
印　　刷　上海商务联西印刷有限公司
开　　本　787×1092 毫米　1/16
印　　张　20.5
字　　数　294 千
版 印 次　2018 年 11 月第 1 版　2018 年 11 月第 1 次印刷
书　　号　ISBN　978 - 7 - 5325 - 9023 - 0/K·2571
定　　价　80.00 元

N